丝路上的悠远足音

杨晓霭 著

从将领到士兵，从使者到商旅，
从艺人到诗人，从和尚到道士……
时空穿越，足音悠远，“路”与“人”的同生共死

SiLuShang De
YouYuan ZuYin

甘肃教育出版社

图书在版编目（CIP）数据

丝路上的悠远足音 / 杨晓霭著. -- 兰州 : 甘肃教育出版社，2023.9
ISBN 978-7-5423-5573-7

Ⅰ. ①丝… Ⅱ. ①杨… Ⅲ. ①丝绸之路－通俗读物 Ⅳ. ①K928.6-49

中国国家版本馆CIP数据核字(2023)第081338号

丝路上的悠远足音
杨晓霭　著

策　　划　薛英昭　孙宝岩
责任编辑　伏文东
助理编辑　胡忠山
封面设计　石　璞

出　版　甘肃教育出版社
社　址　兰州市读者大道568号　730030
电　话　0931-8436489(编辑部)　0931-8773056(发行部)
传　真　0931-8435009
淘宝官方旗舰店　http://shop111038270.taobao.com

发　行　甘肃教育出版社　　印　刷　山东新华印务有限公司
开　本　880毫米×1240毫米　1/32　印张 12.5　插页 5　字数 265千
版　次　2023年9月第1版
印　次　2023年9月第1次印刷
书　号　ISBN 978-7-5423-5573-7　　定　价　68.00元

引言

1868 年至 1872 年的五年间，德国知名的地质地理学家李希霍芬（1833—1905）对中国进行七次地质考察；又一个五年后，出版了五卷本的巨著《中国》。从此，一个色彩斑斓的名字——丝绸之路（Silk Road），在全世界叫响。科学家、探险家、文学家、艺术家……一直到好奇的孩子们，都对它生发着兴趣，驰骋着遐思。人们为这条骆驼商队往返的路而激情洋溢，为它沟通人类古老的文明而惊叹不已，为它推动人类社会的发展进步而高声喝彩！

站在 21 世纪的地平线上，翘首以望新世纪曙光的人们，更迫切地想知道：千古沧桑，历史赋予了丝绸之路多么深厚的内涵，时间又为它增添了多少神奇的故事？它在铸造中华文明的进程中起了何等重要的作用，为承载它的地域筑起了怎样的文化精神？这些问题，已经是用一条“路”的概念难以阐明，也不是用运输丝绸的实际活动所能涵盖得了的。如今“丝路”名称被广泛运用，正在说明着这个事实。

20 世纪 90 年代的学者，将“丝路”分作四条：草原丝绸之路——横贯欧亚大陆北方草原地带的交通路；绿洲丝绸之路（也称沙漠之路）——经过中亚沙漠地带中片片绿洲的路；海上丝绸之路——经过东南亚、印度，到达波斯湾、红海的南海路；西南丝绸之路——经四川、贵州、云南、西藏、广西到印度、东南亚以远的通道。21 世纪的学者又经过严格细致的考辨，认为由李希霍芬于 1877 年提出的“丝绸之路”,主要是指中国长安与中亚之间的交通往来路线。其他三条，尽管与“丝绸之路”地理上有遥远的阻隔，运输的也俨然不是“丝绸”，而是瓷器、香料、火药、茶叶等等，但是，正如学者们所说，能够涵盖古代东西方之间物质、文化交流的丰富内容，而且又为世界各国学者所能接受的，唯有“丝绸之路”（Silk Road）这个词。“丝绸之路”有狭义和广义之分。狭义的“丝绸之路”是指起始于长安或洛阳，通过河西走廊和今天的新疆地区，越过帕米尔高原，进入中亚、伊朗等地，连接亚洲、欧洲的交通和商业贸易路线，就是当代研究者命名的绿洲丝绸之路；广义的“丝绸之路”已经成为古代东、西方之间经济、文化交流的代名词，即凡是古代中国到相邻各国的交通路线，不论是陆路还是海路，均称为“丝绸之路”。“丝绸之路”已不是仅能供人行走的路，它是一种精神的象征，一种文化的昭示，一个充满奇情异彩的文化系统。我们走在丝绸之路上，我们在探讨文化。

研究者把中国境内的丝绸之路分为三段：长安—凉州，称东段；凉州—敦煌、玉门关、阳关，称中段；玉门关、阳关—葱岭，称西段。按照基本走向与主要地域文化特点，我们将东、中段合称为河陇道。

河陇道从西安至敦煌，长约一千八百公里，岔路丛生，路况复杂，有北线、中线、南线之分，北线又分为两路：

北线一：从西安出发，沿泾河西北上，越陇山，过宁夏固原、海原，至甘肃靖远北渡黄河，经景泰直抵武威。

北线二：从西安出发，沿泾河向西，过六盘山西北向，沿祖厉河而下，在靖远经黄河北上至景泰，再达武威。

南线：从西安出发，沿渭河而上至宝鸡，绕过宝鸡至天水间的狭谷险道，沿千河西北向过陇县，翻越陇山，渡陇关，达秦安。再西向经甘谷、陇西、渭源，越鸟鼠山抵临洮。渡洮河后复向西行，经临夏，沿大夏河北上，在永靖炳灵寺附近过黄河，西北向青海民和、西宁，再往北渡大通河，越祁连山，过扁都口至张掖。

中线：从西安出发至临洮后，北经阿干河谷至兰州，再沿庄浪河谷过乌鞘岭至武威。

以上三线越黄河后向一个方向靠拢，经河西走廊由武威西向过永昌、山丹、张掖西北、高台至酒泉，出嘉峪关，经布隆吉、安西至敦煌。

对绿洲丝绸之路主干道的确定，尽管学者们各抒己见，不断探索，但人人都无法否认、更无法忽视这样的事实：无论这条丝绸之路西出长安走哪条道，它都蜿蜒起伏在古代河陇即今甘肃省的大地上，无论走出玉门关、阳关，西去何方，河陇道是必经的路段，尤其河西走廊犹如“咽喉”。

河西走廊上，祁连山的雪水滋润浇灌，避免了沙漠干旱的灾难，既能发展农业，又可经营牧业，农牧兼重，称天下饶。因此，武威是“通货羌胡，市日四合”的富邑；张掖为“兵马精强，仓库有蓄，民庶殷富”的重镇；敦煌“华戎所交”，是通向西域和中亚的门户；更有“第一隘口”嘉峪关，两扇大门阳关、玉门关。比起翻越青藏高原、戈壁沙漠或蒙古草原，路程近捷，危险性小，堪称丝绸之路的黄金路段。

这段黄金路为承载它的河陇创造了什么？作为黄金路的载体，河陇又因而呈现出怎样的地域文化特质？

丝绸之路起源、发展于古代“四大文明”中心之间的互相吸引。它的东端是华夏文明的摇篮，西端是埃及、印度、美索不达米亚、中亚、希腊等许多古代文明的源地。而河陇正位于各文明中心之间“文化板块”的中介线上。

通好使者、出塞将士、高旅行贾、僧人诗客以及大规模的族群迁徙、民众移居，无数携带着“家乡文化”的传播者，在“丝路”上东来西往，或驻足河陇热土，使本来富于混融色彩的陇右地域文化更加显示出兼容并包的特质和博大宽厚的精神。在中华民族大一统的文化背景下，鲜明地展示出自己地域独特的生机勃勃的文化景观。以文化传播者的活动为线索，以河陇大地为交汇点，描绘中西文化在丝绸之路上所孕育生长的“宁馨儿”。从而，我们会感受到，头尾相随、缓慢而坚定地行走在黄沙碛口的驼队所踏出的“丝路”精魂；从而，我们会体悟到，排列成“人”字，展翅高飞“胡天”的大雁，所呼唤着的丝绸之路文化的性灵；苍凉阔远的大西北，延绵逶迤的河陇道，为曾东来西往，心系陇土的人们树立着不朽的丰碑。

“大漠孤烟直，长河落日圆。”这是撑托绿洲丝绸之路的天地；“征蓬出汉塞，归雁入胡天。”这是唤醒大漠丝绸之路的性灵。丝绸之路是“人”走出来的，是为生存而走出来的，是为运输以丝绸为代表的生活用品而走出来的，传达着人类共同的命运。丝绸之路的开通是汉唐盛世的象征，无论从汉武帝时代张骞的“凿空”来说，还是从最初盛唐为保卫丝绸之路畅通的浴血奋战而言，丝绸之路的“通”和“绝”，均关系着整个民族的命运、国家的命运。因而，无论什么身份、什么缘由踏上丝绸之路的人们，他们在丝绸之路上的披荆斩棘、跋山涉水，实现了生命最朴实的价值，为人类文化交流作出了不可磨灭的贡献。

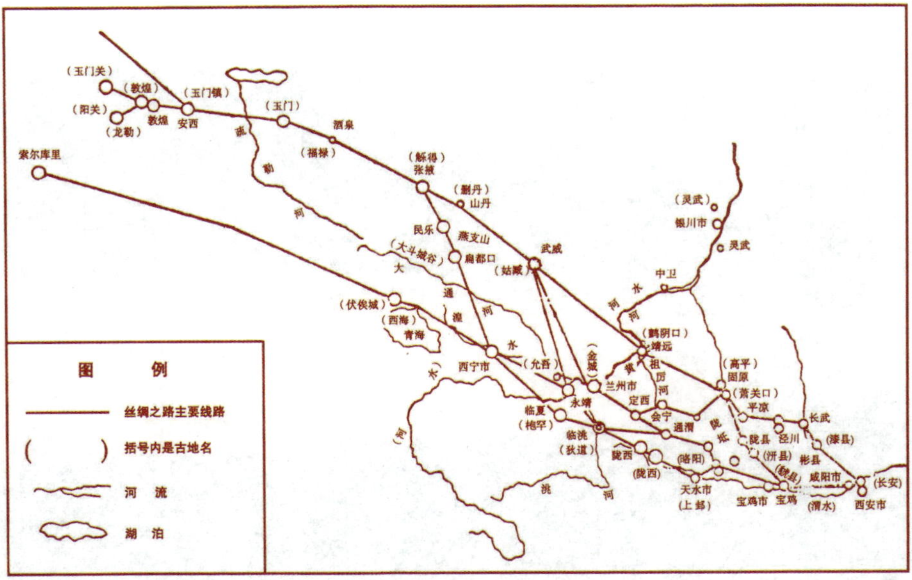

丝绸之路河陇道示意图

文化交流是人类走向文明的精神命脉，“文明因多样而交流，因交流而互鉴，因互鉴而发展。”古代中国文明同来自古印度、古希腊、古波斯等不同国家和地区的思想、宗教、艺术、文化因丝绸之路而汇聚，在河陇大地上交融互渗，展示了顽强的生命力。而这一生命力的体现，正是“商旅”一章中的商贾、商胡、商团、商人；正是“使者”一章中的使节、行人、使团、外交官；正是“将士”一章中的将军、勇士、战马、民兵；正是“官民”一章中的移民、流人、迁客、遣犯；正是“僧道”一章中的法显、玄奘、菩萨、道士。还有众多尚未写入这本小书中的志士能臣、作家诗人，以及那些埋头苦干、为民请命，却名不见经传的“中国脊梁”。

让我们追寻着远去的驼铃声，侧耳聆听先驱者的足音，踏上这条丝绸之路，去领略一路上的奇光异彩！

无数铃声遥过碛

目录

第二章 使者

第三章 将士

第四章 官民

第一章

商　旅

SHANG LV

洞达世情的史学家司马迁形容为致富而奔波的民情世态是："天下熙熙，皆为利来；天下攘攘，皆为利往。"这一形容，自从被班彪、班固父子指责讥刺以后，也很为"仁人君子"的文人所不齿。班彪说：司马迁"序货殖，则轻仁义而羞贫穷"；班固也说：太史公"崇势利而羞贱贫"。班氏言论，当然带着东汉兴农抑商的时代色彩。但对"利"的追求，却正如司马迁所分析的那样：自然界的物质是极其丰富的，社会经济的发展不以人的意志为转移，商业发展和经济都市的出现是自然趋势，就像水往低处流一样，不用召唤便会自动前进。因为，各地自然条件的不平衡决定了经济的不平衡，人们要靠农民耕种取得食物，要靠虞人进山开采、渔夫下水捕捞获得物品，要靠工匠制造取得器具……而不同地区、不同职业的人们对所需用品的获得，不能缺少商人的"生意"。因此，相对固定于一地一域的农民、渔夫、工匠来说，商人的贡献愈见突出，"商不出则三宝绝"——商人不做买卖，粮食、器物、货币这三种宝物就会断绝来路。"商而通之"的吸引力当然在"利"，无"利"商人也不能生活。

谋"利"是商人求生存的手段。丝绸之路理当是进行互通有无贸易的"商人"一步步走出来的。这一点，虽然在古籍文献中找不到明确的文字记载，但当今学者依据考古资料对丝绸之路早在公元前2000年左右就已存在这一推断，及其官方正式"凿空"后使者营商事、商人持使节的史实，都充分证明着商人在"丝路"开发、利用中的功绩。《史记·大宛列传》记载，张骞第二次出使西域时，"将三百人，马各二匹，牛羊以万数，赍金币帛值数千巨万"。显然，这是一个带有商业贸易性质的使团。在这之后，丝绸之路出现了空前的繁荣，而《史记·大宛列传》里也出现了“诸使外国一辈大者数百，少者百余人，人所赍操大放博望侯时。”“汉率一岁中使多者十余，少者五六辈。”我们仅以“少者”每年有五六批使团计算，所持财物与张骞时相仿推测，如此规模，如此频繁的出使，商贸的性质更是显而易见。汉家如此，西域诸国亦如此。《汉书·西域传》述及罽宾的时候，曾提到西域“奉献者皆行贾贱人，欲通货市买，以献为名”。所不同者，汉对西域诸国贸易名之曰“赐”，而西域诸国对汉贸易名之曰“献”。“奉献”与“赏赐”之间实质上包含了物品交换的内容。

丝绸之路与其他商路、驿道不同，它是一条沙漠与绿洲皆存之路，也是一条延绵数千里的漫漫长路。特殊的自然环境和漫长的路程，决定了它的贸易“中转性”，而这又使沿路城郭担负起了商品集散地的职责。西汉桓宽编著的《盐铁论》，其《力耕篇》记载：“自京师东西南北，历山川，经郡国，诸殷富大都，无非街衢五通，商贾之所凑，万物之所殖者。”位于丝绸之路咽喉地带的天水、兰州以及武威、张掖、酒泉、敦煌等城市，能如明珠般闪耀在黄土高原、戈壁沙滩，一定程度上与“商贾之所凑”的贸易活动分不开。由此我们也不难想象，商贾在丝绸之路文化传播中举足轻重的影响。常任侠先生在《丝绸之路与西域文化艺术》一书中，将商贾与政治上领导者的作用相提并论，认为：“在汉唐之间，西域各民族中，推广汉族文化，汉族移居的商贾与政治上的领导者，也就是文化上的推广者。”西域商贾“不怕艰苦，从这条‘丝路’频繁地来往，对于沟通东亚与西欧的文化，都有帮助。在这一历史时期中，积很多人的力量，开辟出这一条道路，使人民与人民之间，互通知识，互相学习。这条路成为汉唐时期东西方共有的路，在推进文化上，起了很大作用。”德国人克林凯特《丝路古道上的文化》引用齐莫《高昌回鹘王国的贸易》的观点，并大加赞叹：“此外有一些商人，他们无休止地进行贸易，他们是获利者……他们从东走向西，从西走向东，把你所要的东西给你带来，他们有上万件宝贝，世界上的珍品……如果没有这些商人，没有他们在世界各地旅行，那么你何时能穿上黑色貂皮？如果中国的商队折断了队旗，那么那一万件珍宝将从何而来？……所有这一切都取决于商人，跟随他们一起干吧！把大门敞开吧！为获得那些东西而努力奋斗吧！如果你使它们保持价廉，那么你的美名就将传遍四方，请你相信吧！”可是，正如曾问吾《中国经营西域史》中所写：“关于通商事件，因为古代史家忽视此类史料，不加记载，故吾人殊难认识其详细情形。”因而，无数华商蕃客都一一作了无名英雄。对他们的贡献，我们只能就“胡商贩客，日款于塞下”“兴胡之旅，岁月相继”“商旅往来，无有停绝”一类的记载，作推断评说。

一、“赛里斯”的魅力

在众多出土文物中，唐郑仁泰墓中发掘的载丝绸骆驼俑格外引人注目。发表在 1972 年 07 期《文物》上，由陕西省博物馆、礼泉县文教局唐墓发掘组撰写的《唐郑仁泰墓发掘简报》记述得十分详尽：陶驼，六件。双峰，分三种。第一种两件，腿残，背上铺有椭圆形花毯，上搭木鞍架，架上驮有一条装满东西的长圆形花袋，袋上两旁各横置丝、绸两卷，绸中间为白色，两头系红色，丝为两股，拧绞如绳状，染兰色。

三彩的陶驼，背负花毯，驮着成捆成匹的丝绸，昂首挺立，整装待发；牵驼的陶俑，深眼窝，络腮须，头戴幞头，身着翻领衣，腰间系带，信心十足地踏上万里征途……牵驼的陶俑不是中国内地人的模样，也许来自那被古人一概称作“西域”的地方。这些惟妙惟肖、栩栩如生的艺术珍品把我们的思绪引向了渺远的丝绸之路西端。

载丝绸骆驼俑和牵驼胡人俑　陕西唐右武卫大将军郑仁泰墓出土

恺撒的丝绸长袍

早在公元前 1 世纪中叶，地中海沿岸，安息帝国（地处伊朗高原）的帕提亚王国与罗马帝国（统治中心在意大利半岛）为争夺商业通道和扩张势力，长期进行着激烈的斗争。公元前 53 年，罗马大军越过幼发拉底河进攻安息，展开了世界著名的卡尔莱之战。素以强壮善格斗著称的罗马军团，一路东进，气势汹汹，安息帝国的波斯人小心翼翼地招架，远远放箭。激战方酣，罗马军持盾挥剑，疲惫不堪。波斯人突然在正午的阳光下，展开了无数面绚丽夺目、光华照人的军旗，使得罗马军人眼花缭乱，弄不清波斯人手里拿着什么特殊的武器，纷纷退避，许多士兵倒入血泊。

法国研究丝绸之路的学者布尔努瓦在他的《丝绸之路》一书中写道："至于那些在这次毁灭性的战役中使罗马军团眼花缭乱的、绣金的、颜色斑斓的军旗，历史学家弗罗鲁斯认为这就是罗马人前所未见的第一批丝绸织物。"

缂丝腰带　新疆吐鲁番阿斯塔那墓群出土

鲜血唤起了罗马人对丝绸的好奇心。赫赫有名的恺撒大帝怎肯让丝绸成为“敌人”的武器。终于在公元前 48 年，恺撒炫耀了他的战利品——丝绸长袍。轻柔如云、光彩夺目的丝绸长袍，让参加祝捷宴会的所有人目瞪口呆，旋即惊呼不已！丝绸一下子风靡了罗马帝国。

“赛里斯”——丝绸之国

魅力无穷的丝绸，引得罗马人纷纷猜测：丝是怎么来的？丝绸是怎样生产的？有人说，丝生长在树叶上，取下来“湿之以水，理之成丝”；有人说，“林中有毛。其人勤加灌溉，梳理出之，成精细丝线。半似羊毛纤维，半似黏质之丝。将此纤维纺织成丝，可以制衣。”他们向波斯人询问、打听，波斯人告诉他们，丝绸产于一个叫“赛里斯”的遥远的东方民族之地，它可能在世界之端。

采桑图（画像砖） 甘肃张掖高台骆驼城魏晋墓室出土

“赛里斯”是蚕丝产地或贩卖丝绢人的意思，它的发音可能与“丝”“绮”一类丝绸的汉语发音有联系。英国东方学家亨利·裕尔（Henry Yule，1820—1889）在《东域纪程录丛：古代中国闻见录》中根据古罗马地理学家斯特拉波的著作提出，大约在公元前 3 世纪，西方已经把中国称作“赛里斯”国了。传说亚历山大大帝（公元前 356 年—公元前 323 年）统治古希腊时，他手下的一位海军大将也曾讲到一种“丝国的布”，说是从北方传到印度的。“赛里斯”，拉丁文写作 Sinae、Serica、Seres，意为丝国、丝国人，是我国战国至东汉时期古希腊和古罗马地理学家、历史学家对与丝绸相关的国家和民族的称呼，一般认为指当时中国或中国附近地区。拉丁文 Seres 原意是“有关丝的”，一般被认为是源于中国字“丝”。在公元 2 世纪前叶的西方文献中，有马其顿商人遣使到达 Seres（东汉）首都 Sera（洛阳）的记载。这一记载通过古希腊天文学家、地理学家克罗狄斯·托勒密（Claudius Ptolemaeus，约公元 90 年—公元 168 年）的巨著《地理志》保存至今。

《地理志》成书于公元 2 世纪，其中记载：有一位名叫梅斯·提提阿努斯（Titiianus）的蒙奇兜讷人记录了从石塔“Lithinos Prygos”到“赛里斯”首府 Sera 城的路程。据托勒密说，正是梅斯商团的中国之行，西方人才了解了这条由石塔至 Sera 的道路。

季羡林先生在《中国蚕丝输入印度问题的初步研究》一文指出，差不多在西方人称中国为“赛里斯”的同时，古印度人的史诗《摩诃婆罗多》《罗摩衍那》中关于中国的称呼与波斯人对中国的称呼“支尼”读音相近。有人认为，是“秦”或“丝”的音译；有人认为“得名实由于绮”。无论从哪一说法理解，它都与丝绸有关。

季羡林先生《中国蚕丝输入印度问题的初步研究》一文研究了中国古代蚕丝的发现、蚕丝在古代西域的传播、中国蚕丝输入波斯的过程、蚕丝在古代西南的传播、中国蚕丝输入印度的过程。关于中国蚕丝输入印度，最早的记录是在印度古书里找到的。印度考底利耶（kautiliya）所著《治国安邦术》中有“中国的成捆的丝”的字句。考底利耶生于公元前 4 世纪，是孔雀王朝的名相。季羡林先生说，如果这部书真是他著的话，那么，至迟在公元前四世纪，中国丝已输入印度。由此可见，丝绸之路在张骞通西域以前早就出现了。在丝绸之路为官方正式开辟以前，“趋利”的商贾已排除冰峰火洲、风库石川的千难万险，涉流沙、越大漠，东来西往，互通有无，进行着丝绸贸易的“接力赛”，以丝绸为代表的中国文明也已向西域传播。

成捆的丝绸　敦煌出土

二、乌氏倮

“赛里斯”国的丝绸业当然兴旺发达，丝织品繁多得如同它的灿烂色彩一般，令人目不暇接。帛、素、罗、纨、绮、缦、缟(gǎo)、纱、绉（zhòu）、绣、紬（chōu）、縠（hú）、纂、缯、锦、锦绣、缣（jiān）、絺（chī）、綮（qǐ）、练、绫、绢、绢縠、缎……各色各样的丝及丝绸制品，是乡间女子表达柔情的信物，是田头男儿借以求婚的道具：“氓之蚩蚩，抱布贸丝。匪来贸丝，来即我谋。”古老乐歌的浪漫歌唱，反映出了丝绸作为媒介的事实。

匹马束丝

文学作品中的浪漫歌唱被那推不倒的青铜器所证实。周代青铜器有个著名的曶（hū）鼎，上面铸有铭文，其中一句是：“我既卖女五□□父，用匹马束丝。”考古学家、古文字学家解释：“我方既已动用了一匹马和一束丝，同你讲定，在效父那里，换取你方五名奴隶。”用丝可以换人，当然也能换牛马牲畜。

悄悄进行的绢马贸易

做丝绸生意，用丝绸换牛马牲畜，秦始皇时出了个乌氏（zhī）倮（luǒ）。《史记·货殖列传》中有这样的记载：

> 乌氏倮畜牧，及众，斥卖，求奇缯物，间献遗戎王。戎王什倍其偿，与之畜，畜至用谷量马牛。秦始皇帝令倮

比封君，以时与列臣朝请。

《汉书·货殖传》也有记载：

> 乌氏嬴畜牧，及众，斥卖，求奇缯物，间献戎王。戎王十倍其偿，予畜，畜至用谷量牛马。秦始皇令嬴比封君，以时与列臣朝请。

《汉书》里“倮”写作嬴（luǒ）。这个故事的大意是：乌氏地方有个名叫倮的人，经营畜牧业。牲畜繁殖多了，就卖掉，再收购精致的丝织品，从小路上运销“外国”，献给戎王。戎王以十倍于所献物品的东西补偿给他。出售给他的牛马数量多到以山谷为单位来计算。乌氏倮用丝换牛马，辗转贸易，竟成巨富。秦始皇诏令乌氏倮与受有封邑的贵族同等地位，与诸大臣进宫朝拜，参与国家大事。

“戎”或“西戎”，是中原人对西北边地各族的泛称。秦始皇时，秦国西北有狄豲邽冀之戎、义渠之戎、大荔之戎等。乌氏大概在今甘肃平凉，司马迁曾“西至空桐（崆峒）”，他的记述当不会有误。实质上，所谓丝马贸易、绢马贸易、茶马贸易，一直是中原与西域贸易的大宗。由这个意义上理解，乌氏倮是今存史籍中所见到的，较早在丝绸之路贸易中起“中介人”作用的代表。

藏在公主帽絮里的蚕子

从上古时代起，丝织品就是中原地区向西北各族输出的主要产品。随着匹马束丝贸易的开展，蚕桑织造技术也从中原传出。据《隋书·西域传》、《大唐西域记》、藏文经典《于阗国史》、《新唐书·西域传》记载，较早开始丝绸织造的有高昌和于阗。高昌位于今吐鲁番盆地，汉代称“高昌壁”，为戊己校尉驻所，与伊吾、鄯善并称“西域之门户”。于阗即今新疆和田，位于塔里木盆地，为丝绸之路南道要冲。高昌和于阗的蚕种即是从中国内地传去的。大唐高僧玄奘在《大唐西域记》卷十二里还记述了一个有关蚕种西传的美丽故事：

> 王城东南五六里，有麻射僧伽蓝，此国先王妃所立也。昔者，此国未知桑蚕，闻东国有也，命使以求。时东国君秘而不赐，严敕关防，无令桑蚕种出也。瞿萨旦那王乃卑辞下礼，求婚东国。国君有怀远之志，遂允其请。瞿萨旦那王命使迎妇，而诫曰：“尔致辞东国君女，我国素无丝绵桑蚕之种，可以持来，自为裳服。”女闻其言，密求其种，以桑蚕之子，置帽絮中。既至关防，主者遍索，唯王女帽不敢以验。遂入瞿萨旦那国，止麻射伽蓝故地，方备仪礼，奉迎入宫，以桑蚕种留于此地。阳春告始，乃植其桑。蚕月既临，复事采养。初至也，尚以杂叶饲之。自时厥后，桑树连荫。王妃乃刻石为制，不令伤杀。蚕蛾飞尽，乃得治茧。敢有犯违，明神不祐。遂为先蚕建此伽蓝。数株枯桑，云是本种之树也。故今此国有蚕不杀，窃有取丝者，来年辄不宜蚕。

于阗国王听说中原有蚕种，便遣使来求。但中原皇帝不愿让蚕种外传，没有答应于阗使者的请求，并下令边境严加防范，以免使臣私自携带蚕种出境。于阗国王无奈，计上心头。

于阗国王谦恭地向中原皇帝请求联姻，中原皇帝一向自大，心想如果将公主下嫁于阗联姻，于阗国王就成了自己的女婿，自然要好好听他的指挥。于是，答应联姻。于阗王便派使臣迎接公主，但给公主说了悄悄话：于阗没有蚕桑，织不成丝绸，公主嫁到于阗后，如果想继续穿戴丝绸，就得想办法把蚕种带上。公主秘密准备了蚕种，藏在凤冠里。行至边境时，边防军士依例遍搜行囊，只是不敢检查公主的帽饰，蚕种就安全带到于阗。从此，于阗国植桑养蚕，丝织业迅速发展起来。

东国公主传丝木版画　大英博物馆藏

季羡林先生主持校注的《大唐西域记校注》中说，21 世纪初，“斯坦因在旦旦乌里克寺院遗址中也发现了描绘这一古老传说的版画。这个古老动人的故事说明内地汉族人民发明的养蚕缫丝的技术很早就已传入新疆塔里木盆地，之后又通过这里传到西亚和欧洲。”可爱的蚕种与美丽的公主联系起来，本已鲜艳的丝绸之路，顿生靓丽。柔桑翠枝，遍满“丝路”的景观，该有多么激动人心！

三、最早到中国的罗马商团

欧洲与中国有史可据的首次直接交往，是远在意大利旅行家马可·波罗于公元1275年到元上都之前的一千多年。促成这不远万里的中国之行的，仍然是丝绸的魅力。

公元100年

公元100年，即东汉和帝永元十二年，发生了一件让东汉王朝上下颇为震动的事：西域蒙奇、兜勒二国“遣使内附”“遣使贡献”。《后汉书·和帝纪》与《西域记》均郑重地记录着这一史实。蒙奇和兜勒，是“马其顿”与“推罗”的不同译法。

1995年东方出版社出版了著名学者林梅村先生的《西域文明》，其中有“公元100年罗马商团的中国之行”一节，转述了古罗马地理学家马林《地理学导论》中的记述：

> 有一位叫梅斯的马其顿人，又名提香，此人和他父亲一样，以经商为业……尽管他本人不曾到过赛里斯国(Seres即中国)，但他派代理人去过那里。

林梅村先生利用中亚古代语言的研究成果，结合汉文史籍，断定：“无论时间、地点和人物，《后汉书》所谓马其顿和推罗‘使臣’无一不与《地理学导论》介绍的以马其顿人梅斯为首的商团相吻合。”

远赴“赛里斯国”以取衣料

罗马商团来华始末：

时间：约公元 100 年 11 月抵达洛阳。

起点：出发地应在推罗和马其顿至安息两条交通路线交叉点阿蛮城或其东某个丝绸之路沿线城镇。

终点：中国洛阳。

人物：梅斯委托代理人组成商团，其主要成员是罗马帝国马其顿行省和东方行省推罗城人。

路线：如果在阿蛮城启程，他们途经安息国都和椟城，安息东境亚里城和木鹿城。其后进入贵霜境内，到了大夏国都蓝氏城。由此沿喷赤河东行至葱岭最高点休密人居地，然后下山，经瓦罕走廊，进入中国境内。沿塔什库尔干河北行至无雷，在此顺塔什库尔干河转向东行，经三百余里至著名的“石塔”，玄奘称之为“大石崖”，此后沿叶尔羌河东行，经于阗、精绝，穿大沙漠直抵楼兰；至敦煌，过河西走廊，出金城（今兰州）到长安，最后抵达洛阳。

罗马商团走过的东西交通路线最早见于《汉书·西域传》。文中说：“自玉门、阳关出西域有两道，从鄯善傍南山（昆仑山）北，沿河西行至莎车，为南道；南道西逾葱岭则出大月氏、安息。”这条通道起初为游牧于敦煌、祁连间的月氏人开辟。1976 年殷墟妇好墓出土的七百多件玉雕，经鉴定均为新疆和田出产的玉石。由此可证，先秦文献屡次提到的“禺知（月氏）之玉”“昆山之玉”为月氏人从于阗输入。可见早在商代中期（约公元前 13 世纪末至公元前 12 世纪初）于阗至黄河流域的道路已经开通。张骞出使大夏，“留岁余，还，并南山，欲从羌中归”，即走此路从大夏返回长安。于阗至大夏的通道大概就是由粟特商人开辟的。

反响：罗马商团的出访，“遣使内附”，惊动东汉宫廷。汉和帝于宫廷接见，赐予“金印紫绶”。当时宫中的隆重接待仪式及盛大的赏赐场面该是极其振奋人心的。

罗马商团携带归国的“礼物”，虽然史籍无载，但正当罗马锦衣绣服既成富室风尚，绸幕丝帘也为教堂习用，丝绸比价与黄金相同的情况下，罗马商团的中国之行，何尝不是“远赴赛里斯国以取衣料”呢？随着使团的取丝绸之行，那处在“世界之端”的“东方民族”，也为西方人所了解。

罗马商团来华的真实性，虽然学界尚有质疑，但是，我们愿意写在这里，让它成为美丽的故事传说，以启发想象，而成为开创者的象征。

四、世界商贩

粟特是古代中亚地区一个特善经商的民族。中古时期称他们为“商胡”，日本学者羽田亨《西域文化史》曾对他们的善于经商而大加赞赏，说“具有天生的商业才能，其敏捷、勤勉、商业规模之大，令人惊叹”。粟特商胡的足迹踏遍中亚、西亚、南亚、欧洲及我国的天山南北、河西走廊、长安、洛阳、江南等地，真够得上“世界商贩”之称。

“昭武九姓”

粟特人的家乡在锡尔河、阿姆河流域，汉代称康国，隋唐以后称“昭武九姓”。称“昭武九姓”的缘由出自《北史·西域传》，与中国有故土渊源：“其王本姓温，月氏人也，旧居祁连山北昭武城，因被匈奴所破，西逾葱岭（今帕米尔高原和昆仑山、喀喇昆仑山脉），遂有国。枝庶各分王，故康国左右诸国并以昭武为姓，示不忘本也。”《新唐书·西域传》明确指出，昭武为氏的九国，世谓“九姓”。

昭武九姓包括的“九国”，史书记载不一。一般指“康”，即今乌兹别克斯坦的撒马尔罕一带；“安”，即今乌兹别克斯坦的布哈拉地区；“曹”，即撒马尔罕西北伊什特汗一带；“石”即今乌兹别克斯坦首都塔什干一带；“米”，又译“弥末贺”，位于撒马尔罕附近，泽拉夫善河以南；“何”，位于撒马尔罕与布哈拉之间；“火寻”，今乌兹别克斯坦与土库曼斯坦两国交界处阿姆河下游地区；“戊地”，位于今乌兹别克斯坦西南；“史”，今乌兹别克斯坦南部沙赫里·沙勃兹。汉地人往往以胡商所出的地名作为他们的姓氏。

“粟特”“昭武九姓”，名称虽不同，但其所居住的绿洲地域大体一致。

“善商贾，争分铢之利”

大名鼎鼎的唐三藏西天取经时，曾路过中亚绿洲地区，与粟特人有过交道，他总结说，粟特人“多行诡诈，大抵贪求，父子计利”，以“财多为贵，良贱无差”，脱离农业的人口很多，“力田逐利者杂半矣。”经商逐利是粟特人的传统。《旧唐书·西戎传》也记载说，粟特人“善商贾，争分铢之利”。他们“好利”，利之所在，无所不至。生了儿子，就喂“石蜜”（即冰糖），在掌中涂胶，希望他长大后善于甜言蜜语，手像胶一般粘物聚财。男子长大到二十岁就遣离故乡，打发到远方贾贩兴利。

粟特人沿“丝路”的贾贩活动，上可追踪西汉，下可推至元代忽必烈时期。

东汉史籍中多见“贾胡”一词，其中应包括粟特商人。为保障经商安全，贾胡建立了驼队棚舍和一些自我保护性质的组织，逐渐从临时性的过客变成停居的侨民，在丝绸之路的交通要冲居住下来，他们在东西转贩贸易上起着关键的作用。至唐代，粟特商胡的聚落几乎遍及丝绸之路。就今天所知，沿“丝路”西来，蒲昌河（今新疆罗布泊）地区、播仙镇（今新疆且末）、西州（今新疆吐鲁番）、伊州（今新疆哈密）、沙州（今甘肃敦煌）、肃州（今甘肃酒泉）、甘州（今甘肃张掖）、凉州（今甘肃武威）以及长安（今陕西西安）、洛阳（今河南洛阳）等地，皆有粟特商胡的聚居处。

“好歌舞于道”

《旧唐书·西域传》说“昭武九姓”人“好歌舞于道路”。粟特人往来于丝绸之路的经商活动，实际上又是胡舞胡乐的传播活动，而粟特歌舞艺人更成为文化传播的使者和歌舞技艺的传授者。

三彩釉陶骆驼载乐俑　陕西西安鲜于庭诲墓出土

唐代贞元年间，曹国人曹刚的琵琶弹奏技艺远近闻名，中唐不少著名诗人都为之倾倒，刘禹锡专门写《曹刚》诗称赞：“大弦嘈囋小弦清，喷雪含风意思生。一听曹刚弹薄媚，人生不合出京城。”

胡旋舞姿　敦煌莫高窟第220窟

白居易《听曹刚琵琶兼示重莲》赞扬："拨拨弦弦意不同，胡啼番语两玲珑。谁能截得曹刚手，插向重莲衣袖中。"曹刚也向其他民族子弟传授演奏技法。唐武宗时著名的琵琶演奏家廉郊就是曹刚的学生。当时著名的女琵琶演奏家曹供奉，也收徒授艺。

米国人米嘉荣的歌唱，元和年间走红中原。刘禹锡的《与歌者米嘉荣》赞扬："唱得凉州意外声，旧人唯数米嘉荣。"

何国人亦善歌，被元稹赞为"天宝年中世称罕"的著名歌唱家何满子就是典型代表。

丝绸之路的畅通使我国和波斯以及印度等国进行了文化交流和乐器流通，四弦以及五弦琵琶流入到中原，琵琶艺术获得了更好的发展。

石国人则以善舞著称，当时流行中原的《胡腾舞》即为"石国胡儿”的拿手好戏。

这些著名歌舞艺人，虽无史料证明他们在河陇某一城镇的停留，但从粟特人沿“丝路”东进的史实及跳胡腾舞的人被唐代人称“凉州儿”的情况可以推断，当年的河陇道上，一路驼铃，一路歌声，在铃声歌声的交响中，粟特文明与中原文明在像敦煌、凉州这样的交通要镇交融汇合而构成河陇文化的多元特色，《西凉乐》便是典型。

“好歌舞于道”的粟特人在文化传播中的作用，不仅体现在歌舞。人们都知道，中国的造纸术是通过粟特人的政治中心康国（撒马尔罕）地区而西传的，佛教、祆教、摩尼教、景教在很大程度上是通过粟特人的媒介作用而东来的。北魏到隋唐时期中原地区的音乐、舞蹈等多种艺术深受粟特的影响。突厥、回鹘等游牧民族建立的汗国政权，由于靠粟特人掌管书记而接受了他们的拼音文字，从而间接影响到蒙古族、满族书面文字的形成。至于在政治方面，粟特人曾经充当了突厥、回鹘等许多草原游牧汗国的政治顾问，并且作为政治使节或军事将领来往于各国。

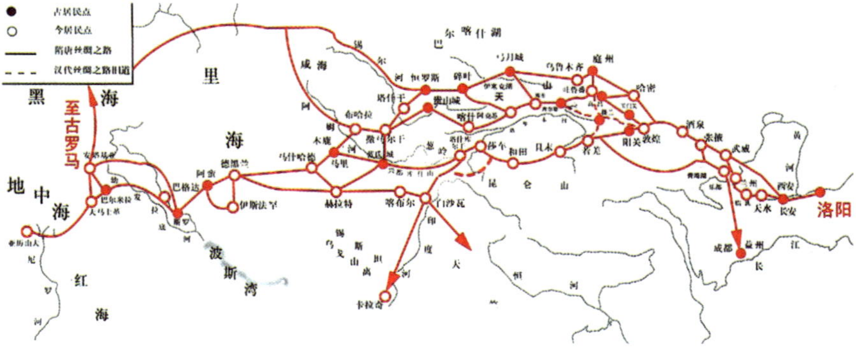

隋唐时期丝绸之路示意图

“多诣凉土贩货”

利之所在，无所不至的粟特人，沿丝绸之路长年累月地进行着转贩贸易，河西走廊上的重镇成了他们聚居的主要地点。据研究者推断，至晚到4世纪初，敦煌有来自康国的贵胄约一百人，加上他们的眷属、仆人达到千人左右。十六国时期，即有数量可观的粟特胡商久居。斯坦因1906年在敦煌以西的烽燧下发现的九封“古粟特语信札”，便是最好的证明。信札内容是粟特商胡从敦煌或姑臧向撒马尔罕和布哈拉故地汇报经商情况的。唐代，粟特商胡的商业活动达到了极盛。公元786年，沙州（敦煌）陷入吐蕃之手，在此之前，粟特商胡大多住在城东从化乡。敦煌写卷P.3559第三残段（约公元750年前后的敦煌郡敦煌县差科簿）中有相关记叙，“从化乡”有里正三人，所辖约三百户，一千四百多人。另从敦煌写卷有关安城祆咏、安城祆教咒文等资料来看，敦煌有版筑而成的安城。在吐蕃统治时期，吐蕃征课实物，排挤商业，擅长经商的“昭武九姓”肯定受到打压，他们大概也被编入部落，例如，康再荣曾任沙州大蕃纥骨萨部落使。公元848年与张议潮起事的就有“昭武九姓”安景旻和部落使阎英达。显而易见，安景旻是一位“昭武九姓”或汉化了的安国人的后裔。

葛承雍《胡汉中国与外来文明》一书中收录了不少唐俑中的胡商小贩群体形象，如“背曲腰弓汗透怀”一组，即生动展示了胡商运输的勤劳苦辛，而敦煌莫高窟第45窟唐代胡商遇盗壁画则生动描绘了商旅行程的艰险。

胡商遇盗壁画　敦煌莫高窟第45窟

粟特商胡“多诣凉土贩货”，凉州更因粟特胡商繁盛。早在三国时，凉州即有所谓“三种胡”，后魏有安姓胡来居凉土，《元和姓纂》卷四安氏条追述安氏籍里：“［姑臧凉州］出自安国，汉代遣子朝，国居凉土。后魏安难陁至孙盘娑罗，代居凉州，为萨宝（商人长），生兴贵，执李轨，送京师，以功拜右武卫大将军，归国公。”安氏久已成为凉州豪望，兼萨宝世家，故致士庶夷民依附。

隋末大乱，河西归唐主要依靠粟特商胡之力，安兴贵、安修仁密谋引诸胡众起兵，执李轨归唐，河西平。

安史乱起，凉州九姓商胡安门物与河西兵马使盖庭伦等杀节度使周佖，聚众六万，凉州大城之中小城有七，胡据其五。

从粟特胡商的组织、聚落来看，他们已成为古代欧亚内陆及其周边国家的国际商人。从文献记载和丝绸之路上的某些文化遗址来看，他们也在发展东西转贩贸易上起着关键的作用，而且在传播文化、促进多国之间的政治往来等方面扮演着重要的角色。

从左到右依次为：①唐代大食商人俑，西安出土；②胡商俑，美国弗利尔艺术博物馆藏；③胡商俑，西安博物院藏；④胡商俑，西安出土。

胡商俑及身后背囊打结图　大英博物馆藏

五、炀帝西巡

公元609年，是焉支山最有“颜色”的一年。

三月的河西走廊，冰河未开，柳枝刚刚苏醒。张掖边城却已“春潮”滚滚，呈现出从未有过的热闹。工匠们紧锣密鼓地建设观风行殿，杂要艺人不分昼夜地排练“鱼龙曼延”歌舞。“帝令掌其事”的裴矩更是忙得不可开交，他一面安排来张掖进行贸易的“西域诸蕃”，一面亲自奔赴敦煌，联络西域二十七国使节，为炀帝西巡做最充分的准备。

帝王图　敦煌莫高窟第220窟

圣旨沿“丝路”一驿过一驿，流星般飞速传来：大隋天子杨广已从京都启程。为迎接这一天的到来，隋朝君臣进行了艰苦不懈的努力。

甘心将通西域

公元581年，“分久必合”的天下大势，在南北分裂了一百六十多年后再一次走向统一。这一年，弘农郡华阴人杨坚即皇帝位，为高祖文皇帝，隋朝建立。唐代名臣魏征主撰的《隋书·地理志》《隋书·食货志》以及宋代名臣司马光主撰的《资治通鉴·隋纪》对隋朝社会经济的发展，都作了浓墨重彩的书写。《隋书·食货志》称，开皇十七年（公元597年），“中外仓库，无不盈积。……帑（tǎng）屋既充，积于廊庑（wǔ）之下。”帑屋是贮藏金银财帛的库房。廊庑是堂前的廊室门房。朝廷内外、中央和地方的仓库没有不装满的。贮藏金银财帛的库房已经装满了，就堆在堂前的廊室门房下。到隋炀帝大业年间（公元605年—公元618年），“西京太仓、东京含嘉仓、洛口仓、华州永丰仓、陕州太原仓，储米粟多者万千石，少者不减数百万石。天下义仓，又皆充满。”形成“魏晋以降之未有”的殷富奇观。农业的发展，为工商业的发展繁荣提供了必要的物质条件。当时，商业城镇遍布全国，蜀郡“水陆所凑，货殖所萃，盖一都会”；丹阳“人物丰盛”“率多商贩”；京口“亦一都会”；宣城、毗（pí）陵、吴郡、会稽（kuài jī）、余杭等郡，“珍异所聚”“商贾并凑”；南海、交趾“多犀、象、瑇瑁（dài mào）、珠玑，奇异珍玮（wěi），故商贾至者，多取富焉”；南郡、襄阳“皆为重镇，四方凑会”。而“炀帝即位，是时户口益多，府库盈溢”“炀帝嗣守鸿业，国家殷富”“时天下承平，百物丰实，甲士五十余万，马十万匹”“隋氏之盛，极于此矣”！这样的歌颂赞扬，唐宋史家们几乎异口同声。有如此雄厚的经济基础，坚定了隋炀帝做天下唯一的“太阳”的决心。《隋书·北狄列传》记述了这样的故事。大业七年（公元611年），西突厥处罗可汗归隋，隋炀帝与其言曰：“往者与突厥相侵扰，不得安居。今四海既清，与一家无异，朕皆欲存养，使遂性灵。譬如天上止有一个日照临，莫不宁帖；若有两个三个日，万物何以得安？”建立民族大家庭，各族共同沐浴着灿烂的阳光，各随自己的习性，乐业安居。隋炀帝胸怀如此美好的愿望，决心加强与西域“诸蕃”的联系，像汉武帝刘彻一样，再铸丝绸之路的辉煌。

裴矩献策

《隋书·裴矩传》记载，裴矩（？—公元627年），字弘大，河东闻喜（今山西闻喜东北）人，“矩襁褓而孤，及长好学，颇爱文藻，有智数”。历仕北齐、北周、隋三朝，足智多谋，有干才，富文采，曾为外交官员，有与“诸蕃”交往的经验。隋炀帝即位，“时西域诸蕃，多至张掖，与中国交市”。炀帝即命令裴矩去管理张掖互市。

裴矩在张掖利用掌管、监护与西域商人贸易的便利，广泛了解“诸蕃”的民情风俗、山川险易、君长姓族、物产服章等等，搜集整理成《西域图记》三卷，合四十四国，并附详图，上奏炀帝。

裴矩的《西域图记》，详尽记载了“西域诸蕃”的风俗物产，特别是道路交通情况。“伊吾（今新疆哈密）、高昌(今新疆吐鲁番盆地)、鄯善（今新疆若羌），并西域门户，总凑敦煌，是其咽喉之地。”看了裴矩的奏章，隋炀帝满心欢喜，随即加大了在张掖、敦煌“引致”诸番的力度。

厚利引致

隋炀帝对“多至张掖”贸易的西域胡商“啖（dàn）以厚利，导使入朝”，并对来东都交易的商人，一律给予优待。这可谓调动经济手段来打通西域道路。来者，由典蕃署接待，安排其吃住衣行，并负责其互市交易。如“诸蕃请入京都市贸易”，帝“令三市店肆皆设帷帐，盛列酒食，遣掌蕃率蛮夷与民贸易，所至之处，悉令邀延就坐，醉饱而散”。胡客皆惊叹不已。由于京都与西域诸国间隔悬远，交通不便，隋炀帝又令在伊吾筑城，作为他们交易和辗转休息的场所。正由于隋王朝尽力给西域诸国胡商创造了优越的条件，使他们得利匪浅，所以入中原交易者日益增多，丝绸之路在汉末阻绝之后，重又出现了“胡商往来相继”的繁荣景象。商人，在外交上堪称民间大使，他们的东来西往，为不同文化区域中人们的理解、交流，起到了举足轻重的作用。

“百戏”搭台

隋炀帝重视展示自己国内的实力，“百戏”搭台，效果甚巨。《隋书·裴蕴传》记太常少卿裴蕴“揣知帝意，奏括天下周、齐、梁、陈乐家子弟，皆为乐户。其六品以下，至于民庶，有善音乐及倡优百戏者，皆值太常”。意思说，裴蕴迎合隋炀帝的旨意，奏请皇帝，让天下原来周、齐、梁、陈等朝的乐家子弟编为乐户；六品以下官员至庶民百姓，有擅长音乐的，都到太常寺当差。隋炀帝采纳了这个建议，于是散在各地的乐人大集东京，表演百戏。《隋书·音乐志下》记载：

歌舞百戏画像石　汉代墓出土

始齐武平中，有鱼龙烂漫、俳优、朱儒、山车、巨象、拔井、种瓜、杀马、剥驴等，奇怪异端，百有余物，名为百戏。周时，郑译有宠于宣帝，奏征齐散乐人，并会京师为之。盖秦角抵之流者也。开皇初，并放遣之。及大业二年，突厥染干来朝，炀帝欲夸之，总追四方散乐，大集东都。初于芳华苑积翠池侧，帝帷宫女观之。有舍利先来，戏于场内，须臾跳跃，激水满衢，鼋鼍龟鳌，水人虫鱼，遍覆于地。又有大鲸鱼，喷雾翳日，倏忽化成黄龙，长七八丈，耸踊而出，名曰黄龙变。又以绳系两柱，相去

> 十丈，遣二倡女对舞绳上，相逢切肩而过，歌舞不辍。又为夏育扛鼎，取车轮石臼大瓮器等，各于掌上而跳弄之。并二人戴竿，其上有舞，忽然腾透而换易之。又有神鳌负山，幻人吐火，千变万化，旷古莫俦。染干大骇之。自是皆于太常教习。每岁正月，万国来朝，留至十五日，于端门外，建国门内，绵亘八里，列为戏场。百官起棚夹路，从昏达旦，以纵观之。至晦而罢。伎人皆衣锦绣缯彩。其歌舞者，多为妇人服，鸣环佩，饰以花毦者，殆三万人。初课京兆、河南制此衣服，而两京缯锦，为之中虚。三年，驾幸榆林，突厥启民朝于行宫，帝又设以示之。六年，诸夷大献方物。突厥启民以下，皆国主亲来朝贺。乃于天津街盛陈百戏，自海内凡有奇伎，无不总萃。崇侈器玩，盛饰衣服，皆用珠翠金银，锦罽絺绣。其营费巨亿万。关西以安德王雄总之，东都以齐王暕总之，金石匏革之声，闻数十里外。弹弦擫管以上，一万八千人。大列炬火，光烛天地，百戏之盛，振古无比。自是每年以为常焉。

隋炀帝君臣“感情投资”的用心没有白费，“西巡”的良机终于来了。

歌舞百戏壁画　敦煌莫高窟第156窟

西巡日程

炀帝西巡的日程，史书记载互有出入，事迹混乱，粗略总结如下：

大业五年（公元609年）

三月己巳（二日）从长安出发。

庚午（三日）到武功（今陕西武功西北）。

己亥（八日）过扶风（今陕西凤翔）旧宅。

又至天水（今甘肃天水）。

四月己亥（三日）大猎于陇西（治今甘肃陇西县）到陇川宫。过渭源（今甘肃渭源县北）时，留诗《临渭源》：

西征乃届此，山路亦悠悠。
地干纪灵异，同穴吐洪流。
滥觞何足拟，浮槎难可俦。
惊波鸣涧石，澄岸泻岩楼。
滔滔下狄县，淼淼肆神州。
长林啸白兽，云径想青牛。
风归花叶散，日举烟雾收。
直为求人隐，非穷辙迹游。

乙巳（九日）次狄道（今临洮）。

癸亥（二十七日）出临津关（今青海循化东），渡黄河至西平（今青海乐都）陈兵讲武，演习军事。

五月乙亥（九日）大猎于拔延山（今青海化隆马场山），长围周亘二百里。

庚辰（十四日）入长宁谷（今青海西宁北川）。

壬午（十六日）渡星岭。

甲申（十八日）宴群臣于金山（今西宁西）。

丙戌（二十日）至浩门川（今大通河）。

壬辰（二十六日）张定和率师战吐谷浑。

甲午（二十八日）吐谷浑仙天王被围穷蹙，率部众男女十余万口，六畜三十余万来降。

六月丁酉（二日）梁默等人战吐谷浑。

辛丑（六日）炀帝问蔡征巡游之礼。

癸卯（八日）经大斗拔谷。

丙午（十一日）至张掖。

辛亥（十六日）诏诸郡以学业该通、才艺优给等四科举人。

壬子（十七日）至焉支山（今甘肃山丹大黄山）会二十七国使者。

癸丑（十八日）置四郡。

丙辰（二十一日）观风殿宴高昌王等西域各国来使。

戊午（二十三日）大赦天下，巡行路过的陇右诸郡给复二年。

七月丁卯（二日）置马牧于青海渚中，以求龙种，无效而止。

自关中赴河西，河陇道分南北二条。北道大体沿渭河上溯，过泾川、平凉，越六盘山，直趋武威，或转道兰州入河西。南道沿渭河西溯，越陇山，绕开宝鸡到天水间山河曲折、险阻难行的地段，

东突厥
契丹
奚
高丽
党项
附国
渤海
黄海
东海
居延泽
弱水
敦煌郡
张掖
番和（今永昌）
姑臧（今武威）
大斗拔谷
青海湖
西平（今西宁）
金城（今兰州）
临津关
狄道（今临洮）
洮水
陇西
天水
扶风（今凤翔）
武功
京师长安（今西安）
东都（今洛阳）
黄河
涿郡（北京）
上谷郡
永济渠
通济渠
邗沟
淮水
江都郡（扬州）
太湖
江南河
余杭郡（杭州）
长江
鄱阳湖
豫章郡（南昌）
洞庭湖
长沙郡
图例
出巡方向
都城
郡级驻所
重要关隘
隋炀帝西巡路线示意图

经陇西、渭源，到临洮后，或北上兰州，过乌鞘岭进河西走廊，或西北行，经青海之乐都、西宁，自扁都口穿祁连山达张掖。炀帝西巡，主要目的在于解决吐谷浑残余，故经南道赴河西。炀帝一行的返程，史书记载不详，《资治通鉴》记："车驾东还，经大斗拔谷。"《隋书·西域传》说："万乘亲出玉门关。"当代学者一般认为，隋炀帝原道返回，经大斗拔谷，遇大雪，惨遭冻馁，损失惨重，九月十九，车驾入长安。

大会"二十七国"

中国封建社会延绵上千年，走马观灯般登场了多少位皇帝，亲巡河陇到张掖、焉支山的却只有隋炀帝。我们说"亲巡"，即意味着杀伐征讨来的一律不算。

河陇人民经受的苦难太多，他们出生在一个缺少红花绿水的地方，饱受风沙严寒的磨砺，见惯了铁蹄、马鞭、屠刀、鲜血！也许谁都没有想过要承受皇帝亲巡的恩泽，更不敢想与外国的"皇帝"站在一起。可是，他们真的见到了自己的"圣人天子"，他们也真的和二十七国的国王、使节站在了一起。激动的心跳声，怦怦震响，站在焉支山巅似乎也能听得见。他们佩上金玉，披上锦罽，放声高歌，恣意笑闹，欢腾的队伍，由张掖绵延到武威。浓妆艳抹的仕女，纵情舞蹈；勇猛壮实的健儿，打马撒欢。

听，九部乐嘹亮的声音奏响了；看，鱼龙曼延舞跳起来了。炀帝登上观风行殿了！炀帝喜笑颜开，神采飞扬，各国使节瞪大眼睛，啧啧的赞叹声飞过喧嚷的人群，他们被如此宏大气派的场面惊得合不上嘴。

巨大的成功，即刻引发出惊人的效果。《隋书·炀帝纪》记载：“壬子，高昌王麴伯雅来朝，伊吾吐屯设等献西域数千里之地。”隋炀帝，这个被历史学家指斥为暴君的皇帝，享受到了莫大的荣誉。

成功了的隋炀帝大悦，当他在观风行殿设宴招待高昌王、吐屯设时，“其蛮夷陪列者三十余国”。炀帝迅即置西海、河源、鄯善、且末四郡，让广袤的青海与天山南疆同映一个“太阳”。并且，在张掖“诏诸郡学业该通、才艺优洽，膂力骁壮、超绝等伦，在官勤奋、堪理政事，立性正直、不避强御四科举人。”“大赦天下，开皇已来流配，悉放还乡”“陇右诸郡，给复一年，行经之所，给复二年。”这时，炀帝西巡的壮举达到最高潮。

焉支山的震撼，张掖城的沸腾，涟漪般回荡到中华大地。九月，炀帝回京。《隋书·裴钜传》云：

> 其冬，帝至东都，矩以蛮夷朝贡者多，讽帝令都下大戏。征四方奇技异艺，陈于端门街，衣锦绮、珥金翠者，以十数万。又勒百官及民士女列坐棚阁而纵观焉。皆被服鲜丽，终月乃罢。又令三市店肆皆设帷帐，盛列酒食，遣掌蕃率蛮夷与民贸易，所至之处，悉令邀延就坐，醉饱而散。蛮夷嗟叹，谓中国为神仙。

隋炀帝对裴矩的功绩大加褒奖，并给了他无上光荣：“裴矩大识朕意，凡所陈奏，皆朕之成算。未发之顷，矩辄以闻。自非奉国用

焉支山南麓牧场

心，孰能若是！”炀帝之言，在永抱怀才不遇之心的中原士人听来，其意义和价值，恐怕要比“貂裘及西域珍器”“进位银青光禄大夫”大得多。士为知己者死，果然在“皇纲不振，人皆变节”时，“唯矩守常，无脏秽之响，以是为世所称。”

功欤罪欤?

隋炀帝对西域的经营，历代论者多持否定态度。论起因，《隋书·裴矩传》说，“（裴）矩盛言胡中多诸宝物”，“帝由是甘心，将通西域”，明显带有隋炀帝只是贪图宝物奇货而通西域的讽刺。论其意义，司马光撰《资治通鉴》，在《隋纪》大业五年条，非常尖锐地指出：“西域胡往来相继，所经郡县，疲于送迎，靡费以万万计，卒令中国疲弊以至于亡”“自西京诸县及西北诸郡，皆转输塞外，每岁巨亿万计；经途险远及遇寇钞，人畜死亡不达者，郡县皆征破其家。由是百姓失业，西方先困矣。”如此评说，是否允当？让我们先考察一下隋炀帝当国时隋朝的外交情况。

《隋书·西域传》记：

高昌国，“大业四年，遣使贡献。”且“令使人贡其方物”。

康国，“大业中，始遣使贡方物。”

安国，“大业五年，遣使朝贡。”

石国，“大业五年，遣使朝贡。”

焉耆国，“大业中，遣使贡方物。”

龟兹国，“大业中，遣使贡方物。”

疏勒国，“大业中，遣使贡方物。”

于阗国，“大业中，频遣使朝贡。”

汗国，“大业中，遣使贡方物。”

吐火罗，“大业中，遣使朝贡。”

挹怛国，“大业中，遣使贡方物。”

米国，“大业中，频贡方物。”

史国，“大业中，遣使贡方物。”

曹国，“大业中，遣使贡方物。”

何国，“大业中，遣使贡方物。”

乌那曷国，“大业中，遣使贡方物。”

穆国，“大业中，遣使贡方物。”

波斯国，“炀帝遣云骑尉李昱使通波斯，寻遣使随昱贡方物。”

历代帝王图之隋炀帝杨广 阎立本绘

漕国，“大业中，遣使贡方物。”

附国，“大业中，来朝贡。”

“大业年中，相率而来朝者三十余国，帝因置西域校尉以应接之。”

司马光也记述：“自是西域诸胡往来相继。”

“相率来朝”，是对隋炀帝经通西域的积极、热烈反响；所言“诸胡往来相继”，更说明经通西域对活跃经济的积极作用。这是继汉武帝之后，中原与西域往来的又一次高潮，其在历史上的积极意义是难以估量的。至于西域胡商往来相继，所经郡县的送迎靡费问题，也属事实。正如当代经济学家越来越清醒地认识到的那样：中世纪的东西方贸易，是一种完全不同于世界市场形成，并具有国际金融体制的、近现代东西方贸易的历史现象，它是一种“朝贡”贸易，这种贸易以物质交换为形式，以政治关系为实质。贸易双方，中国总以“宗主国”自居，要求各国以“附庸国”的身份“进贡”。“宗主国”对“附庸国”用“回赐”的方式表达嘉勉、抚慰，赏赐资财、礼品。从经济角度看，这种“进贡”与“回赐”是非常不平等的交换，仅就所交换的财物言，诸国进贡的主要是所谓“奇物”：珍禽、异兽、宝石等，多为供上层贵族享受的奢侈品，实用价值不大，而“回赐”之物，一般都是丝织品、瓷器、金、银等等，经济价值颇高，而且在数量上往往比“进贡”物品要多出许多。受这种贸易形式的限制，丝绸之路沿途的百姓送往迎来，确实要付出很大的牺牲。但若将“丝路”畅通，胡商往来相继的喧闹与道路阻塞、河陇沉寂的萧条相比照，炀帝西巡，经营西域的功罪，即昭然若揭。

西域通，河陇社会安定，农民得以全力投入生产，田间呈现出“勤于稼穑”“务在农桑”的繁忙景象，原来常遭劫掠的沿边郡县清除了战祸，经济发展有了好的环境。《隋书·地理志》特别写明，如安定、北地、上郡、陇西、天水、金城等地，“勤于稼穑，多畜牧，无复寇盗”。隋王朝屯田，因“边境未宁，不可广佃”，陇右河西虽土旷，却无法大力发展。西域安定后，“大兴屯田”，置西海（今青海湖地区)、鄯善(今新疆若羌附近)、且末(今新疆且末附近)、河源(治所在今青海兴海东南)四郡,屯田于玉门关外。

祁连山下的金色麦田

农业生产发展,商业也随之繁兴,大批胡商入东都交易,商品流通加快,新的市场不断建立,比如张掖就成为西域与中原贸易的重要商镇。

据《后汉书·窦融传》记载,张掖在汉末窦融任都尉时,“兵马精强,仓库有蓄,民庶殷富”。西魏时,“分凉州以西张掖之地为西凉州”。《周书·韩褒传》说,韩褒做西凉州刺史时,“羌胡之俗,轻贫弱,尚豪富。豪富之家,侵渔小民,同于仆隶。故贫者日削,豪富益富”,充满市场竞争色彩。“每西域商货至,又先尽贫者市之。于是贫富渐均,户口殷实。”到隋初,张掖已逐渐发展成“西

张掖丹霞

域诸蕃”“与中国交市”的贸易基地。炀帝西巡，“引致西蕃”，焉支山盛会，西域来贡者三十余国，无异于一次规模宏大的物资交易会，为张掖的发展，起到了巨大的推动作用。正因商业贸易炽盛所奠定的基础，在隋末，天下丧乱，民生涂炭之时，张掖仍然保持了人口兴旺、物产丰实的良好局面，国家重要商镇的地位也没改变。

张掖往西，处在“丝路”两关，“总凑”“西海之道的敦煌”，更是“华戎所交，一都会也”，城市繁华，商业兴盛。敦煌莫高窟第420窟隋代壁画《法华经变之四·普门品》和第302窟《佛说诸德福田经变》中描绘的“丝路”情景，正是敦煌繁华的体现。敦煌遗书有关商贸的资料反映了敦煌市行组织和商业制度的严密完整，以及它作为一个国际性商业都会的气魄。

让我们循着商贩的叫卖声去逛一逛那华戎交汇“一条街”吧：

> 兴生市郭儿，从头市内坐。例有百余千，火下三五个。行行皆有铺，铺里有杂货。①
>
> 某乙铺上且有：桂皮胡桃瓤，栀子高良姜，陆路诃黎勒，大腹及槟榔。亦有莳萝荜拨，芜荑大黄；油麻椒秫，河藕弗香；甜干枣，醋石榴。绢帽子，罗幞头。白秫皂，紫草苏芳。沙糖吃时牙齿美，饧糖咬时舌头甜。②

①张锡厚《王梵志诗校辑》，中华书局，1983年版。

②敦煌遗书P.3644《招徕叫卖诗》（拟名）二首之二。

某乙铺上新铺货，要者相问不须过。交关市易任平章，买物之人但且坐。[①]

丝绸之路上的贸易壁画　敦煌莫高窟第302窟

街上行店肆铺，栉比鳞次；铺里百货陈列，琳琅满目，食品、药物、服饰、绢帛，应有尽有。店家叫卖，招徕顾客，格外殷勤，好一派兴隆的景象！如此繁华，正是“道路无壅”的“丝路”带给敦煌的壮观。

张掖向东的武威，历来是河西走廊的中心。东汉时，“称为富邑，通货羌胡，市日四合，每居县者，不盈数月，辄丰积。”汉末天下“大扰，而河西独安，姑臧称为富邑，以通羌胡故也”。与胡商的贸易，是凉州发展成富邑的经济支柱。经过三国两晋南北朝的

①敦煌遗书 P.3644《招徕叫卖诗》（拟名）二首之一。

发展，尤其在“五凉”政权的经营下，隋唐时期，凉州“土沃物繁而人富”。炀帝西巡时，凉州士女盛饰，个个佩金戴银，骑乘填咽。隋亡唐立，凉州商贸更见兴盛。唐太宗贞观初年，玄奘“西天”取经，过凉州时，胡商“珍施丰厚，金钱、银钱、口马无数”，并见“商旅往来，无有停绝”，一派繁忙。时至盛唐，遂成“天下称富庶者无如陇右”的辉煌局面。

今甘肃武威南城门楼

六、兴胡之旅，岁月相继

《资治通鉴》卷二一六唐纪天宝十二年条，有一段令河陇人民至今读来仍然极其振奋的话："是时中国盛强，自安远门西尽唐境凡万二千里，闾阎相望，桑麻翳野，天下称富庶者无如陇右。"这一大好局面的出现，与交通畅达、商侣往来相辅相成。

"中国盛强"时的"丝路"交通，京都长安西通凉州的两驿道，极为繁盛，《通典》卷七记述："东至宋（今河南商丘）、汴（今河南开封），西至岐州（今陕西凤翔），夹路列店肆待客，酒馔丰溢，每店皆有驴赁客乘，倏忽数十里，谓之驿驴。南诣荆（今湖北江陵）、襄（今湖北襄阳），北至太原（今山西太原）、范阳（今北京），西至蜀川（今四川，实指成都）、凉府（今甘肃武威），皆有店肆以供商旅，远适数千里，不持寸刃。"对此，著名的唐史研究专家严耕望先生分析指出："宋、汴、幽、并、荆、襄、岐、益皆为自汉以来视为内地之大都市，交通之盛，固不待言。凉府自汉世开辟，虽渐见繁荣，然陇外之地不无荒凉之感，唐末五代以后，更荒芜日甚；而在唐世，其与长安之交通竟与幽、并、荆、益并称，此大可注意。"①而由凉州西去的驿道，"虽甘州以西多沙碛，乏水草，多风险，然行旅不绝，商业交通甚盛，不但为唐室控制西域中亚之孔道，亦为国际贸易、文化交流之大动脉。故此道之交通价值至高，对于唐与西域中

①严耕望《唐代交通图考》第二卷《河陇碛西区》篇拾壹《长安西通安西驿道上：长安西通凉州两驿道》，上海古籍出版社，2007年版。)

亚之政治外交关系，经济供求，文化交流，皆具重大作用，视为唐代前期中国第一重要之国际交通路线，可也。”①就在这条“国际”交通大道上，商队的驼铃声千里不绝，而“兴胡之旅”最为活跃。

兴胡

兴胡，或称兴生胡，是六朝以来内地对西域商人的统称。兴胡们的生意主要是贩运丝织品，他们从京师或内地购好丝绸，沿“丝路”外运，或在凉、甘、肃、沙、瓜、秦等州间接购买，运出玉门关、阳关。一时间，河陇大地，胡商遍布，乃至“填委于旗亭”，而像敦煌、凉州这样的重镇，出现了胡商聚集的“兴胡泊”“典合城”“从化乡”。善经营，会谋利的西域商人，也使得这些地区的商业贸易越见红火，形成了一个个大的商业中心，丝绸之路呈现出一派兴旺景象。

兴胡史计思带领商队，赶着毛驴、马匹入玉门关向陇右进发……

胡商首领石染典拿到了瓜州、沙州发的“过所”（通行证）……

西域商主率领“行人”和大群骆驼、毛驴，跋涉在崇山峻岭上……

胡商驼队与中原驴队相逢桥头，你过我让，熙熙攘攘……

高鼻深目弯曲胡须、戴白毡高帽的商队，路遇强盗……从这一桩桩记载、一幅幅图画中，我们不难想象“商旅往来，无有停绝”，“胡商贩客，填委于旗亭”的繁忙情景。而“凉州胡人”“凉州胡儿”“凉州贾客”专有称呼的出现，正反映出“丝路”黄金地

---

①严耕望《唐代交通图考》第二卷《河陇碛西区》篇拾贰《长安西通安西驿道下：凉州西通安西驿道》，上海古籍出版社，2007年版。）

反弹琵琶壁画　敦煌莫高窟第112窟

段胡商云集，甚至“中国化”了的特有风采。

当垆胡姬笑春风

在“商旅往来，无有停绝”的“丝路”人流中，有一种人很让雅士骚客注目，她们就是让李白这样的大诗人都赞不绝口的胡姬。

何处可为别，长安青绮门。胡姬招素手，延客醉金樽。（选自李白《送裴十八图南归嵩山》）

胡姬貌如花，当垆笑春风。笑春风，舞罗衣，君今不醉将安归？（选自李白《前有一樽酒行》）

银鞍白鼻䯄（guā），绿地障泥锦。细雨春风花落时，挥鞭直就胡姬饮。（李白《白鼻䯄》）

………

《全唐诗》里收录有胡姬名称的诗二十多首，从王绩到白居易，几乎贯穿了整个唐代。如果说初盛唐的诗人，以一种侠少的潇洒襟怀，借胡姬美酒释放浪漫的话，中晚唐的诗人则借胡姬酒店的温馨，表达着他们追求“温柔乡”的苦闷沉醉。

胡姬春酒店，弦管夜锵锵。红毾铺新月，貂裘坐薄霜。玉盘初鲙鲤，金鼎正烹羊。上客无劳散，听歌乐世娘。（贺朝《赠酒店胡姬》）

妍艳照江头，春风好客留。当垆知妾惯，送酒为郎羞。香渡传蕉扇，妆成上竹楼。数钱怜皓腕，非是不能留。（杨巨源《胡姬词》）

……

从诗中歌吟可见，胡姬多为酒店的老板娘或侍女，她们当垆，陪席侍酒，歌舞侑酒，生意红火。胡姬的族源虽然不能明辨，但从唐代长安盛行高昌葡萄酒、波斯三勒浆、龙膏酒的情况推测，她们应该是沿丝绸之路东来的西域、中亚及阿拉伯地区的女子。她们的玉貌花颜，充满异域情韵，为风流的唐代文士增添了许多浪漫情趣；她们的当垆举动，也成为丝绸之路上的一道风景。在后人眼中，这道风景已成为“文化”。清代的祁韵士遭贬赴戍，度陇见有妇女当垆，颇感惊奇，特意记在他的《万里行程记》里。

丝绸之路上，彩绸飘舞，驼铃声声，琵琶阵阵，舞姿翩翩。胡姬那婀娜多姿、娇艳动人的身影和清脆悦耳的叫卖声，使丝绸之路越发显得春意浓浓。

七、茶马互市

日本学者长泽和俊《丝绸之路史研究》指出：“五代宋初时代的河西地方，绝妙地体现了其作为绿洲走廊地带的地域特殊性。即在沙州、瓜州有曹氏归义军，在甘州有甘州回鹘可汗，在凉州有西凉吐蕃，他们分别建立了独立的政权，积极地开展着中间贸易。”的确如此，尤其茶马贸易，在这时开展得红红火火。

驱马市茶

茶叶，有止渴虑烦，化腻消食之功效，又携带便捷，不易腐烂变质，对以肉食为主、生活游移不定的游牧人来说，是再好不过的饮品。但这样一种高利润的轻货，中唐前并未引起人们的重视。唐中期之后，唐代的植茶事业兴旺发达，茶也日益成了普通百姓的生活必需品。唐玄宗天宝末年，进士封演撰写的《封氏闻见记》中，写盛唐时期，“其茶自江淮而来，舟车相继，所在山积，仓额颇多”。长安与各地城市“多开茗铺，煮茶卖之。不问道俗，投钱取饮”。《旧唐书·李珏传》：“茶为食物，无异米盐，于人所资，远近同俗。既祛竭乏，难舍斯须，田闾之国，嗜好尤切。”“由于风俗贵茶，茶之名品益出”，做茶叶生意的人开始“摩肩接迹而至”“周流天下”茶叶很快为以游牧为主的回鹘、突厥、吐蕃及中亚各国的人民所了解并“嗜好”，于是他们“驱马市茶”“大驱名马市茶而归”。宋代，相当于今甘肃、青海、宁夏、陕西一带的河东路、秦凤路、熙宁路，都开辟了茶马互市。古渭寨（今甘肃陇西境内）市易司，秦州（今甘肃天水）买马场，皆因“便于应接”而“商旅云集”，“西人颇以善马至边，所嗜唯茶”，茶价大涨；而其他物品，麝香、水银、朱砂、牛黄、珍珠、生金、犀玉、珊瑚、安息香、牦牛尾、绒毛、羚羊角等等，由吐蕃、高昌、龟兹、西夏各地的商人源源运来，宋朝的丝绸、茶叶、粮食、金银器、漆器也被大量推向市场。商品渠道的流畅，激发出互市城镇的活力，使得河州、秦州、渭州等城，手工业生产发达，比如秦州的漆器，至今仍然驰名中外。

粮食行客

在轰轰烈烈的茶马贸易中，还有一批从事粮食贩运的人也不应忘却。他们就是古籍中早有记载的粮食“行客”。“行客”，这里指包揽和籴的粮商。和，交易。籴［dí］，买进谷物。和籴，以议价形式征购粮食的交易方式。“行客”从农民手中购得粮食，再向政府出售，或出售给城镇工商业者和过境行旅，是一种自由的粮食贸易活动。和籴使河陇地区粮食贸易迅速发展，带动了市场的活力，促进了商品经济，并且，与官方互市相比，这种民间贸易给当地人民带来的实惠更大。

《长安三年三月敦煌县录事董文彻牒》记载了敦煌民户通过和籴换取布帛的情况；《开元二三年沙州会计历》记载了沙州和籴库存小练，以小练抵粮价的事。用丝织品折价支付和籴粮，对工商业者便利颇多。

除战火连绵的特殊时期，河西的粮食总呈“稻收丰衍”“牛羊被野”美景。《新唐书·郭元振传》中记载：

郭震字元振，魏州贵乡人，以字显。……元振始于南硖口置和戎城，北碛置白亭军，制束要路，遂拓境千五百里，自是州无虏忧。又遣甘州刺史李汉通辟屯田，尽水陆之利，稻收丰衍。旧凉州粟斛售数千，至是岁数登，至匹缣易数十斛，支廥十年，牛羊被野。

沈亚之在《对贤良方正直言极谏策》中回顾：

昔户部其在开元，最为治平。当时西有甘、凉六府之饶，东有两河之赋。

陈鸿祖的《东城老父传》中也记：

河州敦煌道，岁屯田实边，食余粟转输灵州，漕下黄河，入太原仓，备关中凶年。

在粮食丰衍的情况下，官府也积极调动“行客”的积极性，预付匹缎让行客在买进卖出的过程中获得诸多好处。高适天宝年间在凉公哥舒翰幕府，其《送窦侍御知河西和籴还京序》中即说：

天子务西州之实，岁籴亿计。……我幕府凉公，勤劳王家，常用此道。

《唐天宝六载十一月河西豆卢军军仓收纳籴粟牒》记录了任悊（zhé）子、宋无暇、王玉芝等十余位行客交纳和籴（dí）粮的情况。

远眺祁连山

河陇甘凉诸州镇，多民族聚居，多从事商贸、游牧，不务农耕，而河陇道上过往行旅又络绎不绝，需要大量粮秣，从事粮食贸易的“行客”为此做出了巨大的贡献，尤其偶逢大旱、“大饥”，他们起到的是救治人命的重要作用。唐朝中期至元初，由于战争频繁，贪官聚敛，经营方式落后等原因，河西的粮食生产不景气。史载，西夏时期，曾逢大旱，河西民众“大饥”，“春食鼓子蔓、碱蓬子；夏食苁蓉苗、小芜荑；秋食席鸡子、地黄叶、登厢草；冬则蓄沙葱、野韭、柜霜、灰条子、白蒿、碱松子”，粮食极端缺乏，一年就向朝廷求粟百万斛。在如此数量巨大的粮食籴运中，可以想象，粮食商人所发挥的作用。

八、身兼使节的威尼斯商人

13世纪，蒙古铁骑南下西指，纵横驰骋，使得欧亚大陆硝烟弥漫，也迫使东西两大文明体系狭路相逢。韦尔斯《世界史纲》评述这段历史说："这段蒙古人的征服故事确实是全部历史上最出色的故事之一。亚历山大大帝的征服，在范围上不能和它相比。在散播和扩大人们的思想以及刺激他们的想象力上，它所起的影响是巨大的。一时整个亚洲和西欧享受了一种公开的交往；所有的道路暂时都畅通了，各国的代表都出现在喀喇和林的宫廷上。"这又是一个文化交流的契机，丝绸之路成了世界上少有的沟通中西、畅通无阻的大道。

置驿张掖、酒泉至玉门

西夏建国河西以后，中原与西方的往来多取道漠北。道路遥远，沿途高寒，出产有限。蒙元灭夏后，即着手恢复河西走廊的交通。公元1228年，汪古部人按竺迩受命镇守删丹州（今甘肃山丹），设置驿站，从张掖、酒泉，出玉门关通向"西域"，积极恢复汉唐以来中西之间的主要交通干线。另一位为恢复河西走廊与"畏兀儿"地区交通作出贡献的重要人物是岳邻。他从中原回"畏兀儿"省亲，路过河西，见路上榛莽丛生，或者干旱缺水，便凿井，设置道路保卫机关，深受居民感戴。

按竺迩、岳邻在恢复"丝路"交通上能有所贡献，起决定作用的当然是政府的支持。据《元史·世祖纪》载：

(中统二年九月)癸未，以甘肃等处新罹兵革，民务农安业者为戍兵所扰，遣阿沙、焦端义往抚治之。

(中统十七年十二月)甲申，甘州增置站户，诏于诸王户籍内签之。

(中统十八年二月)己丑，发肃州等处军民凿渠溉田。(五月)甲辰，遣使赈瓜、沙州饥。己酉，禁甘肃瓜、沙等州为酒。(六月)以太原新附军五千屯田甘州。(八月)，乙亥，甘州凡诸投下户，依民例应站役。

(中统十九年二月)甲午，甘州逃军二千二百人自陈愿挈家四千九百四十口还戍，敕以钞一万六百二十锭、布四千九百四十四、驴四千九百四十头给之。

…………

随河陇经济的恢复，河陇道的通达，元政府不断完善沙州沿疏勒河水道西行的驿路。公元1285年到公元1287年间，河西——疏勒河——罗布泊——塔里木盆地南沿——昆仑山脉北缘——葱岭的驿路畅通。著名旅行家、商人兼使节马可·波罗就是沿这条路东来的。

河西走廊的一年

马可·波罗，意大利威尼斯人。公元1254年出生于商人世家。

意大利旅行家马可·波罗（1254—1324）

父亲尼古拉·波罗是大商人，常与弟弟玛窦·波罗经商于西亚地区，久住君士坦丁堡。马可·波罗六岁时，尼古拉·波罗与玛窦·波罗东行经商，途遇元世祖的使臣，随同来到中国，谒见了忽必烈。忽必烈写信给罗马教皇，要求派百名学者与博学之士到中国传教，并建议这些学者与“才智之士”应当精通七艺，即修辞学、逻辑、文法、算术、天文学、音乐和地理，能参加辩论，能清楚地向崇拜者和其他人等证明基督教的优越性。

尼古拉·波罗兄弟二人带着复信返回时，马可·波罗已经十五岁了，这位对陌生世界充满遐想和憧憬的少年，争取到了与父亲、叔叔一同到中国的机会。

公元 1271 年，马可·波罗十七岁，他跟随父亲和叔叔，告别故乡，向东行进，翻越葱岭，顺丝绸之路南道进入阳关到达敦煌，在河西走廊停留了近一年。这短暂的时光，对马可·波罗来说是到中国后感受最新奇的一年。敦煌殡葬仪式上“吵闹喧嚣，震耳欲聋”的鼓乐，酒泉出产“远销世界各地的大黄”，张掖城里那“千姿百态，栩栩如生”的神像，都对他充满吸引力。这从他的追忆中看得出来。

《马可波罗游记》

《马可波罗游记》是马可·波罗在公元1298年威尼斯与热那亚两个城邦为垄断地中海贸易控制权的战争中被俘入狱后，向难友叙说他在东方的见闻，难友中一位名叫鲁思梯谦的人用法语记录下来的。

鲁思梯谦是位文学家，也是个有心人。《马可波罗游记》一书的出版，使马可·波罗的故事传遍欧洲，更重要的是，让东方中国的物产、都城、名胜等奇观和文化在欧洲家喻户晓。从文化交流的意义上说，马可·波罗以身体力行的实践成为文化交流的使者，而鲁斯梯谦则以书籍的方式，使这一文化活动得到了更大范围内的传播。因此，当读《马可波罗游记》，看到他对张掖大佛等景观的生动描绘时，我们不得不用感激的笔墨记下这个名字：鲁思梯谦——一个比萨城的文学家。

《马可波罗游记》也称《东方闻见录》，是历史上欧洲人第一次系统介绍中国的巨著。近现代第一位以全球视野写作的英国作家韦尔斯，吸取了当时包括社会学、人类学、考古学等在内的最新成果，把人类历史置于一个宏大的背景之中进行讨论，对《马可波罗游记》有关中国地大物博、文明发达的多方面描绘，肯定地说："最初是引起了整个欧洲的怀疑，接着是激起了整个欧洲的想象力。"哥伦布正是读了《马可波罗游记》生发出到中国探取黄金的遐思而扬帆远航的，结果他发现了新大陆。由这些事例推断，史学家的评述并非凭空杜撰的不实之词。

九、远去的驼铃声

边城暮雨雁飞低，芦笋初生渐欲齐。

无数铃声遥过碛，应驮白练至安西。

唐代诗人张籍的这一曲《凉州词》，唱出了“丝路”古道上动人心弦的景观。

黄昏，大雁，夜雨将临；河边，芦笋，抽芽吐叶；春的勃勃生机已按捺不住地在萌动、升腾，诱引得人也心儿怦怦。叮……叮……清越的驼铃声响起来了，长长的驼队远远走过沙碛，踏出满地苍茫，留下一片安谧；路漫漫，在伸展……

“繁富大出于陇右”

吐鲁番出土的《唐天宝二年交河郡市估案》是一份西州市司上郡仓曹司对市场各种商品估价的文书。仅就这份已残文书中记录的材料进行比较，史称“桑麻翳野”，堪称天下富庶之地的凉、秦等州，繁富比不上西州（今新疆），更不要说长安。河陇道上“西域胡商往来相继”，何以河陇地区并未“繁富”（相对而言），甚或在裴矩招商张掖时，“所经郡县，疲于送迎”，反而产生了“关右骚然”的效果，成为对当地居民的一种“苛政”。这不能不让人检讨“互市”这种过境性贸易的利弊。

封建君主的对外贸易，主要基于扩大国威，粉饰太平的政治目的，经济实惠考虑欠缺。经河陇输出、输入的商品，如外国的“奇物”，中原的“丝绸”，都非河陇本地生产，对河陇的生产结构与格局没有产生应有的刺激作用。因此，闹闹哄哄的“排场”摆过以后，留给送迎人民的只有疲惫。这一弊病到明代发展至顶点。

“实入贡各国也”

奉印度葡萄牙总督的命令，经丝绸之路往中国的商人鄂本笃（公元 1561 年—公元 1607 年）于公元 1604 年到达肃州，他在日记里，记述了自己的所见所闻。

> 可不里骆驼商队，至此（叶尔羌城）为止，不再前进。欲往契丹，须重组队伍。商队领袖，为王所任命。纳金若干，便可得职。王付以全权。在全途间，可以管理商人……（这些商人）皆诡称大使……冒称国王代表，伪造国书，谀媚皇帝。

这就是明朝史官大书特书的“入贡”“朝贡”实质。这些冒牌使者，“所贡之物为玉石、小金刚石、绀青，及其他各种物品。……付价购玉，出赀之多，无有过于皇帝者。皇帝好虚荣，受外国礼物，而不酬以重价，自以为耻莫大焉。皇帝待遇外宾，礼赐隆厚……以此之故，人皆争欲为使。”鄂本笃尖锐地讽刺：“人亦皆知此为伪，然皆任其皇帝之被欺瞒，从而进以甘言，谓举世皆臣贡……实入贡各国也。”由于大量回赐，明朝“积贮空虚，后将难继”，嘉靖以后不得不对入“贡”次数及进京人数加以限制。但不让进京，被留在甘州、肃州的所谓“使团侍从”又是如何对待的？

商队　敦煌莫高窟第296窟

“当商队到达甘州时，中国的运输机构将亲自负责把准备向天子进贡的物品运给他，把使节以及享有特权的商人及其‘贡品’直接运往北京。至于人数众多的‘使团侍从’及其驮兽，则必须在甘州停留一年左右，作为供养他们的中国政府的客人。”这些被“供养”着当成“客人”的商人所进行的广泛贸易，倒是让明朝的门户肃州显出了一时的繁闹。肃州与威尼斯之间的药品贸易使肃州成了一个向西方出口的重要中心，出现了一个令人振奋的名词：“肃州数字。”哈智摩哈美德“尝亲到肃州。数年前，运大黄甚多，来威尼斯市出售”“肃州产大黄，贩运至此方，及他埠者极多。今病人无有不用之者。”商人们从肃州运走的是救治人命的大黄、果品、沙糖、纸、瓷器、布帛，换回来的是金珀、宝石、镔铁刀、镔铁锉、各色靶小刀、梧桐碱、羚羊角……不等价的贸易无异于侵略！物质文化的流失往往会给本源地带来强烈的反作用。15 世纪以后，随大明王朝的闭关锁国，肃州经济即走向困乏。而丝绸之路上，那动听的无数铃声已遥遥远去，只有迫于生计不畏险途的“货郎”，还发挥着“丝路”的商贸作用，也只有他们手中的拨浪鼓敲打出的干硬、单调的声音，隐隐约约传响在山山岭岭的风声里，引发着人们对昔日“丝路”壮景的回忆。

今甘肃酒泉北大河上游讨赖河峡谷

第二章

使　者

SHI ZHE

号称礼仪之邦的中国，自古重视礼节和仪式。儒家经典《周礼》《仪礼》《礼记》都有对礼法、礼仪的记载和解释。形成于西周时期的吉、凶、军、宾、嘉“五礼”中，“以宾礼亲邦国”，“宾礼”就是邦国间的外交往来及接待宾客的礼仪活动。分封或臣服国使节的来访朝贡，皇帝总要迎接慰劳，设宴款待，场面宏大，气氛热烈。《汉书·西域传》记载，“殊方异物，四面而至”“设酒池肉林以飨四夷之客，作巴俞、都卢、海中砀极、漫衍鱼龙、角抵之戏以观视之；及赂遗赠送，万里相奉，师旅之费，不可胜计。”远方珍贵稀奇的物品从四方边地送来，汉武帝设酒池肉林招待，大力展演歌舞百戏，把平日里只供宫廷观赏的巴渝舞、都卢爬竿、海中砀极、炫惑人的鱼龙变幻法术、摔跤等全都搬演一番。还要封赏财物，奉送万里之外，军人外交官等在路途上的花费就不计其数。《隋书·音乐志》记载欲夸四海的隋炀帝更是“绵亘八里，列为戏场”“金石匏革之声闻数十里外；弹弦管以上，一万八千人”“其歌舞者，殆三万人”。戏场之大，连续不断有八里长，钟磬笙竽鼓，各种乐器交响演奏，声闻数十里之外，演出队伍之庞大，仅弹弦吹管的人就达一万八千，歌舞演员大概有三万。千奇百怪的歌舞杂技，直使来客“大骇”。君王要派遣出使臣僚，同样送之以礼乐，钟鼓奏鸣，威仪隆重，有时皇帝还要“驾到”饯行，肃穆庄严，规格极高。因此，肩负达王命、宣国威、驱驰绝域以论和好的使臣，显得无比荣耀：

皇皇者华，于彼原隰。駪（shēn）駪征夫，每怀靡及。

我马维驹，六辔（pèi）如濡。载驰载驱，周爰咨诹（zōu）。
我马维骐，六辔如丝。载驰载驱，周爰咨谋。
我马维骆，六辔沃若。载驰载驱，周爰咨度（duó）。
我马维骃（yīn），六辔既均。载驰载驱，周爰咨询。

骑着最美丽的千里马，驾着最豪华的六辔车，马蹄沓沓，车轮滚滚，路边的花儿在为我开放，脚下的大道在为我伸展。此时此刻，人似乎才感到了什么是得意，什么是满足。《诗经·小雅·皇皇者华》，唱出了使者外出途中的满满自信，也唱出了身肩使命的意气与荣耀。

也许正是对这份得意、这份满足的仰慕，当古人唱出这首歌的时候，“使者”也赢得了一个让人艳羡的名字：使华、使花。“使花”是代表“天”而“宣国威”的，于是，古人又把使臣出行与天上的星辰联系起来，称“使者”为星使、使星。唐代人写诗，就写“辞天使星远”“使星随驿骑”“朝天绣服乘恩贵，出使星轺（yáo）满路光！”天上的星星，光芒闪耀；天上的星星，排列如织。它们眨着眼睛，走啊走，行呀行，星河中映出了一条丝绸般的道路。

汉唐盛世，丝绸之路，是华夏由西北通向“外国”的唯一大道，驿骑追逐，犹如闪闪的星星飘过天河。诗人们激动极了，禁不住歌唱：“一驿过一驿，驿骑如星流，平明发咸阳，暮到陇山头。”“陇头远行客，陇上分流水，流水无尽期，行人未云已。”而史书所载“驰命走驿，不绝于时月”“使者相望于道”，早就是丝绸之路畅通繁忙的形象写照。

使节是政府的官员，也是文化的使者。他们的一启齿、一投足，必将意味着不同文化系统的开放、交流。中原王朝向“西域”的第一次派遣使臣，“西北国始通于汉”的双向正式交往，当然要从掀开这页历史的汉武帝和做出“凿空”贡献的张骞说起。

一、张骞“凿空”

公元前 139 年，是中西交流史上具有划时代意义的一年。这一年，汉武帝派张骞出使西域。

出使的最初动机，读一读《史记·大宛（yuān）列传》《汉书·张骞传》就可以全然明白：结盟大月氏，夹击匈奴。

这是一个军事进攻计划，也是汉武帝的远交国策。

张骞通西域雕像　今陕西汉中城固

忆往昔峥嵘岁月稠

远交大月氏，近攻匈奴国策的出笼、施行，对汉武帝刘彻来说，颇有“忆往昔，峥嵘岁月稠”的感慨。

匈奴是游牧部族。大约于公元前3世纪崛起壮大，控地东尽今辽河，西至葱岭。北抵贝加尔湖，南达长城。雄踞北方，与汉朝对峙。汉高祖刘邦曾率三十二万大军进行较量，结果被匈奴猛悍的骑兵包围在平城白登山（今山西大同），几乎陷入绝境，通过贿赂冒顿单于的阏氏（王后）才侥幸突围。后来，只好与匈奴“结和亲之约”。

“和亲”的具体行动是汉以宗室女充公主嫁给匈奴首领，约为兄弟，并每年给匈奴馈赠絮、缯、酒、食等财物，以求匈奴不越长城南下劫掠。“絮”是白色轻柔的粗丝绵，“缯”代表的是各种各样的丝织品。这种局面，从文化交流的视角考察，实质上是两个文化主体同处于扩张状态下的碰撞僵持时期。表面上看起来情势缓和，深层上则是战争形式的准备。相对重土固守的农耕文明，游牧文化更具扩张性。司马迁写《史记》立《匈奴列传》，记述匈奴人“利则进，不利则退，不羞遁走”。有利可图就进攻，无利可图就撤退，不因为逃路感到害羞。进攻是他们的天性。所以即使“和亲”“约为昆弟”，但驰猎旷原、剽悍强豪的匈奴人总受不了言语契约的束缚，更看不惯妨碍他们横冲直撞的那道长城，时时忘了昆弟之约而南下“牧马”，挑起战争，进行寇伐。在汉代“文景之治”的辉煌年代，这种状况都没有大的改变。

公元前140年，汉武帝当国。这位胆大心狂的君主，凭借户口盛、财力足的国势，图谋与“控弦百万、天下莫强”的匈奴抗衡，力欲教训年年草黄马肥时节挟弓驰掠的“昆弟”。

汉武帝远交近攻的战略方针出台了。

远交的首席盟友是大月氏。

月氏本来游牧在东起今祁连山以北，西抵现在天山、阿尔泰山东端的广大地区。匈奴兴起，阻遏了他们东进的势头。约公元前177年，匈奴大举西进，将他们逐出故地。大部分西迁到伊犁河、楚河流域。史称这部分西迁的月氏人为“大月氏”，而将留在原地的少数老弱称为“小月氏”。月氏西迁后，匈奴“右（西）方居盐泽（今新疆罗布泊），以东至陇西（郡治今甘肃临洮），南接羌，隔汉道焉”。

远交大月氏，匈奴大敌当道。并且路途险远，骑行艰难。周穆王驾八骏畅游西王母古国的轶事，早在我国民间广为流传。穆王西行的道程，连神奇无比的西王母也在唱叹：“白云在天，山陵自出。道里悠远，山川间之。将子无死，尚能复来。”远去的人，已不可见。只有白云悠悠在山间缭绕。路途太远了，山重水复，远去的人何时能回？但愿你还能活着，还能回来，你我还能再相见。尽管周穆王信誓旦旦，可悠远山川的阻隔，还是未能使其遂愿，最终留给西王母的依然是“穆王东归不复来”的忧郁和憾恨。

有谁敢度虎穴排万难去西使大月氏？

汉武帝下诏，公开征募。

张骞应募出使

张骞，汉中人（今陕西城固）。从小生活在出将的“山西”地区，为人正直，办事果断；心胸宽大，诚实可靠。当时任郎官，地位低下。汉代所谓的郎，即宫廷侍卫。性格就是命运，胆识决定前途。张骞一直在争取改变命运的机会。他坚决应募，如愿中选。

张骞奉王命启程，原来为匈奴做奴隶的甘父当翻译，同行百余人。他们试图跨越铁蹄下的土地去联合大月氏。刚出陇西，即被“匈奴得之”，押送到单于的王庭。单于没有杀张骞，为其娶妻。张骞在匈奴住了十多年，终于找到了逃脱的时机。逃出后，张骞和随从继续西行，到达今乌兹别克斯坦费尔干纳盆地的大宛(dà yuān)。

《汉书·西域传》记载：大宛国距离长安一万二千五百五十里，西南至大月氏，南亦与大月氏接壤，北接康居。地理、气候、物产、民俗与大月氏相类似。“大宛闻汉之饶财，欲通不得。”如今见到张骞，心中高兴，问张骞的去向。张骞说：“我为汉朝出使月氏，却被匈奴拦住去路，现在逃出匈奴，希望派向导护送。若真能如此，等我们返回汉朝，汉朝赠送给大王的财物是用言语说不尽的。”大宛王答应了张骞的请求，派出向导和翻译，送他们到了今哈萨克斯坦南部及锡尔河中下游的康居。康居南接大月氏。康居人又派向导把他们送到了大月氏。

张骞到大月氏时，大月氏因与乌孙的征战，又一次西迁，控制了原大夏国的领土，定居在“地肥饶、少寇”的阿姆河流域。《史记·大宛列传》里有关于大月氏的记载。这时的大月氏，“志安乐，又自以远汉，殊无报胡之心。”事实上，阿姆河流域与大汉的地理阻隔，使夹击匈奴已无可能。张骞在大月氏逗留了一年有余，终究没有得到大月氏联合打击匈奴的明确态度，只好踏上归程。回归途中，又被匈奴捉住。后趁匈奴内乱，于公元前126年逃归长安。

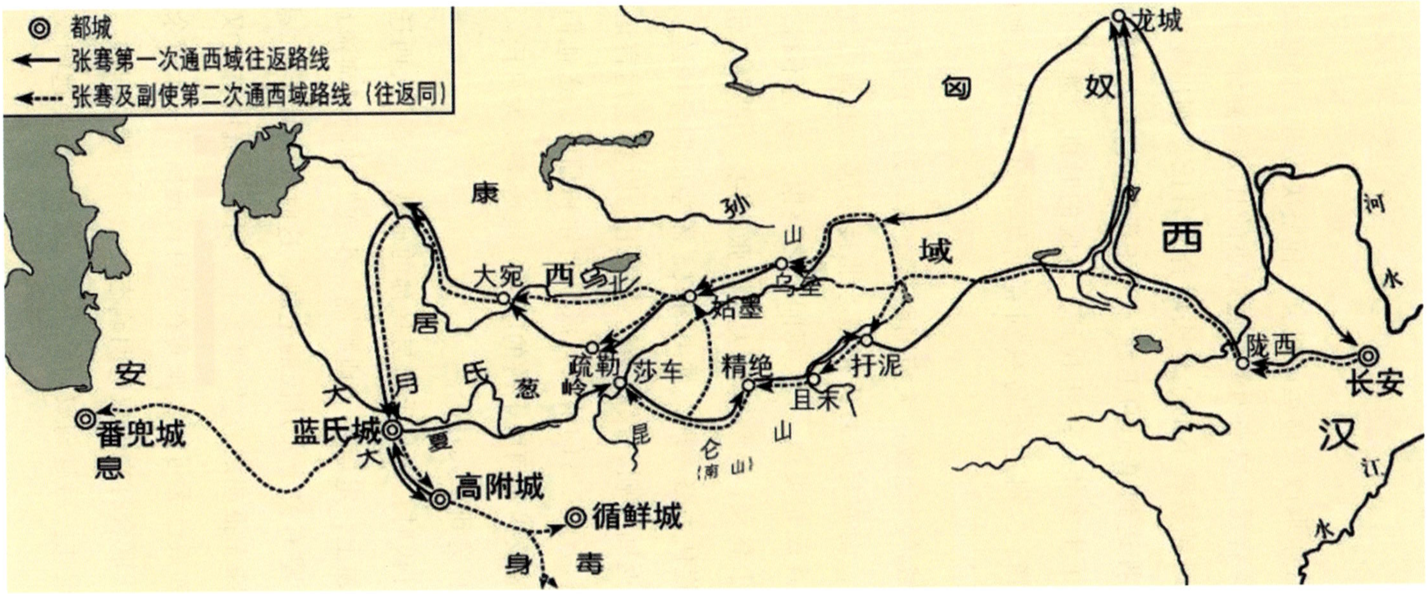

张骞两次出使西域路线图

张骞用漫长的十三年完成了自己的出使行程，汉武帝远交近攻的具体目的没有达到。但张骞以自己的生命为赌注，走通了一条由长安到阿姆河流域的道路，这条横贯亚洲的道路，将中原农耕人的视野引向了更阔远的世界。而他所提供的中亚内外政治形势、民族分布等方面的重要信息，增强了汉王朝打通西域的信心。他的出使实践，证明了汉武帝通西域理想的可行性和重要性。

“西北国始通于汉”

据《史记·大宛列传》所叙，张骞第一次西使，“身所至者大宛、大月氏、大夏、康居，而传闻其旁大国五六。”亲自走访的有大宛、大月氏、大夏、康居，听说了的还有与这几个国相邻的五六个大国。他将自己的见闻一一向汉武帝做了汇报，介绍了西域各国的地理位置、与汉朝的距离远近、自然风貌、民情风俗等概括。

> 大宛在匈奴西南，在汉正西，去汉可万里。其俗土著，耕田，田稻麦。有蒲陶酒。多善马，马汗血，其先天马子也。有城郭屋室。其属邑大小七十余城，众可数十万。其兵弓矛骑射。其北则康居，西则大月氏，西南则大夏，东北则乌孙，东则扜罙(wū mí)、于阗(tiān)。于阗之西，则水皆西流，注西海；其东水东流，注盐泽。盐泽潜行地下，其南则河源出焉。多玉石，河注中国。而楼兰、姑师邑有城郭，临盐泽。盐泽去长安可五千里。匈奴右方居盐泽以东，至陇西长城，南接羌，鬲汉道焉。

一个大宛就听得汉武帝兴趣盎然，何况还有能拉弓射箭、勇敢善战的乌孙、康国，有多貂的奄蔡，有土地多出奇珍的大月氏，有以银为钱、“大家屋舍，以珊瑚为柱，琉璃为墙壁”的安息，有狮子、鸟卵如甕大的条枝，有善贾市、控弦者一二十万的大夏。张骞如数家珍般地叙说了各国奇情异俗后，建议武帝用道义及赠送礼物的办法，吸引各国归属，如果真能做到，就可以扩大万里国土，经过辗转翻译，招来不同风俗的人民，使汉朝天子的声威和恩德传遍四海内外。

“广地万里，重九译，致殊俗，威德遍于四海！”这正是汉武帝梦寐以求的美景。张骞的报告让他兴奋不已，壮心难抑。“重九译”意思是说，需要一重又一重地翻译，多者达九遍，才能把不同地方的风俗让汉武帝了解。汉代设有九译令，相当于现代的翻译。

汉武帝根据张骞的分析和建议，立即派张骞率领四队人马去西南开辟道路，但以失败告终。西南道开辟的失败，再一次证明：汉朝要与西域交通，只能从河西走廊通过。要打通河西走廊，必须搬掉匈奴这座大山。汉武帝连连向匈奴出击。霍去病、卫青等大将率军攻祁连，战焉支，捷报频传。

张骞以校尉的身份跟随大将军卫青参战，由于他熟悉绿洲路线，让军队利用有水草的道路进击，从而使战斗大获全胜。汉武帝封张骞为博望侯。

匈奴作为马背上的民族，战斗力十分强悍，能“以马上战斗为国”，生产组织与军队组织结合得相当紧密。但他们主要依靠畜牧业为生，其经济形态具有较大的分散性和脆弱性，反映在政治上则造成政权的忽兴骤衰。正当汉武帝连连进攻之时，匈奴内部分裂。统辖今武威地区的浑邪王杀死占据今张掖一带的休屠王，在汉军的压力下归降。于是陇西以西及河西之地不再有匈奴骑兵出没。在新条件下，张骞再次西使，出使的目的与第一次同样明确：联合乌孙，断匈奴右臂。

《汉书·西域传》记乌孙人，“不田作种树，随畜逐水草”“国多马，富人至四五千匹”，与匈奴、月氏一样，是个以游牧为生的部族。

张骞曾对汉武帝说：“臣居匈奴中，闻乌孙王号昆莫，昆莫父，匈奴西边小国也。”现代学者断定，昆莫之父难兜靡时代的乌孙在河西的驻地，应在月氏的西边，酒泉至敦煌一带。当月氏受匈奴攻击，向西迁移时，便攻夺了乌孙的牧场。后来，乌孙受匈奴支持，又远征月氏，占领了伊犁河、楚河流域。如今汉与乌孙结盟，如果真能在乌孙故地招引被匈奴逐出河西故地的乌孙再往东迁徙，同汉朝结为兄弟，那么，这就等于砍断了匈奴的右臂。联合了乌孙以后，它西边的大夏等国都可以被引来作为外臣属国。

汉武帝对这次远交更加重视。“拜骞为中郎将，将三百人，马各二匹，牛、羊以万数，赍金币帛直数千巨万，多持节副使，道可使，使遣之他旁国。”

拜：授官；封爵。西汉的中郎将是统领皇帝侍卫的武官，秩级仅次于将军。赍［lài］：赏赐，赐予。直：价值；代价。《史记·大宛列传》中的这段话，意思是说：给张骞授官中郎将，让他带领一个三百人的使团，使者每人两匹马，赶着上万头的牛、羊，携带着所赏赐的价值数千上万的钱财布帛，真是盛况空前。武帝还为张骞配备了好多个持节的副使，准备道路打通后，派遣他们到旁边的国家去。

张骞一行，浩浩荡荡，昂首向西。到了乌孙，乌孙王昆莫接见了他们。张骞向昆莫说明出使的来意，但此时，乌孙国虽以昆莫为王，实际上已分裂为三。昆莫年老，又远离汉朝，不了解汉朝的大小，又惧怕邻近的匈奴。张骞没能得到乌孙王东徙的许诺。于是，张骞派副使分别出使大宛、康居、大夏、安息、身毒、于阗、扜罙（wū mí）及邻近的几个国家。乌孙国想探听观察一下汉朝的情况，便派向导和翻译送张骞回国。张骞和乌孙国派出的使者几十人先行回国。乌孙使者带来几十匹马，回报和答谢汉天子。同时乌孙的使者也看到了汉朝人多，财物丰厚，回去报告了国王，乌孙国就越发重视汉朝。过了一年多，张骞派出的沟通大夏等国的使者，多半都和所去国家的人一起回到汉朝。于是，“西北国始通于汉矣”——西北各国从这时开始和汉朝有了交往。伟大的史学家司马迁形象地描绘张骞开创的这种使节往来局面是“凿空”。

何谓“凿空”？

何谓“凿空”？南北朝时刘宋博学多才的裴骃《史记集解》引苏林曰：“凿，开；空，通。骞开通西域道。”但就司马迁的具体叙述理解，并不仅仅局限于“开通西域道”的一般意义。让我们再来读一读《史记·大宛列传》的记载：

> 骞因分遣副使使大宛、康居、大月氏、大夏、安息、身毒、于阗、扜罙及诸旁国。乌孙发导译送骞还，骞与乌孙遣使数十人，马数十匹报谢。因令窥汉，知其广大。
>
> 乌孙使既见汉人众富厚，归报其国，其国乃益重汉。其后岁余，骞所遣使通大夏之属者皆颇与其人俱来，于是西北国始通于汉矣。然张骞凿空，其后使往者皆称博望侯，以为质于外国，外国由此信之。

“凿空”强调的正是汉和西域诸国互通使节的交往局面。这种交往，当代著名的西域史研究学者余太山在《两汉魏晋南北朝与西域关系史研究》一书中精辟地指出：“西北国始通于汉，具体地说，不是民间的，而是官方的；不是单向的，而是双向的。”而张骞“凿空”后的历史事实也为我们的理解提供了证明：每逢汉使离开各国时，许多国家都派遣使节随他们到汉朝回访，献上西域的产物，顺便观瞻大汉的文明；或有许多西域商队携带货物，跟着汉使到中土来进行贸易。这种局面的开辟是空前的。

张骞出使乌孙，仍然没有实现汉武帝假手乌孙切断匈奴与西域联系的愿望。但“西北国始通于汉”的功绩已非取得一个军事集团的力量可比。就军事而言，与西北各国的交往，孤立了匈奴，遏制了他们的发展，瓦解了他们的后方，为汉军最终将匈奴逐出西域奠定了基础。更为重要的是，张骞“凿空”开一代风气。随着中外使者的不断往来，葡萄、苜蓿、石榴等多种植物引进中原，标志着中原农耕文化对游牧文化的吸收、学习。对处于比较发达、比较先进的高阶层文化形态中的农耕人来说，这种变化非同小可。传统歧见，游牧人野蛮，农耕人文雅，直到近现代法国人布尔努瓦著《丝绸之路》论及汉匈文化时说："当时的汉族已经是一个具有综合性文明的伟大民族"，而匈奴是"一个令人憎恶的未开化的蛮族"。张骞出使，开始与汉交往的"西北诸国"基本与匈奴同俗，其游牧文化与中原农耕文化差异性较大，汉武帝能正视文化差异，联结大月氏、乌孙，"致殊俗"，已显示了两种文化交流后的相互沟通、相互理解。

路的"辐射"

张骞"凿空"，"西北国始通于汉"。开西将士一次次征战，祁连山空无匈奴，"河西四郡"设置，历史意义上的河陇版图初具规模。武威郡、张掖郡、酒泉郡、敦煌郡与武都郡、陇西郡、金城郡、天水郡、安定郡组成河陇区域主体。河陇地域处于汉地边陲、毗（pí）邻西域的地理位置，正是农耕、游牧两大文化圈的衔接、过渡地带。后代学者有人将这种处于几大文化板块衔接地的文化比喻为文化的"混交林带"和"次生林带"。"混交"与"次生"的优势，恰好为多元文化交汇提供了方便。"混交林带"和"次生林带"的文化，可借着主体文化严密荫盖之间的空隙，而直接承受更多的"空气""阳光"，蓬勃成长。巨龙般的丝绸之路横贯河陇，它的跃动、腾飞，牵动着整个河陇大地，使整个河陇成为西域文化与中原文明"对话"的"前沿"，中西文化随路的"辐射"，首先在这片热土上碰撞、交汇、传播，从而刺激河陇融合形形色色的“圈外”文化而呈现自己的格局。正因为路的交通作用，河陇文化构成之始，便带有鲜明的过渡特征，就像它由东至西的走廊形势一般，“混合品”——多风情交汇的文化形态格外引人注目。

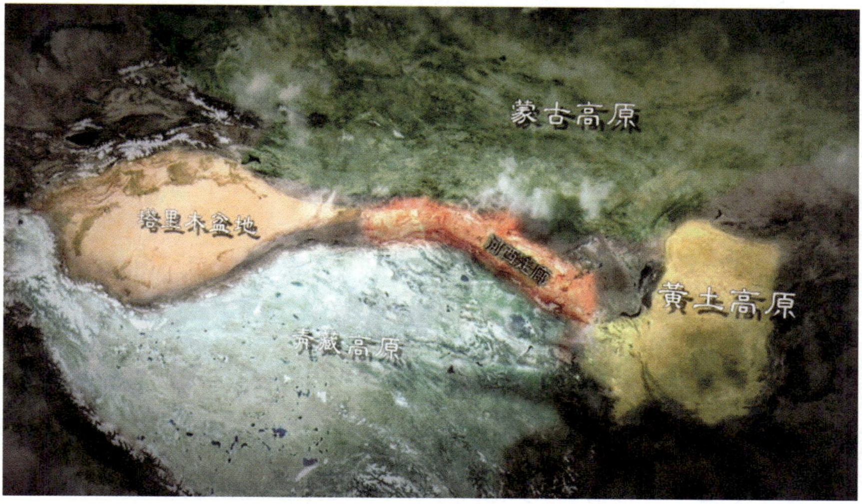

河西走廊示意图

这种特色，班固作《汉书》时已风貌凸现，至今流风犹存。伟大的史学家班固！他的精彩描述使我们不得不将其《汉书·地理志》的片段摘录下来，作为我们对丝路黄金路段文化的初步认识。

秦地，于天官东井、舆鬼之分野也。其界自弘农故关以西，京兆、扶风、冯翊（píng yì）、北地、上郡、西河、安定、天水、陇西，南有巴、蜀、广汉、犍为、武都，西有金城、武威、张掖、酒泉、敦煌，又西南有牂柯（zāng kē）、越嶲（xī）、益州，皆宜属焉。

秦之先曰柏益，出自帝颛顼，尧时助禹治水，为舜朕虞，养育草木鸟兽，赐姓嬴氏，历夏、殷为诸侯。至周有造父，善驭习马，得华骝、绿耳之乘，幸于穆王，封于赵城，故更为赵氏。后有非子，为周孝王养马汧（qiān）、渭之间。孝王曰："昔伯益知禽兽，子孙不绝。"乃封为附庸，邑之于秦，今陇西秦亭秦谷是也。

……

故秦地于禹贡时跨雍、梁二州，诗风兼秦、豳（bīn）两国。昔后稷（jì）封斄（tái），公刘处豳，大王徙郊（qí），文王作酆（fēng），武王治镐（hào），其民有先王遗风，好稼穑，务本业，故豳诗言农桑衣食之本甚备……

天水、陇西，山多林木，民以板为室屋。及安定、北地、上郡、西河，皆迫近戎狄，修习战备，高上气力，以射猎为先。故秦诗曰："在其板屋。"又曰："王于兴师，修我甲兵，与子偕行。"及车辚、四戴（dié）、小戎之篇，皆言车马田狩之事。汉兴，六郡良家子选给羽林、期门，以材力为官，名将多出焉。孔子曰："君子有勇而亡谊则为乱，小人有勇而亡谊则为盗。"故此数郡，民俗质木，不耻寇盗。

自武威以西，本匈奴昆邪王、休屠王地，武帝时攘之，初置四郡，以通西域，鬲（gé）绝南羌、匈奴。其民或以关东下贫，或以报怨过当，或以诗逆亡道，家属徙焉。习俗颇殊，地广民稀，水草宜畜牧，故凉州之畜为天下饶。保边塞，二千石治之，咸以兵马为务；酒礼之会，上下通焉，吏民相亲。是以其俗风雨时节，谷籴（dí）常贱，少盗贼，有和气之应，贤于内郡。此政宽厚，吏不苛刻之所致也……

武都地杂氐、羌，及犍为、牂柯、越巂，皆西南外夷，武帝初开置。民俗略与巴、蜀同，而武都近天水，俗颇似焉。

上古时代，华夏的先人为了说明日月星辰的运行和节气的变换，把黄赤道附近一周天按照由西向东的方向分为十二个等分，叫作星次。古代以十二星次相对应的位置划分地面上州、国的位置。就天文说，称作分星；就地面说，称作分野。根据日月星辰的运动轨迹和位置，把黄道附近的星象划分为二十八组，俗称“二十八宿(xiù)”，又用二十八宿中的星宿名代指地面上的地域。秦国的土地，在天象星官东井、舆鬼的分野处。东井即井宿，二十八宿之一，因在玉井之东，所以称东井。舆鬼即二十八宿中的鬼宿。秦地的界线是从弘农郡的旧关往西，有京兆郡、扶风郡、冯翊郡、北地郡、上郡、西河郡、安定郡、天水郡、陇西郡，往南有巴郡、蜀郡、广汉郡、犍为郡、武都郡，西面有金城郡、武威郡、张掖郡、酒泉郡、敦煌郡，还有向西南有群自牂柯郡、越内巂郡、益州郡，都应分属于它。

秦国的祖先叫柏益，出生于帝颛顼的家庭，尧时帮助大禹治水，是舜帝管理山泽的“朕虞”官，养育草木鸟兽，赐给他嬴氏的姓，经过夏、商时为诸侯。到周朝时有造父，善于驾驭训练马匹，得到毛色像花一样红，耳朵是绿色的四匹马，受宠于穆王，被封到赵城，所以改姓为赵氏。后来有非子，为周孝王在汧水和渭水之间养马。孝王说：“以前伯益懂得禽兽，他的子孙也没有断绝。”于是被封为诸侯的小国，在秦地建邑，现在陇西秦亭的秦谷就是。

原来秦国的土地，在《禹贡》的记载里，时横跨雍、梁二州，《诗经》里的《国风》中兼有秦、豳两国。以前后稷分封在斄（邰），公刘居住在豳，大王迁徙到郊（岐），文王建造了酆，武王治理镐，他们的百姓有先代君王的遗风，喜爱稼穑，致力于农业，所以《豳诗》里歌唱农桑衣食之本的诗歌相当完备。

天水和陇西，山中盛产林木，百姓用木板来建造房屋。至于安定、北地、上郡、西河，都靠近戎狄，要训练战备，崇尚气节与力量，以射猎为王。所以《秦诗》说“在他们的木板屋里”，又说“君王发动军队，我就整理铠甲和兵器，同你们一同前行”。还有《车辚》《四驖（dié）》《小戎》等文，都写到了车马打猎的事。汉朝建立后，天水、陇西、安定、北地、上郡、西河这“六郡”的世家子弟都被选拔去做皇帝的侍卫羽林郎和期门官，凭借才能和勇力为官，产生了很多名将。孔子说：“君子有勇无义就会作乱，小人有勇无义就会偷盗。”这几个郡的民风质朴，不屑于去做盗贼。

从武威郡往西，本来是匈奴昆邪王、休屠王的地方，武帝时抢夺了这片土地，设置了四个郡，用来贯通西域，隔绝南羌和匈奴。

这里的百姓都是迁移来的，有的因为关东太贫困了，有的因为复仇犯了法，有的因为谆逆亡道，连同家属都被迁徙到了这里。习俗差异相当悬殊，土地广阔，百姓稀少，水草适合喂养牲畜和放牧。凉州的牲畜是天下最多的。保卫边塞，二千石官员来治理它，都以兵器和马匹作为主要业务；酒宴礼节的聚会，上下都相通，官民相互亲近。每逢风调雨顺时节，粮食的价格卖得很低，“盗”和“贼”都比较少。生活和谐，比内地其他各郡都要通达情理。这是政令宽厚，官吏不苛刻所带来的良好效果。

武都郡是武帝时开始设置的，杂居着氐人和羌人，以及犍为、牂柯、越嶲郡，都是西南夷族，民俗大致同巴郡、蜀郡相同，而武都郡靠近天水郡，民俗与天水相近。

“走廊式”“混合品”

综观班固的评述，河陇区域文化的“地域特征”确实鲜明可鉴，主要表现为两大特点：一是农牧兼重，呈“走廊式”发展；二是多民族风情交汇，显“混合品”状态。

“弘农故关”以西的天水，自古相传是中华民族之“人文初祖”伏羲氏族的发祥地，女娲出生的“风沟”、生长的“风台”，也在今天水秦安县古成纪所在地。

郦道元《水经注》所记“帝生于天水轩辕谷”的“轩辕谷”，据说也在今甘肃省清水县山门乡湟沟村。秦人祖先非子的秦亭，其地域为今清水、张川诸县的一部分。1921 年在甘肃省天水市麦积区附近出土文物秦公簋（guí）上有铭文，云：“非子居犬丘，好马及畜，善养息之。犬丘人言之周孝王，孝王召使主马于汧、渭之间。马大蕃息。孝王曰：‘昔伯翳（益）为舜主畜，畜多息，故有土，赐姓嬴。今其后世亦为朕息马，朕其分土为附庸。’邑之秦，使复续嬴氏祀，号曰秦嬴。”记载与《史记·秦本纪》的文字相同。秦人向东开拓，沐浴“先王”遗风，好稼穑，务农桑，发展农耕文化。天水、陇西等地多草木的自然条件，又是畜牧业兴旺的基础。“迫近戎狄”的地理位置，使其战略意义显著，“修习战备，高尚气力，以射猎为先”渐成风俗。在这样一个农耕游牧两大文化交汇的“混交林带”，较之“关内”，尚武善战的特点显得格外突出，“民俗质木，不耻寇盗”的品格，亦与游牧部落的习性颇为相似。司马迁《史记·匈奴列传》记匈奴习俗风情：“其俗，宽则随畜，因射猎禽兽为生业，急则人习战攻以侵伐，其天性也。其长兵则弓矢，短兵则刀。利则进，不利则退，不羞遁走。苟利所在，不知礼义”——匈奴的风俗，平常无战事时，则随意游牧，以射猎飞禽走兽为职业；形势紧急时，则人人练习攻战本领，以便侵袭掠夺，这是他

伏羲女娲图　新疆阿斯塔那古墓群出土

人头形器口彩陶瓶　甘肃秦安大地湾出土

们的天性。他们的长兵器有弓和箭，短兵器有刀。形势有利就进攻，不利就后退，不以逃跑为羞耻之事。只要有利可得，就不管礼义是否允许。现代生态文化学指出，一区域与另一区域之间的文化差异，并不取决于人的意志和行政力量，而更多地受着某种客观环境的影响和支配。匈奴与汉地的异质环境为各自文化构成提供了可能。班固在《汉书·地理志》中分析说："凡民函五常之性，而其刚柔缓急，音声不同，系水土之风气。"老百姓本身具有如自然界金、木、水、火、土"五行"的秉性，性情有刚有柔有慢有快，表现在

狩猎壁画　敦煌莫高窟第249窟

音乐上就有不同，都是因为自然环境不同而形成的风气。这一观点，以现代生态文化学的理论衡量都是极有价值的。

地域文化的形成不外乎两个主要因素：自然环境与社会结构。社会结构的影响，班固归结为："好恶取舍，动静之常，随君上之情欲。"君主王侯的引导是关键。相比于天水、陇西，"河西四郡"本来是匈奴驻牧之地，游牧文化当然占上风。汉武帝置为四郡，纳入农业社会的郡县制度，迁移内地农民充实，农耕文化随之在河西蓬勃发展，但匈奴游牧文化的"习俗颇殊"，而"地广民稀，水草宜畜牧"的自然环境不可能当即改变，因此，"凉州之畜为天下饶"。

由此观察，河陇大势由东向西呈带状走向，丝绸之路恰如丝带贯通首尾，文化特质亦随之由农耕为主向农牧兼重至游牧为主过渡，构成“走廊式”格局，农耕、游牧两大主体文化交错汇杂，色彩斑斓，生机盎然。

耕获壁画 敦煌榆林窟第25窟

二、董琬、高明西使

张骞“凿空”“西北国始通于汉”，丝绸之路上“驰命走驿，不绝于时月”，但以西汉平帝元始二年（公元 2 年）车（jū）师后国王姑句反叛为端倪，西汉王朝走向衰落，丝绸之路上也是险象丛生。

车师是活动于今鄯善吐鲁番绿洲的西域古族，属汉置的西域都护。国都交河城（今新疆吐鲁番西北）。汉武帝刘彻初通西域，车师常替匈奴当耳目，并攻劫汉使。征和四年（公元前 89 年），汉遣开陵侯率楼兰等国兵围交河，车师始降。昭帝、宣帝时，匈奴与汉争夺车师，连战不息。汉遣侍郎郑吉屯田渠犁，立军宿为车师王，迁其一部分国人于渠犁。匈奴另立兜莫为王，率余众奔博格达山北麓。自此车师分为前、后部，或称前、后国。后部王驻务涂谷（在今新疆奇台西南山谷中）。车师东南通敦煌，南通楼兰、鄯善，西通焉耆，西北通乌孙，东北通匈奴，扼丝绸之路要冲。汉平帝元始年间（约公元 1 年—公元 5 年），车师后国，即今吉木萨尔至奇台一带，发现了一条新路，可以直通玉门关，比一向要经白龙堆的通道近了不少。驻守高昌的戊己校尉徐普知道后，想开辟这条道路。这样一来，不仅可以省一半的路程，而且可以避开危险的白龙堆。但是，新路需要穿过车师后国。车师后王不愿意，新路一开，自己的地盘岂不是门户大开。战乱年代，交通线上的国家最倒霉，车师前国、楼兰这样的通衢之地不就经常遭遇战火！由于新道与匈奴南将军管辖的范围临近，徐普想划明界限以便向朝廷上奏，就召见姑句让他来一起规划。姑句不愿意，徐普干脆把姑句抓来拘押起来。囹圄之中的姑句在部属帮助下，逃出后投奔了匈奴南将军。从此，丝绸之路不能畅通。

东汉经营，“三绝”“三通”，力气费尽。班超、班勇父子两代人浴血奋战、机智疏通丝绸之路的英雄事迹，是东汉王朝用力西域的缩影。三国时期，割据北方的曹魏一时无力西顾，尽管《三国志·魏书》《魏书·蠕蠕传》等史书上赫然记载着：魏兴，西域虽不能尽至，其大国无岁不奉朝贡，略如汉氏故事。可是，翻一翻正史，明确见诸记载的西域国家对曹魏的朝贡仅八处共六次。西晋一代，河西连年战乱，通过河陇道连接的中原与“西北国”的交往几乎完全中断，通贯中西的大动脉也只发挥着局部性的作用，直至北魏统一北方后，西域诸国主动遣使，进行贸易活动，促使魏世祖太武帝拓跋焘（公元 408 年—公元 452 年）下决心与“西域”交通。太延年间（公元 435 年—公元 440 年），派出使臣二十六批，青史留名的如王恩生、许纲、董琬、高明、高徽（出使哌哒）、韩羊皮、张道义（出使波斯）、谷巍龙（出使迷密）。王恩生、许纲及董琬、高明的相继出使，著名西域史研究学者余太山在《两汉魏晋南北朝与西域关系史研究》中给予了肯定，以为“是两汉魏晋南北朝时期最重要的西使之一，堪与张骞、甘英媲美”。他们的遭遇与张骞出使大月氏也有些相似。

王恩生、许纲“竟不果达”

《魏书·西域传》记载：

> 太延中，魏德益以远闻，西域龟兹、疏勒、乌孙、悦般、渴槃陀、鄯善、焉耆、车师、粟特诸国王始遣使来献。于是始遣行人王恩生、许纲等西使，恩生出流沙，为蠕蠕所执，竟不果达。

太延是北魏太武帝拓跋焘的年号，太延中即公元 435 年至公元 440 年间。这里的“魏德”，指北魏太武帝的德政，他的影响逐渐到达了中原之外的区域。西域的龟兹(今新疆库车附近)、疏勒（今新疆喀什、疏勒一带)、乌孙(今伊犁河流域)、悦般（大致在乌孙西北地区)、渴槃陀（在今新疆于阗西)、鄯善（今新疆若羌附近)、焉耆（今新疆焉耆附近)、车师（在今新疆吐鲁番西北)、粟特（今中亚塔吉克斯坦与乌兹别克斯坦境内）诸国王开始派遣使者来贡献物产。从这时起，魏太武帝开始派外交官王恩生、许纲等西使。王恩生走出沙漠，就被蠕蠕俘虏，竟然不能到达出使的国家。

蠕蠕是柔然的别称，出自东胡族系。公元 5 世纪初，发展成为庞大的奴隶制国家，雄踞蒙古草原，控制着由蒙古草原通向西域、中亚及西亚的草原丝绸之路。《魏书·蠕蠕传》记载，柔然最强盛时，“其西则焉耆之地，东则鲜卑之地，北则渡沙漠，穷瀚海，南则临大碛，其常所会庭则敦煌、张掖之北。”一度寇河西，控制高昌地区，切断了绿洲丝绸之路。

北魏与柔然都是奴隶主政权，又都是以畜牧业为主的游牧民族，其经济结构决定了他们的掠夺性和需要商品交换等特点。所以，当北魏国力渐强时，便力争丝绸之路。开始了通西域，震威德于荒外，致奇货于天府的宏伟行动。

王恩生、许纲的出使，虽然没有实现预定计划，但已到了鄯善和粟特等。这些国家当年就有使者、商贾前来中原。公元 436 年，北魏又派出了六批使节，高昌等地也有使者、商旅相继来朝。有柔然挡道，北魏与西域交通并未完全阻断的原因在于沮渠牧犍派遣使者引导和护送。

沮渠牧犍“恒发使导路”

北魏遣使西域，必须经过河西走廊。当时控扼走廊咽喉的是沮渠氏北凉政权。

沮渠氏，匈奴卢水胡人的后裔。北凉的第一位国主是沮渠蒙逊。《资治通鉴》卷一百一十八晋纪四十载有当时中郎张显给西凉的第二位国主李歆的上疏，对沮渠蒙逊大加夸奖，说“沮渠蒙逊，胡夷之杰。内修政事，外理英贤。攻战之际，身同士卒。百姓怀之，咸乐为用”。北凉国内经济、政治、文化等各方面都蒸蒸日上，日趋强盛。乘国力上升的好势头，沮渠蒙逊对外积极进取，攻灭其他割据政权，统一河西走廊，疆域东接金城，西包敦煌。势力所及，达于葱岭。但面对北魏太武帝的凶猛攻势，沮渠蒙逊无力招架，受封北魏，为凉州牧、凉王。沮渠蒙逊第三子沮渠牧犍继父位之后，更是苟安于北魏、柔然两大势力之间，对北魏四时贡献未曾有缺，北魏使臣赴西域，过姑臧，也由沮渠牧犍派向导护送。可惜，牧犍一时糊涂，听信柔然诈言，怠慢魏使，为图谋灭北凉的拓跋焘提供了机会。

《魏书·西域传》记载：

> 初，世祖每遣使西域，常诏河西王沮渠牧犍令护送，至姑臧，牧犍恒发使导路出于流沙。后使者自西域还，至武威，牧犍左右谓使者曰：“我君承蠕蠕吴提妄说，云：‘去岁魏天子自来伐我，士马疫死，大败而还，我擒其长弟乐平王丕。我君大喜，宣言国中。’又闻吴提遣使告西域诸国，称：‘魏已削弱，今天下唯我为强，若更有魏使，勿复恭奉。’”西域诸国亦有贰者。牧犍事主稍以慢惰。使还，具以状闻，世祖遂议讨牧犍。

魏太武帝的河陇之行

修撰《魏书》的北齐史学家魏收，笔法谨严，他著《西域传》，写魏世祖太武帝拓跋焘准备攻打沮渠牧犍，是“议讨”。为取河西，北魏君臣实费心思，大议朝中，进行过激烈辩论。

尚书李顺已往返凉州十二趟，他说：姑臧一带“地皆枯石，绝无水草。彼人言，姑臧城南天梯山上，各有积雪，深至丈余，春夏消释，下流成川，居民引以灌溉。彼闻军至，决此渠口，水必乏绝。环城百里之内，地不生草，人马饥渴，难以久留。”司徒崔浩反驳：“《汉书·地理志》称‘凉州之畜为天下饶’，若无水草，畜何以蓄？又，汉人终不于无水草之地筑城郭，建郡县也。且雪之消释，仅能敛尘，何得通渠溉灌乎？此言大为欺诬矣。”李顺再驳：“耳闻不如目见，吾尝目见，何可共辩？”崔浩指斥曰；“汝受人金钱，欲为之游说，谓我目不见便可欺邪！”魏主早就与崔浩商议，同意崔浩主张：“善，吾意亦以为然。”命公卿议之，只不过是为了贯彻自己的思想，奚斤、李顺又辩据不实，自然不能胜辩。

《资治通鉴》卷一二三《宋纪》记载，元嘉十六年，对魏太武帝的进河西入姑臧记述得极其平和，“魏主至姑臧，遣使谕牧犍令出降。”“魏主具知其情，乃分军围之。”见姑臧城外水草丰饶，还赐太子诏一封：“姑臧城西门外，涌泉合于城北，其大如河。自馀沟渠流入漠中，其间乃无燥地。”“姑臧城溃，牧犍帅其文武五千人面缚请降；魏主释其缚而礼之。”但我们还看到了这样的记载：魏抚军大将军“永昌王健获河西畜户二十余万”“及姑臧破，魏主遣镇南将军代人奚眷击张掖，镇北将军封沓击乐都，宜得烧仓库，西奔酒泉；安周南奔吐谷浑，封沓掠数千户而还”。字里行间不难发现战争的残酷和对河陇的破坏。不过，游牧出身的拓跋焘见姑臧城外水草丰美，便以河西为牧地，“畜产孳息，马至二百余万匹，橐驼将半之，牛羊则无数。”“河西之牧弥滋矣”。随河西局势的稳定，“行人复通”。纵观“丝路”大局，尽管河西诸凉政权都注意维护中西交通的畅通，但由于辖地范围有限，加之互相攻伐，兴衰无常，所以只能在局部地区或短暂时期内保障丝绸之路的畅达。北魏统一了北方及西北地区后，不断加强对西域有效的管辖和经营，从而使丝绸之路出现了新的繁荣。国家统一是“道路无壅”的最大前提。

“驿使图” 壁画砖　甘肃嘉峪关魏晋墓葬群5号墓出土

董琬、高明的“招抚”

王恩生、许纲西使失败后，魏太武帝坚持经营西域，频频遣使。董琬、高明的西使与其他使者出使相比，魏太武帝在物资、出使范围等各方面都加大了力度，“多赍锦帛”，并诏命“便道之国，可往赴之”。

散骑侍郎董琬、高明过河西走廊至鄯善后，出鄯善，招抚九国。董琬等过九国，北行至乌孙，“其王得魏赐，拜受甚悦。”乌孙王还派翻译和向导协助董琬和高明分赴破洛那（今费尔干纳盆地）、者舌（今乌兹别克斯坦首都塔什干地区）等中亚国家。北魏使者的到来受到西域和中亚各地的欢迎，这很清楚地表明，北魏打通“丝路”的做法深得人心，西域和中亚渴望与强大的中原王朝发展友好关系。“已而琬、明东还，乌孙、破洛那之属遣使与琬俱来贡献者，十有六国。自后相继而来，不间于岁，国使亦数十辈矣。”

董琬、高明西使的丰硕成果，《魏书·西域传》记载：

> 始琬等使还京师，具言凡所经及传闻傍国，云：西域自汉武时五十余国，后稍相并。至太延中，为十六国，分其地为四域。自葱岭以东，流沙以西为一域（今帕米尔以东，塔里木盆地和天山以北地区）；葱岭以西，海曲以东为一域（今兴都库什山以西，地中海以东地区）；者舌以南，月氏以北为一域（今索格底亚那吐火罗斯坦和西北次大陆的部分地区）；两海之间，水泽以南为一域（今黑海以南、以意大利半岛为中心的地中海周围地区）。

当时，第一域是北方游牧部族的势力范围；第二域是波斯及其势力范围；第三域是介乎以上两大势力之间的缓冲地区，因而不是被波斯人便是被南下游牧部族所控制；第四域则是罗马及其势力范围。随着友好往来地域的拓宽，北魏与西域的交流随之推向高潮。《魏书·世祖纪》中有关使节往来的记载，很是激动人心：

太延元年（公元 435 年）二月庚子，“焉耆、车师诸国各遣使朝献”。

太延元年六月丙午，“鄯善国并遣使朝献。”

太延元年八月丙戌，“粟特国遣使朝献。”

太延二年八月丁亥，“遣使六辈使西域。”

太延三年三月癸巳，“龟兹、悦般、焉耆、车师、粟特、疏勒、乌孙、渴槃陀、鄯善诸国各遣使朝献。”

太延三年十一月甲申，“破洛那、者舌国各遣使朝献，奉汗血马。”

太延四年三月庚辰，“鄯善王弟素延耆来朝。”

太延五年四月丁酉，“鄯善、龟兹、疏勒、焉耆诸国遣使朝献。”

太延五年五月癸未，“遮逸国献汗血马。”

太延五年十一月，“粟特、渴槃陀、破洛那、悉居半诸国各遣使朝献。”

嗣后，太平真君五年（公元 444 年）至太昌元年（公元 532 年）的近九十年中，仅《魏书》所载西域各国对北魏的朝献、朝贡、遣子入侍等活动多达一百二十余次，而我们的统计或许还有疏漏。

从太延年间的交往情况看，与西域诸国频繁来魏相应，北魏亦频频遣使向西。仅太延元年，“遣使者二十辈使西域”。太延二年，

“双驼图”壁画砖　甘肃嘉峪关魏晋墓葬群出土

遣使六批。报使往来，规模空前，《洛阳伽蓝记》的作者杨衒之见洛阳都城的繁华景象，欣喜之情，形诸笔端："自葱岭已西，至于大秦，百国千城，莫不款附。商胡贩客，日奔塞下。所谓尽天地之区已。乐中国土风因而宅者，不可胜数。是以附化之民，万有余家。门巷修整，阖填列。青槐荫柏，绿柳垂庭。天下难得之货，咸悉在焉。"

款附的"百国千城"，奔波的"商胡贩客"，要达洛阳，必经河陇。位居"丝路"黄金路段的河陇地区，因之在经济、文化等等方面，也呈现出兴旺发达的景象，农、牧、商业有了较大发展，以佛教传播为中心的文化事业，也骤成规模。

三、万国衣冠拜冕旒

绛帻鸡人报晓筹，尚衣方进翠云裘。
九天阊阖开宫殿，万国衣冠拜冕旒。
日色才临仙掌动，香烟欲傍衮龙浮。
朝罢须裁五色诏，佩声归到凤池头。

各国王子壁画　敦煌莫高窟第220窟

鼓乐大作，宫门敞开，各国朝贡的使臣和唐朝的文武官员列队进大明宫，参见圣明的天子，叩谢隆恩，山呼皇威，声震云霄。满心浪漫、万分激动的大乐丞王维，再也按捺不住怦怦的心跳，与他的同事们握管挥洒《和贾至舍人早朝大明宫之作》，齐声高歌。

“九天阊阖开宫殿，万国衣冠拜冕旒”！“衣冠”前饰“万国”，极言国别、人数的众多；“万国衣冠”后加“拜”字，唐代天子统御四海，君临天下的威严即刻在人们心目中升向“九天”。这不仅仅是多才多艺的青年诗人们一时的冲动，参看阎立德、阎立本兄弟二人的《职贡图》，更会有真切的认识。

北宋太宗时编纂的《太平广记》，于卷二一一专门设立了“阎立德”“阎立本”两个条目。“阎立德”条，引用唐胡璩所撰《谭宾录》中的记载：“唐贞观三年，东蛮谢元深入朝。冠乌熊皮冠，以金络额，毛帔以裳，为行縢，著履。”服饰的奇异，令唐人十分好奇，也很是诧异。当时任中书侍郎的颜师古建议画下来，流传后世，以彰显与边地异域的友好往来之德。颜师古曰：“昔周武王治致太平，远国归款，《周史》乃集其事为《王会篇》。今圣德所及，万国来朝，卉服鸟章，俱集蛮邸，实可图写贻于后，以彰怀远之德。”太宗采纳了这一建议，“乃命立德等图画之”。高宗武后朝的著名书画家李嗣真评价阎立德、阎立本兄弟二人的绘画，说“至如万国来庭，奉涂山之玉帛；百蛮朝贡，接应门之序位；折旋矩规，端簪奉笏之仪；魁诡谲怪，鼻饮头飞之俗。莫不尽该毫末，备得精神。”“阎立本”条引用《国史异纂》云：“立德创《职贡图》，异方人物，诡怪之状。立本画国王粉本在人间。”“有《秦府十八学士》

职贡图（局部） 阎立本、阎立德绘

《凌烟阁功臣》等图，亦辉映前古。唯《职贡》《卤簿》等图，与立德同制之。”睿智的艺术家们，以其诗人的敏感、乐师的聪灵、画家的巧妙，把握住了时代的脉搏、历史的律动。

《职贡图》绘有十二国使者，形貌各异，充满异国情调。苏轼《阎立本职贡图》一诗也作了描写：“贞观之德来万邦，浩如沧海吞河江。音容伧狞服奇庞，横绝岭海逾涛泷。珍禽瑰产争牵扛，名王解辫却盖幢。粉本遗墨开明窗，我喟而作心未降，魏征封伦恨不双。”

“天可汗”

《旧唐书·太宗纪》载：贞观四年（公元 630 年），唐军大破突厥，“自是西北诸蕃咸请上尊号为‘天可汗’”。“天可汗”是众国的王。在当代人的观念里，它意味着无数的“一等”——一等的国家、一等的国力、一等的国威、一等的版图、一等的公民、一等的素质、一等的人才、一等的建树、一等的领袖、一等的风度。当代学者赵剑敏《盛世魂——大唐玄宗时代》一书，正是用了这一个又一个的“一等”来赞扬盛世之魂。这无数的“一等”，到了“开元全盛日”，产生的便是“一等”的外交。后晋的史学家刘昫等人在《旧

唐太宗像

唐书》中不由地赞叹道：“于斯时也，烽燧不惊，华戎同轨。西蕃君长，越绳桥而竞款玉关；北狄酋渠，捐毳幕而争趋雁塞。象郡、炎州之玩，鸡林、鳀海之珍，莫不结辙于象胥，骈罗于典属。膜拜丹墀之下，夷歌立仗之前，可谓冠带百蛮，车书万里。”

来朝的“万国”之中，仅葱岭以西的国家就有二十六个，他们是：拔汗那、康国、安国、曹国、石国、米国、何国、史国、大勃律、小勃律、俱兰、劫国、谢国、吐火罗国、挹怛、帆延、石汗那、识匿、护密、俱密、骨咄、天竺国、波斯国、陀拔斯单、大食、拂菻，真正是“前王不辟之土，悉请衣冠；前史不载之乡，并为州县。”掌管接待“外国”使臣的鸿胪寺，日程排得满而又满；会见来使的门前更是拥挤不堪，“通事舍人”忙得不可开交，可还是让黑衣大食和回鹘的使节因争先入宫而显得不耐烦……由此可见，丝绸之路上，“职贡不绝，商旅相继”，绝非虚设。

“职贡不绝，商旅相继”的繁忙，使撑托这条通道的河陇大地，经济迅速繁荣，出现了历史上空前的“人烟扑地桑柘稠”“天下称富庶者无如陇右”的盛况。

波斯王卑路斯的访问

有关“波斯国”的情况，《旧唐书·西戎传·波斯》做了较为详细的记载，摘录如下：

> 波斯国，在京师西一万五千三百里，东与吐火罗、康国接，北邻突厥之可萨部，西北拒拂菻（lǐn），正西及南俱临大海。……其王冠金花冠，坐狮子床，服锦袍，加以璎珞（yīng luò）。俗事天地日月水火诸神，西域诸胡事火祆者，皆诣波斯受法焉。其事神，以麝香和苏涂须点额，及于耳鼻，用以为敬，拜必交股。文字同于诸胡。男女皆徒跣（xiǎn）。丈夫剪发，戴白皮帽，衣不开襟，并有巾帔（pèi），多用苏方青白色为之，两边缘以织成锦。妇人亦巾帔裙衫，辫发垂后，饰以金银。……气候暑热，土地宽平，知耕种，多畜牧，有鸟形如橐驼，飞不能高，食草及肉，亦能啗犬攫羊，土人极以为患。又多白马、骏犬，或赤日行七百里者，骏犬今所谓波斯犬也。出骣及大驴、师子、白象、珊瑚树高一二尺、琥珀、车渠、玛瑙、火珠、玻璨、琉璨、无食子、香附子、诃黎勒、胡椒、荜拨、石蜜、千年枣、甘露桃。

……

伊嗣候懦弱，为大首领所逐，遂奔吐火罗，未至，亦为大食兵所杀。其子名卑路斯，又投吐火罗叶护，获免。卑路斯龙朔元年(公元 661 年)奏言频被大食侵扰，请兵救援。诏遣陇州南由县令王名远充使西域，分置州县，因列其地疾陵城为波斯都督府，授卑路斯为都督。是后数遣使贡献。咸亨(公元 670 年—公元 674 年)中，卑路斯自来入朝，高宗甚加恩赐，拜右武卫将军。仪凤三年(公元 678 年)，令吏部侍郎裴行俭将兵册送卑路斯为波斯王，行俭以其路远，至安西碎叶而还，卑路斯独返，不得入其国，渐为大食所侵，客于吐火罗国二十余年，有部落数千人，后渐离散。至景龙二年(公元 708 年)，又来入朝，拜为左威卫将军，无何病卒，其国遂灭，而部众犹存。

自开元十年(公元 722 年)至天宝六载(公元 747 年)，凡十遣使来朝，并献方物。四月，遣使献玛瑙床。九年(公元 750 年)四月，献火毛绣舞筵、长毛绣舞筵、无孔真珠。乾元元年(公元 758 年)，波斯与大食同寇广州，劫仓库，焚庐舍，浮海而去。大历六年(公元 771 年)，遣使来朝，献真珠等。

熟读中国史籍的人，对卑路斯这个名字并不陌生。他与波斯和唐朝的友好往来联系在一起。

“西突厥灭，商旅可行矣!”随唐太宗异常兴奋地宣布，曾一度受唐朝保护以抗衡西突厥的波斯人，即刻舒心地踏上了征途：

贞观十二年（公元 638 年），波斯王伊嗣俟遣使朝贡。

贞观十三年（公元 639 年）二月，波斯遣使朝贡。

贞观二十一年（公元 647 年）正月，波斯贡方物。

贞观二十一年三月，波斯国来献，其中有活耨蛇。

贞观二十二年（公元 648 年）正月，波斯遣使朝贡。

乾封二年（公元 667 年）十月，波斯国献方物。

咸亨二年（公元 671 年）五月，波斯遣使来朝，贡其方物。

咸亨五年（公元 674 年）十二月辛卯，波斯王卑路斯来朝。

永淳元年（公元 682 年）五月，波斯遣使献方物。

中宗神龙二年（706 年）三月、七月，波斯两次遣使贡献。

景龙二年（公元 708 年）三月，波斯遣使来朝。

开元七年（公元 719 年）正月、二月、七月，波斯国遣使朝臣。

开元十年（公元 722 年）三月庚戌，波斯国又遣使献表贡献。

开元十年十月，波斯国遣使献狮子。

开元十三年（公元 725 年）七月戊申，波斯首领穆沙诺来朝。

开元十五年（公元 727 年）二月，罗和异国大城主郎将波斯阿拔来朝。

开元十八年（公元 730 年）正月，波斯王子继忽娑来朝。波斯国王遣使来朝贺正。

开元二十年（公元 732 年）九月，波斯王遣首领潘那密与大僧及烈朝贡。

开元二十五年（公元 737 年）正月，继忽娑来朝。

天宝四年（公元 745 年）三月，波斯遣使献方物。

天宝五年（公元 746 年）七月，波斯遣呼慈国大城主李波达什献犀牛及象各一。

天宝六年（公元 747 年）四月，波斯遣使献玛瑙床。五月波斯国王遣使献豹四。

天宝九年（公元 750 年）四月，波斯献大毛绣午筵、长毛绣午筵、无孔珍珠。

乾天二年（759 年）八月，波斯进物使李摩日夜来朝。

宝应元年（762 年）六月，波斯遣使朝贡。九月，又贡。

大历六年（771 年）九月，波斯国遣使献珍珠、琥珀等。

联珠花鸟纹波斯锦　新疆吐鲁番出土

直至波斯帝国被大食帝国攻破，卑路斯和他的儿子泥涅斯终老长安，唐朝的国土上还活动着数量不少的“富波斯”。

唐朝与波斯的频繁往来，促进了双方物质文化、精神文化的交流，出土于丝绸之路上的“波斯锦”，便是唐朝与波斯文化合璧的“宁馨儿”！

“大食殊俗，慕义远来”

汉籍中所称的大食，即为阿拉伯帝国。公元8世纪至9世纪中叶，当唐朝从贞观之治走向开元盛世的时候，这个帝国也发展到鼎盛时期。《旧唐书》卷一百九十八列传第一百四十八《西戎传》中专列“大食”，对其地理、风俗以及与大唐王朝的交往做了介绍：

> 大食国，本在波斯之西。大业中（公元605年—公元618年），有波斯胡人牧驼于俱纷摩地那之山，忽有狮子人语谓之曰：“此山西有三穴，穴中大有兵器，汝可取之。穴中并有黑石白文，读之便作王位。”胡人依言，果见穴中有石及矟（shuò）刃甚多，上有文，教其反叛。于是纠合亡命，渡恒曷水，劫夺商旅，其众渐盛，遂割据波斯西境，自立为王。波斯、拂菻各遣兵讨之，皆为所败。
>
> 永徽二年（公元650年），始遣使朝贡。其王姓大食氏，名噉密莫末腻，自云有国已三十四年，历三主矣。其国男儿色黑多须，鼻大而长，似婆罗门；妇人白皙。亦有文字。出驼马，大于诸国。兵刃劲利。其俗勇于战斗，好

事天神。土多沙石，不堪耕种，唯食驼马等肉。俱纷摩地那山在国之西南，邻于大海，其王移穴中黑石置之于国。又尝遣人乘船，将衣粮入海，经八年而未及西岸。海中见一方石，石上有树，干赤叶青，树上总生小儿，长六七寸，见人皆笑，动其手脚，头著树枝，其使摘取一枝，小儿便死，收在大食王宫。又有女国，在其西北，相去三月行。

龙朔（唐高宗年号，公元660年—公元663年）初，击破波斯，又破拂菻，始有米面之属。又将兵南侵婆罗门，吞并诸胡国，胜兵四十余万。长安（武则天年号，始于公元701年）中，遣使献良马。景云二年（公元711年），又献方物。开元（唐玄宗年号始于公元713年）初，遣使来朝，进马及宝钿带等方物。其使谒见，唯平立不拜，宪司欲纠之，中书令张说奏曰："大食殊俗，慕义远来，不可置罪。"上特许之。寻又遣使朝献，自云在本国惟拜天神，虽见王亦无致拜之法，所司屡诘责之，其使遂请依汉法致拜。其时西域康国、石国之类，皆臣属之，其境东西万里，东与突骑施相接焉。

"永徽二年（公元651年），始遣使朝贡。"位于阿拉伯半岛的大食与处在亚洲东部的大唐，终于排除高山阻隔、流沙遮蔽的千难万险，在丝绸之路的引导下，挽起了友谊的手臂。可是，这两位朋友的风俗、礼仪等等，差异太大了，以至于"开元初，遣使来朝，进马及宝钿带等方物"，"其使谒见，唯平立不拜"，惹得唐朝"宪

客使图　陕西乾陵章怀太子墓出土

司欲纠之”，还是中书令张说知识渊博，高瞻远瞩，上奏唐玄宗“大食殊俗，慕义远来，不可置罪”，李隆基也不愧盛世君主，区区小节，何足挂齿，何况不知者不为过。双方闹了个小小的“笑话”以后，交往越加频繁，对“丝路”的经营也愈见重视。阿拉伯大食人在以美索不达米亚的巴格达为起点，穿伊朗高原的雷、尼沙不儿、麦什特、谋夫等工商业中心，然后经布哈拉、撒马尔罕到西域南道的商业中心疏勒的丝绸之路上，建驿站，设店舍，使其实现了“中国梦”的道路系统，当使节们携带良马、香料、毛锦等“方物”，踏入河西走廊，翻越陇山到达长安、洛阳时，好梦成真的惊喜，难以用语言描述。于是，一拨又一拨的大食使客走进了中国西疆的“门户”，他们连年“朝贡”，有时竟一年要来四次。在“贡赐”贸易的特殊背景下，商人兼使节，使节是商人。因此，专擅营利的阿拉伯大食商人便成了丝绸之路上最为活跃的“民间大使”！他们的贡献，“丝路”考古所发现的罗马、波斯、阿拉伯的金币、银币，就是最为有价值的称赞。

东罗马金币　河南洛阳龙门安菩夫妇墓出土

波斯萨珊王朝银币　甘肃张掖大佛寺出土

四、高居诲使于阗记

《新五代史·四夷附录第三》于阗条下有这样一段记载：

> 晋天福三年，于阗国王李圣天遣使者马继荣来贡红盐、郁金、犛（máo）牛尾、玉氎（dié）等，晋遣供奉官张匡邺假鸿胪卿、彰武军节度判官高居诲为判官，册圣天为大宝于阗国王。是岁冬十二月，匡邺等自灵州行二岁至于阗，至七年冬乃还。而居诲颇记其往复所见山川诸国，而不能道圣天世次也。

于阗国王供养像 敦煌莫高窟第98窟

晋，指后晋。沙陀族平民后裔石敬瑭，骁勇善战，被后唐明宗李嗣源招为女婿，掌握了后唐的重兵、财赋。后唐末帝时，他投靠契丹帝耶律德光（辽太宗），被其册封为晋帝，取代后唐为后晋，都汴梁（今河南开封）。

天福三年，即公元938年，位于昆仑山北麓，处在“丝路”南道咽喉要地的于阗国，由李圣天统治。李圣天之“李”，为唐王朝所赐封，其实为唐代尉迟家族政权。尉迟家族政权与中原王朝一直保持着友好往来，关系相当融洽。安史之乱中，陇右陷吐蕃，西域同内地的“丝路”交通中断，李圣天则与瓜沙地区的曹氏政权联姻通好，保持“丝路”不绝。后晋政权建立，李圣天便积极进行联系，在后晋建立的第四年即派出使臣“贡献”。后晋统治者也以中原正统的派头，遣使册封。高居诲“颇记其往复所见山川诸国”的记录，史书著录名称不一，通常称作《高居诲使于阗记》。

高居诲的记录，与《佛国记》、《法显传》、玄奘的《大唐西域记》等著名典籍比较，它的可贵处是详细记述了凉州、甘州、沙州、瓜州的民族分布概况，为我们描绘了五代十国分裂时期，河西走廊上多民族聚居的情形，为研究“丝路”多民族文化提供了极其宝贵的资料。

西行历程

《新五代史·四夷附录第三》于阗条目中所记载的高居诲使于阗记，是这样写的：

> 居诲记曰：自灵州过黄河，行三十里，始涉沙入党项界，曰细腰沙、神点沙。至三公沙，宿月支都督帐。自此沙行四百余里，至黑堡沙，沙尤广，遂登沙岭。沙岭，党项牙也，其酋曰捻崖天子。渡白亭河至凉州，自凉州西

行五百里至甘州。甘州，回鹘牙也。其南，山百余里，汉小月支之故地也，有别族号鹿角山沙陀，云朱耶氏之遗族也。自甘州西，始涉碛，碛无水，载水以行。甘州人教晋使者作马蹄木涩，木涩四窍，马蹄亦凿四窍而缀之，驼蹄则包以氂皮乃可行。西北五百里至肃州，渡金河，西百里出天门关，又西百里出玉门关，经吐蕃界。吐蕃男子冠中国帽，妇人辫发，戴瑟瑟珠，云珠之好者，一珠易一良马。西至瓜州、沙州，二州多中国人，闻晋使者来，其刺史曹元深等郊迎，问使者天子起居。瓜州南十里鸣沙山，云冬夏殷殷有声如雷，云《禹贡》流沙也。又东南十里三危山，云三苗之所窜也。其西，渡都乡河曰阳关。沙州西曰仲雲，其牙帐居胡卢碛。云仲云者，小月支之遗种也，其人勇而好战，瓜、沙之人皆惮之。胡卢碛，汉明帝时征匈奴，屯田于吾卢，盖其地也。地无水而常寒多雪，每天暖雪销，乃得水。匡邺等西行入仲雲界，至大屯城，仲雲遣宰相四人、都督三十七人候晋使者，匡邺等以诏书慰谕之，皆东向拜。……

灵州，今宁夏吴忠境内。牙，这里指王庭。金河属额尔古纳河水系，今名大黑河。五代时期，岐国李茂贞盘踞凤翔，阻断长安至秦州的路线。中原往西域，通常采取经由灵州西去的路线。这条路线的行程，伦敦博物馆藏敦煌写本《西天路竞》（斯坦因 S.0380）标志：“东京至灵州四千里地。灵州西行二十日至甘州，是汗王

(地)。又西行五日至肃州，又西行一日至玉门关，又西行一百里至沙州界，又西行二日至瓜州，又西行三日至沙州，又西行三十里入鬼魅碛。”高居诲一行的路线，与此大致相同。他们从灵州启程，西行渡过波涛汹涌的黄河，穿越腾格里沙漠，途经党项人的牙帐，逾白亭河（又名白亭海），下抵凉州。再行五百里，达甘州回鹘牙帐。离甘州城往西的路途非常难行，张匡邺他们在马蹄上套了木涩，骆驼蹄子上包上牦牛皮。西行五百里到肃州城。渡金河，达玉门关。在敦煌受到当地人的热情迎送。离沙州，出阳关，过仲雲（沙陀突厥）部牙帐胡卢碛（今新疆若羌东北），继续前行，到绀（gàn）州（今新疆于田县、策勒县北境）。绀州是当时于阗李氏王朝疆域的东境。再继续西行，经安军州，终于抵达于阗国都。

今敦煌鸣沙山月牙泉

凉州汉蕃联合政权

五代时期，凉州地区多民族聚居，成分复杂，其中汉、吐蕃人数最多。汉族在城外数十里的郊区耕种，吐蕃于靠近祁连山的谷地放牧，社会结构呈混合状态，政权也由汉蕃联合组成，联合政府的最高领袖，也由两族轮流担任。他们争权夺利，时有火拼。与中原各“国”的关系因首领的更替若即若离。后唐长兴四年（公元 933 年），凉州留后孙超遣大将拓跋承谦及僧、道士、耆老等向后唐贡方物。后唐末帝清泰元年（公元934 年），李文谦上任留后。李文谦向后唐请命，即位节度使。以后数年，凉州人逐文谦，后晋天福七年（公元 943 年），灵武节度使冯晖遣牙将吴继兴为留后。第二年，后晋遣陈延辉安抚凉州，凉州人共留延辉，立为刺史。至后汉乾祐年间（公元 948 年—公元 950 年），政权转入吐蕃人之手。高居诲西过凉州时，正值李文谦请命，东归时，吴继兴为留后，顺利通过，未受阻拦。高居诲也记录得极简略。

甘州回鹘

甘州回鹘是漠北回鹘的一支。公元 840 年，回鹘汗国被黠戛斯人攻破，回鹘分三支西迁：一支迁到中亚和今喀什等地；一支迁到高昌，史称西州回鹘；一支迁到河西走廊一带，称甘州回鹘。他们扼据“丝路”孔道，势力极凉、瓜、沙诸地，人口达三十多万，历九位可汗。

吐蕃陷河陇后，役属吐蕃。吐蕃势力衰落后，常遣使中国。《新五代史》卷七十四《四夷附录第三》记甘州回鹘：

其地出玉、犛(máo)、绿野马、独峰驼、白貂鼠、羚羊角、硇(náo)砂、腽肭脐(wà nà qí)、金刚钻、红盐、罽氎(jì dié)、騊駼(táo tú)之革。其地宜白麦、青稞麦、黄麻、葱韭、胡荽(suī)，以橐驼耕而种。其可汗常楼居，妻号天公主，其国相号媚禄都督。见可汗，则去帽披发而入以为礼。妇人总发为髻，高五六寸，以红绢囊之；既嫁，则加毡帽。又有别族号龙家，其俗与回纥小异。长兴四年（公元933年），回鹘来献白鹘一联，明宗命解緤（xiè）放之。自明宗（后唐明宗李嗣源）时，常以马市中国，其所赍（jī）宝玉皆属县官，而民犯禁为市者辄罪之。周太祖时除其禁，民得与回鹘私市，玉价由此倍贱。显德（公元954年—公元960年）中，来献玉，世宗（后周世宗柴荣）曰："玉虽宝而无益。"却之。

明宗即后唐主李嗣源，公元926年至公元933年在位。周太祖指后周太祖郭威，公元951年至公元953年在位。高居诲经过甘州时，回鹘与中原友好地保持着马匹、宝玉贸易往来。高居诲记述回鹘牙帐的南面山百余里，大概指祁连山南百余里，是小月氏的故地。小月氏是冒顿单于攻破月氏后，留居祁连山中的一部分。区别于西迁阿姆河流域的大月氏而谓小月氏。高居诲还见到一个叫鹿角山沙陀的部落。这个部族的人自称原朱耶氏之遗族。朱耶氏是突厥的一个部落，称处月，或众熨，或仲雲。五代十国后唐政权的祖先即是处月部。

甘肃酒泉玉门关遗址

当时的肃州为甘州回鹘统治。玉门关的位置，与玄奘出西域时的玉门关已不是一处，这时已移至肃州以西二百里处，有一部分吐蕃人居住在这里。从吐蕃居住的地域看，他们正好处在敦煌归义军与甘州回鹘之间，从事“一珠易一良马”的交易，在中原与西域诸国之间进行着中转贸易活动。

瓜沙曹氏政权

当高居诲路过时，正处在归义军曹氏一族的繁荣时期。曹氏与中原的关系，见《新五代史》卷七十四《四夷附录第三》吐蕃条：

> 独瓜、沙二州，终五代常来。沙州，梁开平（公元

907年—公元911年）中有节度使张奉，自号“金山白衣天子”。至唐庄宗时，回鹘来朝，沙州留后曹议金亦遣使附回鹘以来，庄宗拜议金为归义军节度使、瓜沙等州观察处置等使。晋天福五年，议金卒，子元德立。至七年，沙州曹元忠、瓜州曹元深皆遣使来。周世宗时，又以元忠为归义军节度使，元恭为瓜州团练使。其所贡：硇砂、羚羊角、波斯锦、安西白氎（dié）、金星礬（fán）、胡桐律、大鹏砂、毦（ěr）褐、玉团。

甘肃酒泉瓜州县锁阳城遗址

文中的“梁”指五代十国时的后梁。“开平”是后梁太祖朱温的年号。朱温于唐天祐四年即位，国号大梁。“唐庄宗”指后唐庄宗李存勖（xù），沙陀族，公元923至926年在位。后晋天福五年是公元940年。“周世宗”即后周世宗柴荣，公元954年至959年在位。瓜州归义军名号，始自张议潮发兵举义，赶走沙州吐蕃，奉瓜、沙、伊、肃、鄯、甘、西、兰、岷、廓八州图籍入唐朝之时。张议潮，沙州人。他光复故疆，维护国家统一的贡献，敦煌宝卷《张淮深变文》中唱道：“河西沦落百余年，路阻萧关雁信稀。赖得将军开旧路，一振雄名天下知。”张议潮率领蕃汉将士克复河西走廊，重开“丝路”交通，使河西经济得到恢复，各族人民的生活有了保障。张议潮留居长安后，其侄张淮深继任。至张议潮的孙子张承奉时，他于唐哀帝天佑二年（公元905年）自称白衣天子，建号“西汉金山国”（“西汉敦煌国”）。张承奉去世，节度兵马

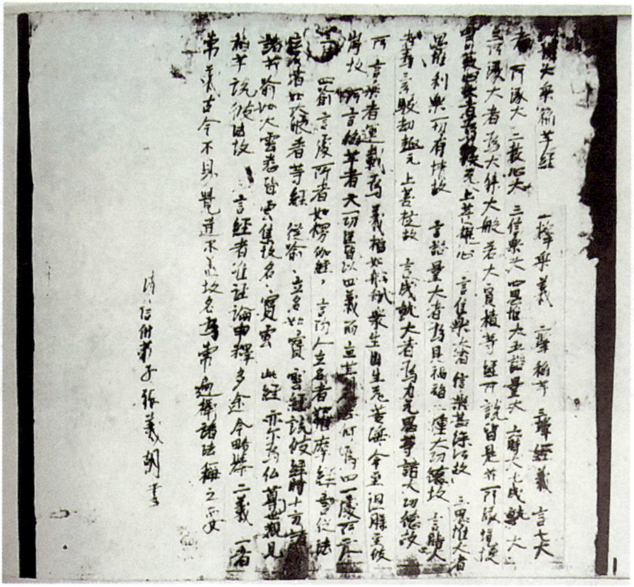
清信佛弟子张義潮書

张议潮抄写的佛经

留后曹议金掌权。后唐庄宗即下诏：以权知归义军留后曹议金为归义军节度使、沙州刺史、检校司空。曹氏当权，借鉴前政得失，去帝号，恢复归义军旧称，遵从中原王朝的历法，遣使朝贡。曹议金去世，他的三个儿子，兄终弟得，依次为曹元德、曹元深、曹元忠。

高居诲一行到敦煌时，受到曹元深等人的欢迎。他们在敦煌休整了一段时间，游览名胜，登鸣沙山，望三危山，甚或参观莫高窟。其后，便西出阳关向于阗去了。

敦煌莫高窟航拍图

五、沙哈鲁的庞大使团

中华书局1981年出版，由何高济翻译的《沙哈鲁遣使中国记》，英译者序言中有这样的话：“波斯帖木耳王朝（察合台）最伟大的统治者米尔咱·沙哈鲁（在位时间：公元1404年—公元1447年），也是自古以来主宰波斯帝国命运的最开明的君王之一。”西方史学家用“最伟大、最开明”这些字眼赞美沙哈鲁的功绩时，举出的事例是，在沙哈鲁统治期间，“他曾向同时候的统治者派遣重要的政治使节。首先是遣使中国明代的第三个皇帝成祖的宫廷。”《明史》记载这个时期的波斯使节，共有九次，《明实录》则记载有十次。向中国派遣使节在两国关系中的意义，的确异乎寻常。

《沙哈鲁遣使中国记》书影

盖耶速丁行记

沙哈鲁派遣来中国的使团，规模比派往其他国家的要大得多，尤其1419年11月的遣使，更是一支庞大的使团。使团组成人员，不仅有沙哈鲁的代表，也有他的长子兀鲁伯王子（在位时间：公元

1447年—公元1449年）、次子阿不勒法特·亦不剌金王子、三子贝孙忽儿王子、四子苏王尔格特迷失王子、五子穆罕默德·术克王子的代表。使团团长是沙哈鲁的使节沙的·火者，随员两百余人。

沙哈鲁最有才能的儿子贝孙忽儿王子的代表是画家盖耶速丁·纳哈昔，随员一百五十人。王子授予他的光荣使命：记录出使的全过程，从出发一直写到返回本国。何高济翻译的《沙哈鲁遣使中国记》英译者序言中说，盖耶速丁没有辜负王子的重托，用日记的形式详细记述了他“曾访问的所有地方和他眼见的每件事，包括路途的特色、国土、建筑物的种类、城市中的规章、国王们的庄严、政府和行政制度以及他在该邦观察到的一些奇妙事物”。这份日记被摘要整理，命名为《沙哈鲁遣使中国记》，也叫《盖耶速丁行纪》《画师盖耶速丁老爷日记的摘要》。哈菲兹·阿不鲁在《沙哈鲁遣使中国记》序中写到，“盖耶速丁大师恰好写了一部游记，从他于哈烈出发一直写到返程，详细地描述了道里、城都、古迹、习俗、王统以及他亲眼看到的所有奇迹。由于他是贝孙忽儿王子的心腹人之特点以及他不带任何宗派态度和偏见地记载了一切。”中译者前言说：“在盖耶速丁之前，来中国的外国客人，都是在返回他们本国后才把旅途的见闻记录下来，整理成书。而盖耶速丁在旅行前已奉命用日记体裁把当日的事记下来，因此他的游记内容更加可靠，涉及的范围也相当广泛，对研究明代的城市建筑、警报制度、宫廷典仪，乃至音乐、舞蹈、杂技、饮食、外宾的待遇等方面，都有一定的参考价值，与中国的历史文献也可相互参照。”在这本游记里，我们与盖耶速丁一样，为当时丝绸之路上的美妙事物而惊奇不已。

肃州的盛大宴会

1419 年 11 月 24 日，沙哈鲁派遣的庞大使团，告别雄伟壮丽的都城哈烈。于 1420 年 9 月初到肃州。在进入嘉峪关前，沙哈鲁的使团就受到热烈欢迎和盛大宴会的款待。热烈的气氛使盖耶速丁心潮澎湃，丰盛的食品让他眼花缭乱。法国作家阿里·玛扎海里在《丝绸之路——中国、波斯文化交流史》一书中这样描述了使团的所见所闻：

> 在这一站，有一片风景秀丽的草地，中国官员们前来迎接使臣。中国人在很短的时间内就于草地中心为他们准备了一次丰盛的宴会。眨眼之间，他们就在那里建起了一个以大顶篷遮蔽阳光的高台，于其下面放置了大量桌椅。中国人为他们端上了羊肉、鹅肉、鸡肉以及盛放在瓷盘中的干鲜果品。每张桌席上都备有人造花束，装饰以盆景树。总而言之，他们在空旷的沙漠中带来了高低桌和一次宴会所必需的一切，甚至比在一个京城做得还要好得多。在用餐快结束时，他们又向使臣们奉上了各种烧酒和米酒。所有准备好的这些东西均来自肃州。

迎接仪式结束后，边陲总督“王大人”又在兵营中为使臣们举行了欢迎宴会。张大臣率领五千多名骑兵将使臣迎接到自己的大营。盖耶速丁记述：

> 他们在那里摆了王大人的一把安乐椅，于其左右两侧

还摆下了其他一些安乐椅。中国官吏于其右侧就座，使节们要在其左侧就座。因为在中国，左侧是荣誉席，这无疑是由于心房位于左侧的缘故。在每位使臣和各位官吏前面，都摆了两张很高的桌案。一张桌案用于上各种菜肴：羊肉、鹅肉和鸡肉，此外还有用中国方式制作的干果；在另一张桌案上安排饼和糕点。那些大人们还有权得到两束人造纸花和绢花。其余客人仅有权各自占一张普通的席面。

恰恰在帝王大鼓的对面，又安排了一个餐厅。从中可以看到大大小小双耳尖底瓷瓮，此外还有各种号码的瓶子，有瓷瓶、银瓶或金瓶。在大鼓的左右两侧站立着一些乐师。乐队系由键琴、提琴、吉他、口琴、两种笛子（普通的竖笛子和横笛）、中国铃鼓、箫、支在三脚架上的双面鼓、钹铙、拍板和鼙鼓。乐师们为一批舞蹈者伴奏，舞队由浓妆艳抹和化装成女舞蹈演员的青年杂技演员组成，他们留有女式发型，戴有制成耳环的珍珠。这一切都超过了其他地方的同类表演，因为中国的娱乐活动在世界上是独具一格的。

在留作招待会的空地和军营四门之间，岿然不动地屹立着两行穿戴盔甲的卫兵，以大枪武装。中国人根本不需要掌门官，他们免用这种职务是因为这些人充分地遵守纪律。

他们为客人煞费苦心地安排了座位，大家立即就开始祝酒，并一饮而尽。“刀厅”的指挥官（也就是政府的官员）首先祝酒。一名侍从站立于其身后，手持一个装满人造小花朵的盒子。当为某人的健康而干杯时，侍从立即在其头上插上一朵小花，以至于使招待会具有了一个花坛的外貌。艺术家们演出了一场很难描述的化装舞会。那些戴有以彩色纸板制成的各种动物状的假面具的面部姿态表演各种奇怪的中国舞蹈，实际上是令人震惊的。

那些英俊的侍从在客人中来回走动，有的人拿有酒瓶和酒杯，其他人则捧有冷拼盘、胡桃、大枣、核桃、栗子、枸橼、蒜瓣和醋溜葱，在我们国家根本不存在却是中国特产的生拌绿菜，此外还有切开的西瓜瓣和甜瓜块。每种食品都单独盛在冷盘中的小圆盘内。当为某一大人的健康而祝酒之后，一名侍从立即为他递上冷拼盘以使之挑食他所喜欢的东西。

今甘肃酒泉（肃州）鼓楼

舞会中的最好节目是一种表演得活灵活现的鹳舞。鹳是用纱和生丝纱制成的，但装饰有真正的羽毛以及红喙和红爪。它比真鹳还大，以便使童仆钻入其中并随着中国乐曲的节律而翩翩起舞，恰如其分地模拟该鸟的习惯动作。全场哗然，由于欢乐和赞赏而轰动一时。

宴会犹如一道风景线，为我们形象地展现了肃州的独特景观和当时其特殊的地域风情。

甘州大卧佛

甘州有一座长和宽各为五百腕尺（10腕尺约为5~5.2米）的浮屠。从中可以看到一身卧佛像，长达三十步，脚部宽九步，估计其头部的周长为二十一步。在佛像及墙壁一侧的上方，可以发现雕刻有大量各自约为一腕尺的其他偶像，制作艺术精湛。那些与真人一样大的和尚像也如此，其中具有如此的真实感和运动状，以至于可以使人把

甘肃张掖大佛寺卧佛

它们当作是活生生的。大家在墙壁上可以欣赏肯定会使全世界的画家们都感到震惊的画面。至于那尊巨大的卧佛像，其一只手放在头下，另一只则放在腰间。它全身金黄色，穿有彩色的衣服。他们称之为‘释迦牟尼佛’。不信真主的人成群结队地前往对这尊佛像顶礼膜拜。在该建筑物的周围还有许多小祭坛，就如同一座旅馆的小房间一样排列开来。佛塔中豪华地置备有用金线织成的窗帘、坐垫和涂金的桌子、瓷酒杯和烛台。

令盖耶速丁惊叹不已而大加描绘的大卧佛，今天仍然安卧张掖大佛寺的大佛殿内，是现存全国最大的卧佛。

“美人城”

甘州而东，出河西走廊，到黄河口岸。盖耶速丁描写了“如阿姆河一样宽阔”的黄河及由二十三条船组成的舟桥，实际上就是大家熟悉的黄河浮桥，他写道：

这些船用如同人腿一般粗的大链子拴在一起，用缆绳系在如同人体粗的铁桩子上，在各岸每隔十腕尺左右，就有一根这样的桩子。那些不太粗的索链和小钩子把船固定在主链上。那些如同楼板一样光平的厚木板装配成了小船。这种舷梯在四足动物的脚下也不会移动。大队人马毫无困难地渡过了宽阔的黄河。

兰州黄河镇远浮桥　兰州黄河桥梁博物馆藏

对黄河彼岸的兰州，盖耶速丁记述得比较简单，可是，其中轻描淡写的一笔，却让今天生活在兰州的人都要大加慨叹。他说："中国的少女在一般情况下均非常美貌，但是，兰州的姑娘却属于最负美名之列。其诨名'美人城'即由此而来。"也许我们太孤陋寡闻，我们在别处还没有看到有关兰州"美人城"的资料。盖耶速丁是位画家，也是位文学家，在他的眼中，兰州的姑娘能属于最负美名之列，那兰州有"美人城"的诨名，也就名不虚传。盖耶速丁见到的"美人"，还包括一种从事特殊职业的女子。他们在那里见到了一座非常独特的建筑。"这一庞大建筑由三条大街环绕，由美貌的妓女占据。"妓馆赫然耸立街心，不能不让人观之色变。但这一畸形现象，似乎从反面揭示出一个正面的话题：兰州商业的繁荣。

兰州黄河镇远浮桥图　兰州黄河桥梁博物馆藏

六、陈诚五出嘉峪关

郑和七下西洋，远航西亚东非的盛举，在明代中西交往史上闪烁着夺目的光芒，炫耀得古老的陆路交通黯然失色。由此，人们理所当然地断定：中国的对外交流重心移向海路，陆路几近荒弃。可是，当知道了帖木儿王朝的庞大使团，了解到陈诚五出嘉峪关的西使事实，人们会发出由衷的赞叹：丝绸古道虽曾屡遭战乱破坏，但经蒙元的开拓扩展，迄明兴的近百年间，仍有“远迈汉唐”的辉煌。《明史》卷三三二《西域传四·撒马尔罕》描绘明初中西交通的活跃景象：“洪武中，太祖欲通西域，屡遣使诏谕。”《明史》卷三三二《西域传四·坤城》记载：“自成祖以武定天下，欲威制万方，遣使四出招徕。由是西域大小诸国莫不稽颡称臣，献琛恐后。又北穷沙漠，南极溟海，东西抵日出没之处，凡舟车可至者，无所不届。”《明史》卷七《成祖纪三·赞曰》：“威德遐被，四方宾服，受朝命而入贡者殆三十国。幅陨广大，远迈汉唐，成功骏烈，卓乎盛矣”。

史家执笔，受命于皇家。歌功颂德，难免言过其实。但联系明初国运及陈诚五出嘉峪关的规模，“远迈汉唐”虽不见得，但“卓乎盛矣”“成功骏烈”基本真实。

行人陈诚

比起郑和，知道陈诚名字的人恐怕寥寥。《明史》也没有为他作传。查顺治年间重修的《吉安府志》及朋友赠序，陈诚的生平事迹概况如下：

陈诚（公元 1365 年—公元 1457 年），字子鲁，号竹山。吉水（今江西吉水）人。洪武二十七年（公元 1394 年）进士，曾为行人司行人。行人，明代行人司的官员，掌传旨、册封等事。陈诚被诏往北平求贤，山东蠲（juān）租，安南谕夷，皆能不辱命。南逾岭海，北抵幽并，东之闽越，西自关陕，至于秦陇河湟，靡不涉历。是位经验丰富，足迹几遍天下的外交家、旅行家。陈诚第一次西使时，三十二岁。陈诚五次出使的情况，依照《竹山文集》内篇卷二《历官事迹》，参考《明实录》，作以介绍。

明代外交官陈诚雕像

往撒里畏兀儿建安定卫

洪武二十九年（公元 1396 年）三月九日，往西域“撒里畏兀儿”建置安定等卫。

《明太祖实录》卷二四五载：

遣行人陈诚立撒里畏兀儿为安定卫指挥使司。初，自安定王卜烟帖木儿遣使朝贡，诏立其酋长为四部，给铜印，守其地。后蕃将朵儿只巴叛，遁沙漠，过其地，大肆杀掠，并夺其印去。由是其部微弱。蓝玉西征，兵徇阿真，土酋司徒哈昝（zǎn）等惧窜，匿山谷间不敢出。及肃王之国甘州，哈昝等遣番僧撒尔加藏卜等至甘州见王，乞授官以安部属。王为奏请，于是遣诚立其部为安定卫，以铜印五十八给之，置官属如诸卫。

明太祖所立“关西七卫”是其西部军事战略部署的重要措施之一。明代的撒里畏兀儿，《明太祖实录》卷九〇的记载是：“其地广袤千里，去甘肃一千五百里，东抵罕东，西距天可里，北迩瓜沙州，南界土番。”地域相当于今甘、青、新交界，柴达木盆地一带。安定卫与曲先卫、阿端卫、罕东卫、赤斤蒙古卫、沙州卫、哈密卫合称“关西七卫”。这一地区的安危关系着大明西部边疆的社会治乱。陈诚在朵儿只巴之乱和蓝玉西征后出使，肩负着处理善后、恢复撒里畏兀儿地区统治秩序的艰巨使命。年轻的使节果然不负众望，完成重任，重建安定等卫，稳定了西部局势。《明史》卷三三〇《西域传二·安定卫》记载：“（陈）诚还，酋长随之入朝，贡马谢恩。”

护送哈烈使臣归国

永乐十一年（公元1413年）九月至永乐十三年十月，护送哈烈等国使臣回国。并赍敕得礼品，赏赐西域诸国王子。

陈诚《狮子赋序》记述了这次出使的缘起、历程等：

> 永乐癸巳春，车驾幸北京。秋七月，西域大姓酋长沙哈鲁氏不远数万里遣使来朝。皇上推怀柔之恩，命中官臣达、臣忠、臣贵、指挥臣哈蓝伯、臣帖木儿卜花、臣马哈木火者，行报施之礼。且命吏部员外郎臣陈诚典书记。臣奉命惟谨，以是年九月初吉戒行，明年甲午春正月戊子发酒泉郡，出玉门关，道敦煌、月氏，经高昌、车师之故地，达蒙古、回鹘之部落。凡旌节所临，悉皆壶浆箪食，迎劳惟勤。是皆德化之流行，致远人之向慕也。十月辛未，至哈烈城。

“西域大姓酋长沙哈鲁氏”即帖木儿的第四子，当时帖木儿帝国国王沙哈鲁·把都尔。他在公元 1408 年至公元 1409 年（永乐六年至七年）平息了两个侄子争夺王位继承权的内乱后，成为帖木儿帝国的统治者。沙哈鲁一反帖木儿的东进政策，开始了一个与明帝国和平友好的时代。明成祖也做出积极反应，把握住这一有利时机，以护送使臣“行报施之礼”的名义，向帖木儿帝国派出了以中官李达为首的明政府使团，借以扩大政治影响。

这个使团的规模人数，根据《西域行程记》《明实录》及陈诚诗文等方面的材料，可考者有九人：

李达，一个老资格的西域使者。《明史·侯显传》：“当成祖时，锐意通四夷，奉使多用中贵。西洋则和、景弘，西域则李达，迤北则海童，而西番则率使侯显。”

李忠，《明史·西域传》：永乐十六年（公元 1418 年）曾出使别失八里。

李贵，《明史·西域传》：永乐宣德时，屡使西域。宣德是明宣宗朱瞻基的年号。

哈蓝伯、帖木儿卜花、马哈木火者、哈三、李暹、陈诚。

使团沿途总要“宣谕德意”，联络各国。这次西使，产生了巨大的政治影响，加强了相互了解，密切了双边关系。李达、陈诚归国时，西域诸国哈烈、撒马尔罕、火州、吐鲁番、失剌思、俺都准等处各遣使贡文豹、西马、方物。这是陈诚五出嘉峪关的第二次。

第三次，永乐十四年（公元 1416 年）六月至永乐十六年（公元 1418 年）四月，出使地点与使命同第一次。《明太宗实录》卷一七七：

> 哈烈、撒马尔罕、失剌思、俺都准等朝贡，赐臣辞还，赐之钞币。命礼部谕所过州郡宴饯之，仍遣中官鲁安、郎中陈诚等赍敕偕行。
>
> 同时赐来使白金、纻丝、沙罗、绢布、文绮等。

第四次，永乐十六年（公元 1418 年）十月至永乐十八年（公元 1420 年）十一月，出使地点、使命与前几次同。

第五次，永乐二十二年（公元 1424 年）四月至十一月，中途召回，未达西域。《历官事迹》载，陈诚行至肃州“将出塞间，九月初十日太宗文皇帝宾天，遣诏仁宗皇帝即位。复诏赦天下，停止四夷差使，取回，十一月终到京。”

河陇壶浆还出候

永乐皇帝在位二十二年间（公元 1403 年—公元 1424 年），大约有二十个使团来自撒马尔罕和哈烈，有数十个使团来自中亚的其他地区，明政府亦往往派出相应的使团回访。内地与中亚之间“站驿相通，道路无壅，远国之人，咸得其济”。因元末战乱和割据一度阻塞的丝绸之路上，又出现了商旅相望、使节络绎的盛况。

莫利斯·罗萨比在他的《中国与内亚》一书中兴致勃勃地写道：“很明显，对内亚诸国来说，丝绸是他们得到的最重要的中国礼品。”《明太宗实录》卷一一四也记载，永乐年间，哈密向明“进贡”，明政府回赐的物品除三万两千锭银两外，尚有“文绮百匹，绢千五百匹”。《明英宗实录》卷一五八记载的“回赐”数量更大，正统十二年（公元 1447 年）瓦剌“来贡”，明政府一次就回赐“彩缎表里、布帛共一万三千三百四十五匹”。西域诸国每次到内地的商人所带回的货物都有大量的丝织品。知名敦煌与丝绸之路专家杨富学研究员曾据《明实录》《明史》《明会要》《国榷》等所载有关资料，作有《明代西域诸国“朝贡”次数表》，可直观地看到明代内地与西域商业往来的盛况，兹引录如下：

明代西域诸国朝贡次数表

区别 朝贡次数 年号	哈密	吐鲁番	撒马儿罕	别失八里	失剌思	撒里畏兀儿	哈烈	瓦剌	火州	柳城	于阗	哈实哈儿	八答鼎商	亦思弗罕	塞亚	俺都淮	俺的干	乞力麻儿	沙鹿海牙	小计
洪武（1368—1398）	3		10	1		4			1		1									20
永乐（1403—1424）	47	12	18	11	5	1	10	2	8	5	5	2	1	1		3	1	1	1	135
洪熙（1424—1425）	3	1				2									1					7
宣德（1426—1435）	36	16	9	16	2		3	3	1	2		2		1	1					91
正统（1436—1449）	40	4		10	1	5	2	2	1	2		1								67
景泰（1450—1456）	6	2	2	3			2	2							1					17
天顺（1457—1464）	20	2		2		1						1	1							27
成化（1465—1487）	28	14	2	1	7	1	2	2					2	1						59
弘治（1488—1505）	12	18	5			2														37
正德（1506—1521）	15	6	10																	31
嘉靖（1522—1566）	5	9	5		1															20
隆庆（1567—1572）			1																	1
万历（1573—1619）	3	4	2								1									9

由上表可以看出，“西域”与“内地”的使节往还、商业往来频繁。这为推动社会经济的发展，改善人民生活起到了良好的作用。

①择录自《中国边疆史地研究》，1997 年第 2 期。

明朝廷对西域的出使也非常重视，据《竹山文集》外篇卷一，陈诚出使，送行诗文达四十七篇，二十五人作。送行场面的隆重可以想见。沿途官民对使者也倍加欢迎，格外殷勤，有诗唱道：

河陇壶浆还出候，伊西部落总知名。

酋长拜迎张绣幌，羌姬歌舞散金钱。

西行正值葡萄熟，醉卧凉州第几家？

可惜，好景不长。朱瞻基上台，下令闭关，从此，嘉峪关裸露着它伟岸的身躯，任凭西风流沙侵蚀，默默无语。

甘肃嘉峪关全景

《西域行程记》

陈诚第一次西使，在使团中任典书记，相当于现在的随团秘书。陈诚恪职尽责，途中“职司记载，躬践遐陬，孜孜具述”。东归后，编撰成《西域记》《狮子赋》《行程记》各一册。后刊行名为《西域行程记》和《西域番国志》。二书是明代丝绸之路运行及西域历史情况的综合记录，也是明代奉使西域的唯一一份亲历记录。明代即为朝野瞩目，许多著述凡涉西域山川风物，无不以二书为圭臬；清人修《明史·西域传》也多所采摭。

《西域行程记》详细记录了从肃州至哈烈沿途的山川水道、天文物候、城镇分布及风土人情。《西域番国志》较全面地描述了西使途中所经过的十九个“国家”的社会经济生活及文化面貌，为后代研究、勘察“丝路”古道、西域地理提供了第一手资料，而收入《竹山文集》的西使诗篇，则更形象地描绘了“丝路”风光及西使感受。《竹山文集》内篇卷二收入西使的诗有《出京别亲友》《宿涿州》《望华山》《长安早行》《至咸阳驿》《回中王母祠》《过六盘山》《渡黑河》《望李陵墓》《宿嘉峪关》，将这些诗名串联起来，即可大致划出陈诚一行西使的历程。尤其乱峰交错、萦回曲折的六盘山，突兀孤立于千里荒漠中的嘉峪关以及夸口的“胡儿”、操南音的贾妇杂居的榆林城，在陈诚身临其境的笔下，山水多情，人物堪怜，形神毕肖，风光无限：

过六盘山

行尽平川过六盘，乱峰高下势巑岏。

雪消云散天初霁，沙暖泥融地未干。
路险难嗔官马瘦，风高偏觉客裘寒。
太行蜀道应同语，华岳匡庐好共看。

嘉峪关位于今甘肃嘉峪关市西，关城两侧城墙横穿沙漠戈壁，北连黑山悬壁长城，南接天下第一墩，为明长城最西端的关口，有河西咽喉、天下第一雄关、连陲锁钥之称。

宿嘉峪关

朝离酒泉郡，暮宿嘉峪关。
孤城枕山曲，突兀霄汉间。
戍卒夜振铎，鸡鸣角声残。
朔风抢白草，严霜冽朱颜。
流沙远漠漠，野水空潺潺。
借问经行人，相传古榆关。
西游几万里，一去何时还。

榆林城

烟树苍茫野色深，征轺拂晓度榆林。
山凝紫黛遗仙迹，水涌波璨快客心。
到处胡儿夸好汉，谁家贾妇解南音。
低眉细问家乡事，背立东风泪满襟。

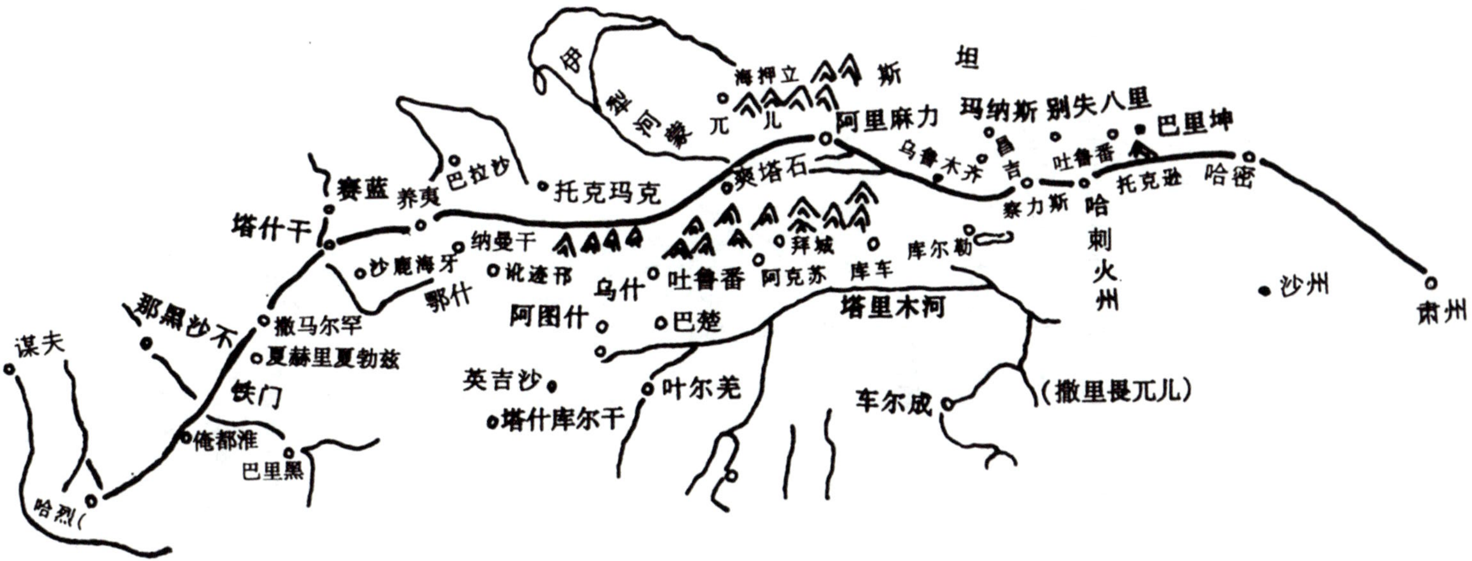

海押立
斯
坦
伊
犁
河
蒙
兀
儿
阿里麻力
玛纳斯
别失八里
巴里坤
昌
吉
乌鲁木齐
吐鲁番
托克逊
哈密
察力斯
哈
剌
火
州
沙州
肃州
赛蓝
养夷
巴拉沙
托克玛克
奕塔石
塔什干
纳曼干
沙鹿海牙
讹迹邗
拜城
库尔勒
乌什
吐鲁番
阿克苏
库车
鄂什
塔里木河
那黑沙不
撒马尔罕
阿图什
巴楚
谋夫
夏赫里夏勃兹
英吉沙
铁门
叶尔羌
车尔成
(撒里畏兀儿)
塔什库尔干
俺都淮
巴里黑
哈烈(

陈诚西行示意图

第三章

将　士

JIANG SHI

人类文化的内部差异，既有地域性质和生存空间方面的，也有发展水平和时代特质方面的。处于不同发展程度的区域文化实际上处于人类文化总体发展过程中的不同级数上。这种差异性则使不同文化圈层的人之间形成一定的拒斥力和防卫力，有时产生出敌对性和扩张性，以至发生同化、吞并、征服的愿望与行动，历史上的文化侵略和民族战争，从深层看来，往往正是根源于这种人类文化内部的差异性。

丝绸之路是不同地域、不同民族、不同文化圈层的人们之间交往的纽带。文化差异为彼此的沟通、了解树起了障碍，于是，特殊的交往方式——战争，在“丝路”上频繁进行，绚丽的“丝路”彩带，浸染着斑斑血迹。汉匈三百年的争斗，唐蕃二百年的对抗，成吉思汗昂首西征……铁蹄杂沓，战马嘶鸣，伴随血与火的鏖（áo）战，是一次次文化的传播，当然，也是一次次文化的交融。

战争有严密的组织，军队是文化的熔炉。战斗和守卫在“丝路”上的军队尤其是地域文化、民族文化的熔炉。略举数例：（一）居延、敦煌汉简有记录河西服役者“籍里”的内容，据载，河西兵士某年的兵源来自全国四十个郡一百七十六县，并有“昭武骑士”“氐池骑士”“觻（lù）得骑士”“日勒骑士”“番和骑士”“居延骑士”等名称；（二）汉永平十六年（公元73年），奉车都尉窦固等率军会战北匈奴，参加这次战斗的有酒泉、敦煌、张掖的甲卒，武威、陇西、天水的募士，卢水胡、羌胡、南单于兵，乌桓、鲜卑骑，太原、雁门、代郡、上谷、渔阳、右北平、定襄郡兵，这已经很能说明问题了。地处“丝路”战场上的河陇，之所以有“民俗修习战备，高上勇力鞍马骑射”，而又“尚俭约，习仁义”的文化质素，从上述例子中已不难看出些端倪。到了地跨中亚的唐朝，兵员成分更为复杂，仅赤水军河西骑士就由回纥、契苾、思结、浑四部族组成。不同部族的勇士被组成一个军事团体时，已进行的是不同文化圈层的人们之间的文化混同与交流。

大规模的军事行动牵扯全国上下，粮草转输又是大范围的文化传播。李锦绣在《唐代财政史稿》中指出：“在西北地区，河西、陇右和籴（dí）多于屯田，而安西、北庭的军粮，则主要依赖于陇右的屯田斫（zhuó）田收入。”“唐军衣供给的路线是淮南道纳庸调物于京师，少府监赶做后由京师发往陇右、河西道。”“唐代交通运输体系相当完备，星罗棋布于全国各地的馆驿联成一个完整的交通网络，各地车坊维系着物资运输，不足时以雇百姓为补充。”

甲胄武士壁画　敦煌莫高窟第130窟

由这些论断我们可以想象，仅唐玄宗开元盛世，西北连年不断的战争中，每年为支援前线，运送军粮军衣的车队、驮队该有多么庞大。当他们络绎行进在河陇道上时，又何尝不是在进行着地域文化之间的交流。河陇文化的开放襟怀与车队、驮队的往来是分不开的，而它的“兼容”性是多民族的，也是多种地域文化性的。

胜败乃兵家常事。战争中的降俘人员，则值得载入文化交流史册。唐代怛（dá）逻斯之战是个显例。高仙芝的大军战败后，二万余人被俘。其中有中唐名相杜佑的族子杜环，他在大食留居十年，撰成《经行记》，记录自己目睹的事实：中国造纸匠教会撒马尔罕人用碎布造纸。造纸法因而传入西亚，经阿拉伯帝国传入欧洲，成为中西交流史上划时代的大事。杜环还记有“绫绢机杼（zhù）、金银匠、画匠、汉匠起作，画者京兆人樊淑、刘泚；织络者河东人乐隈、吕礼”，虽然没有详叙丝织、绘画、织络、金银器制作工艺的交流情况，但“文化人”总不会让艺术失掉光辉的。

怛逻斯战俘，使中国造纸术西传，促进了世界文明。由此，我们推演，自古以来就是战场的河陇，其地域文化的构成，自然少不了降俘者的贡献。鸠摩罗什就是吕光的“战利品”，还有成群结队的歌舞艺人。

战争总在为文化的传播加酶加速。而应战争需要发展起来的河陇文化，充满悲壮的“国防”文化色彩，沿丝绸之路传扬的也是那一曲曲慨当而慷的英雄赞歌。由此，人们何尝体会不到为“丝路”的畅通，我们的先辈所付出的代价！

破阵乐舞壁画　敦煌莫高窟第217窟

一、“祁连山”的回声

渭河北岸咸阳原上，有一座祁连山形状的墓冢，墓旁置放着一群石雕刻像：马踏匈奴、怪兽吃羊、人熊搏斗、牯牛、蟾蜍、卧虎、跃马、野猪……面对这群神形毕肖、栩栩如生的雕像，当年“笳鼓喧喧汉将营”“胡骑凭凌杂风雨”的激战场面映现眼前，“匈奴未灭，无以家为”的壮声与“失我祁连山”的悲歌回响耳畔……汉人与匈奴的厮杀，农耕文明与游牧文化的“搏斗”，震撼着祁连山岳。

打通河西走廊

汉武帝元狩二年（公元前 121 年）春天，年仅二十岁的骠骑将军霍去病率万骑出陇右郡，奇袭焉支山。

焉支山又作胭脂山、燕支山、删丹山，位于今山丹县城东南 50 多公里处，冬温夏凉，水草丰茂，是当时匈奴昆邪王部驻牧地。古籍记载，此山产红蓝花，可谓胭脂，匈奴夫人采摘作装饰。焉支山被攻取后，昆邪王部退出河西走廊，“过之未尝不哭”，唱着哀伤的歌：“亡我祁连山，使我六畜不蕃息；失我燕支山，使我妇女无颜色。”

霍去病自长安沿渭水河谷西进，扫荡天水、陇西，至皋兰下与匈奴大战。皋兰是匈奴右部的重要关塞。两军短兵相接，匈奴骑兵大部被歼灭。汉军长驱追击，渡黄河，过乌逆水，经遬濮（sù pǔ）

作战壁画　敦煌莫高窟第12窟

匈奴驻地，越谷水，达焉支山。转战六日，深入焉支山千余里。再杀回马枪，斩折兰王、卢侯王，杀死俘虏敌军的人数占其总数的十分之七。直攻至敦煌凯旋，胜利完成断匈奴右臂的任务，厥功至伟。执谨严史笔的班固，在描述这场鏖战时，似乎也按捺不住激动的心情，在《汉书·卫青霍去病传》中写下了这样的文字："合短兵，鏖皋兰下，杀折兰王，斩卢侯王，锐悍者诛，全甲获丑，执浑邪王子及相国、都尉，捷首虏八千九百六十级，收休屠祭天金人。"鏖、杀、斩、诛、执、捷、收，多么痛快淋漓，至今读来，仍令读者摩拳擦掌，壮怀激烈。

同年夏天，汉武帝再遣霍去病与合骑侯公孙敖共数万骑，会师祁连山。兵分两纵队，霍去病为右纵队，出北地（今甘肃宁县西北），公孙敖为左纵队，出陇西（今甘肃临洮东北）。出击的目的：一为扫荡河西地区匈奴残部；二为歼灭祁连山匈奴右部并驱逐西羌。为牵制单于救援，同时遣博望侯张骞、郎中令李广出右北平，分两纵队进击匈奴左贤王。匈奴单于也率军入侵代及雁门。汉匈之战，展开东西数千里，达到高潮。霍去病军出北地，渡黄河，至居延海，转兵沿额济纳河南下，至小月氏（今甘肃酒泉地区），耀兵张掖，全歼祁连山匈奴。同时西逐诸羌，打通了河西走廊。

为冢像祁连山

霍去病战皋兰，取焉支，夺祁连后，将降服的昆邪王派人护送到长安，汉武帝隆重接待，封其与亲信数人为侯，将其部众安置在“河南地”，即陇西、北地、上郡、朔方、云中五郡故塞外，尊其习，不改其俗，称“五属国”。汉武帝的安置措施有利于汉匈融合，直接促成这种融合的，功莫大于霍去病。这位征西的骠骑将军，也是文化融合的功臣。可惜胸怀“匈奴未灭，无以家为也”豪情壮志的骠骑将军，在他的事业如日中天的时候，于元狩六年（公元前117年）薨（hōng），年仅二十四岁。汉武帝用最隆重的仪式为这位英雄树立了不朽的丰碑，“上悼之，发属国玄甲，军陈自长安至茂陵，为冢象祁连山。”

汉武帝不愧其英雄胆略，他的悼念何其良也！

刘彻在位五十四年，进行的大小战争二十八次，其中十九次是与匈奴对抗，最著名的莫过于皋兰鏖战与祁连山之战，而这两次苦战都是霍去病率大军获得全胜的。其功伟如祁连！他墓前的群雕，既展示了他的赫赫功勋，同样也象征性地反映出汉匈激战中双方文化的剧烈碰撞。

农耕社会，牛为主要的耕畜，蟾蜍是土地的象征；游牧社会，羊为主要的家畜，马是骑射的代表。群雕中，牯牛身躯肥大，跪卧反刍，神态安详，正体现着霍去病率领大军西征所要保卫的中原农业社会的安逸生活；野猪尖嘴小耳，伸头屈腿，目光敏锐地注视着四周的动静，显然寓意着霍去病率领大军西征的对象——准备逃跑的匈奴；而“怪兽吃羊”和“马踏匈奴”则以写意的笔调，描画出了汉军对匈奴的战争：凶猛的怪兽用前爪捉住一只小羊，小羊正做垂死挣扎；昂首挺胸的战马足踏手执弓箭的匈奴入侵者，一副自豪和骄傲的情态……匈奴的入侵被平息，仰天长叹的匈奴人头像，仿佛唱着“失我祁连山，使我六畜不蕃息”的挽歌。武威、张掖、酒泉、敦煌四郡因此设立，耘为农耕地区。农耕文化西进，匈奴游牧区域退缩，农耕、游牧文化相互碰撞，互相沟通，遂成“混合品”局面。

著鞭涌五泉

每当史家以春秋笔法记录英雄战功的时候，老百姓总用自己的方式讲述着英雄的故事，寄托着对英雄的崇敬。

今日皋兰山北麓西侧的山坡，绿树成荫，清泉汩汩。它便是素以流泉、云树著称的五泉山。五泉的名称，即寄托着老百姓对霍将

祁连山

霍去病雕像　甘肃兰州五泉山公园

军的纪念。

正是霍去病奉命西征，鏖战皋兰山时，大军日夜兼程，转战辛苦，到皋兰山下，已人困马乏，饥不可忍。将军下令扎营山下，但皋兰山兀然耸立，不见水源。将军性急，“著鞭戳地”，只见鞭戳之处，顿时泉涌，汇成五股泉水。从此以后，五泉山成千古胜景，霍去病开西的英雄事迹亦如山般代代相传。今日兰州百姓，领孩子逛五泉山，观览甘露、掬月、摸子、蒙、惠五泉胜迹，仍然讲述着骠骑将军“著鞭戳地”，五泉自涌的故事，缅怀着英雄的业绩。

青年将军霍去病的英名不仅传诵在五泉山上，也播扬在河西走廊，久负盛名的酒泉，同五泉一样记载着霍去病体恤将士的美德。

酒泉，原名金泉。水曾呈金色，冬不结冰，云气蒸腾；夏不温热，清凉入脾。又有药泉美称。骠骑将军祁连山大捷后，汉武帝赐御酒犒赏，将军酒倾金泉，与众共享，欢呼胜利。从此，“其水若酒”的酒泉名副其实，并且，因有英雄胆气的充塞，酒泉酒文化历代流传，神奇璀璨。

二、渥洼池天马咏

《敦煌廿咏·渥洼池天马咏》曾在敦煌地区广为传唱：

渥洼为小海，伊昔献龙媒。
花里牵丝去，云间曳练来。
腾骧走天阙，灭没下章台。
一入重泉底，千金市不回。

诗的作者是位在敦煌居住已超过二十四年的外地人，他借山川灵异，聊申短咏，以讽美名的歌唱，传达出汉武帝求良马的神奇故事……

“马生渥洼水中”

《汉书·武帝纪》记载，元鼎四年秋，“马生渥洼水中。”唐代著名的训诂学家颜师古作注：“南阳新野有暴利长，武帝时遭刑，屯田敦煌界，数于此水旁，见群野马中有奇者，与凡马，来饮此水。利长先作土人，持勒靽于水旁，后马玩习，久之代土人持勒靽收得其马，献之。欲神异之，云从水中出。”暴利长虚构的离奇情节，使心仪骏马的汉武帝心旌摇荡，而当他见到体态魁伟、骨骼非凡的渥洼池之马时，更是心魄惊动，以为太乙神赐给的天马，不禁唱出《太乙天马之歌》：

太乙贡兮天马下，沾赤汗兮沫流赭（zhě）。

骋容舆兮跇（yì）万里，今安匹兮龙为友。

太乙帝恩赐给我神马自天而降，身披红色汗珠口喷赭色飞沫，驰骋万里随心超越撒蹄生风。如今哪里有能与它相比的马啊？只有排云驾雾肆意行空的龙能与它为友！

铜奔马　甘肃省博物馆藏

从此，“渥洼池”与“太乙天马”一并驰名。渥洼池今已被建成南湖水库，众多的泉水汇聚一湖，犹如一面明镜，镶嵌在阳关的茫茫戈壁上，滋润着大片绿洲，把敦煌大地装扮成“塞上江南”。

当骑兵走上战争舞台而且数量愈来愈大的时候，战马在战争中的作用显得十分突出，战马的多少直接影响着军力、国力的强弱。

而马政的成败既是战争输赢的决定因素，也是国家存亡的决定因素。胸怀威达四海高远理想的汉武帝，让他一天天等待渥洼池生出天马，这太不符合他的脾性，他要让自己的骏马如云似潮般驰骋天下，于是搜求天马，上升为汉武帝建国图强的首要问题。“天子好宛（yuān）马，使者相望于道”，丝绸之路上“天马”陶陶，良驹悠悠。

“神马当从西北来”

汉武帝向西北求取良马的想法，《史记·大宛列传》记载说是汉武帝发易卜卦得到的指点：“神马当从西北来。”其实，张骞首次出使西域，返回长安后，向武帝报告时就说：“大宛在匈奴西南，在汉正西，去汉可万里。其俗土著，耕田，田稻麦。有葡萄酒。多善马，马汗血，其先天马子也。”南朝宋时的史学家裴骃（yīn）《史记集解》以为，“大宛国有高山，其上有马，不可得，因取五色母马置其下，与交，生驹汗血，因号曰天马子。”“天马”之说，对武帝有莫大的吸引力。恰好张骞第二次出使西域，到了伊犁河谷的乌孙国，乌孙国王派使者带好马数十匹答谢汉武帝。汉武帝见乌孙马高大健壮，奔跑迅速，十分高兴，命名“天马”。公元前105年，乌孙王向汉武帝求娶公主，用一千匹良马作聘礼，武帝乐得心花怒放，便用占卜的形式，为自己以公主换良马找到了精神慰藉。

汉武帝渴望得到“汗血马”，随“西北国始通于汉”，良马东来，汉朝使者取回了马喜欢吃的苜蓿，紫色的苜蓿花开遍了汉朝的离宫别苑。主要过着游牧生活的“西北国”人，当然把马视为国宝。在汉朝求马者络绎不绝，相望于道时，拥有“汗血马”的大宛国也尽量藏匿自己的国宝。尽管如此，那些从小奔波于丝绸之路上的人，还是把大宛贰师城有宝马的情况汇报给了汉武帝。汉武帝太喜欢大宛的宝马了，听到这个消息，心里甜滋滋的，立即派遣壮士、执掌乘舆车令官等拿着千金、金马去请求大宛王交换贰师城的好马。不料，大宛王拒绝交换。汉武帝大怒，决定动用武力征讨。

李广利是武帝宠姬李夫人的兄长。凭借这个身份，他得到了讨伐贰师城取良马的任务。李广利被拜为贰师将军，率领从属国调发的六千骑兵，郡国的“恶少年”数万人，沿“丝路”开进，一场轰轰烈烈的宝马争夺战打响。

贰师将军李广利初战却失利了。他的部队经过的各国不肯供给军粮，而道路遥远，军士饥疲，只好引兵撤退，驻军在敦煌。汉武帝受不了被外国人耻笑，派兵拦阻在玉门关，下令：“军有敢入者，辄斩之！”并增援兵力，加大了进攻力度。赦免囚徒和勇敢的犯过罪的士卒，增派品行恶劣却能征善战的少年及边地骑兵，一年多的时间，就有六万士兵从敦煌出发，还不算那些自带衣食兵器随军参战的人。他们赶着十万头牛、三万多匹马，还有无数的驴、骆驼等军需物资。同时，增派十八万甲兵戍守酒泉、张掖以北，设置居延、休屠两个县护卫酒泉。为保证粮食供给，汉武帝调发全国七种犯罪者，载运干粮。转运物资的人员接连不断，一直延伸到敦煌。夺宝马的进攻，牵动全国，一时间天下震动。

贰师将军再次出征，强攻不下，设法智取。大宛国城中没有水井，靠汲取城外流进城内的水生活。李广利派水工改变城中水道，使城内无水饮用。大宛国即找到懂挖井的“秦人”，请他教挖井技术，对抗汉军。“秦人”是“西北国”人对内地汉人的称呼。“宛城中新得秦人”，或许就是当年夏天赵破奴击匈奴而不得班师的二万骑兵中的战士。开渠穿井的技术在战争的逼迫中迅速传入大宛，战后得到普遍推广。公元前 64 年，汉宣帝派大将辛武贤率大军在敦煌白龙堆之间屯田，辛武贤即通渠，挖卑鞮（dí）侯井。这种卑鞮侯井就是后代的坎儿井。

李广利与大宛议和后，“宛乃出其善马，令汉自择之，而多出食给汉军。汉军取其善马数十匹，中马以下牡牝三千余匹”，“引归”。为取善马，李广利在军中任命了两位熟悉马匹的人做执驱校尉，准备攻破大宛后选择良马。相马也是一门难度不小的技艺，“千里马常有而伯乐不常有”。择马过程，也是汉地与大宛相马技艺的互相学习、交流过程。优良马种的输入，对汉代社会经济和军事力量的壮大起了重要作用，而真正良马的输入，理应归功于相马技艺的交流和提高。

“天马”之歌

经过贰师将军两次出征，四年征战，汉武帝终于得到了大宛汗血马。看着比乌孙马更加强壮剽悍的大宛马，汉武帝更名乌孙马为“西极”，名大宛马曰“天马”，并欣然作了《天马歌》，确定为汉代宫廷的大礼之乐，悠扬豪壮的乐曲响彻云霄，如天马般行空遏云。

太一祝，天马下。沾赤汗，沫流赭。

志俶傥，精权奇，籋浮云，晻上驰。
体容与，迣万里。今安匹？龙为友。
天马徕，从西极。涉流沙，九夷服。
天马徕，出泉水。虎脊两，化若鬼。
天马徕，历无草。经千里，循东道。
天马徕，执徐时。将摇举，谁与期？
天马徕，开远门。竦予身，逝昆仑。
天马徕，龙之媒。游阊阖，观玉台。

歌中所唱，太一即太乙，天帝名。祝：同“贶”（kuàng），赐予。沾：浸湿。赤汗：如血红色的汗水。沫：口沫。赭（zhé）：土红色。俶傥（tī tàng）：卓异不羁。精：神魄。权奇：矫变奇异。籋（niè）：蹑，踩。晻（àn）上：云彩上。容与：闲暇自得的样子。迣（lì）：飞越。徕：同“来”。西极：西边极远的地方。流沙：沙漠。九夷：各边地的民族。历：逾越。无草：不毛之地，指沙漠。循：顺着。摇举：腾跃。开远门：长安城西门之一。竦（sǒng）：往上跳起，这里指腾跃。龙之媒：骏马。阊阖（cháng hé）：天门。玉台：天帝的居处。

诗用三言，节奏短促，声调铿锵，气盖寰宇。正是在这震撼山河的高歌声中，汉代的养马业长足发展。城市街巷、乡村田间，处处有马的英姿，“农夫以耕载，而民莫不乘骑。”武帝中央直辖军马达40万匹，出征的骑兵从二万、三万、四万、五万、六万、十万，直增至十八万。

铜车马仪仗俑队　甘肃武威雷台汉墓出土

天马之歌，感发着一代代农耕人的非非遐思，风入四蹄、骁腾空阔的天马成了农耕人追求精神自由的寄托。诗人们更是反复吟唱着天马之歌，仅一部《全唐诗》中，“马”即出现了五千多次，几乎每十首诗中，就有一首与“马”有关。物华天宝，人杰地灵。1969年，一度畜牧为天下饶的武威，发掘了一座东汉大型砖室墓，出土铜器中有三十九匹“马”，其中一匹铜奔马，掀起了“四海盛赞”

的高潮。只见它，昂首扬尾，三足腾空，一足踏“燕”，咆哮向前，这才是真正的天马啊！当代诗人程先锐在《沁园春·咏铜奔马》中由衷歌唱：“腾雾凌空，横驰万里，踏燕追风。是绿耳归来，飞扬欢跃？黄巾曾跨，陷阵冲锋？娇娇英姿，骁骁神采，巧手雕成意气雄！”它映现的何尝不是中国人走向世界的雄风！难怪我国文化和旅游管理部门要将它定为中国的旅游标志。铜奔马“故乡”的人们，更是把它看成自己的城市的标志，从中汲取着永不衰竭的“养料”。

“天马”的理想在“行空”。“天马”自西来后，汉武帝更加苦心经营那奔驰“天马”的康庄大道。《史记·大宛列传》记载：“汉发使十余辈至宛西诸外国，求奇物，因风览以伐宛之威德。而敦煌置酒泉都尉，西至盐水，往往有亭。而仑头有田卒数百人，因置使者护田积粟，以给外国使者。”意思是说，汉朝派使者十多批到大宛西边的国家，寻求奇异物品，晓谕、考察讨伐大宛的威德。敦煌和酒泉从此设置都尉，一直到西边的盐泽，路上全设了亭障。连轮台也安置了屯田士卒数百人，保护田地，积聚粮食，供给出使“外国”的人们。丝绸之路的进一步开辟、建设，使汉帝国与“西北国”的经济往来、文化交流越发频繁，中原的丝绸、漆器、铁器以及各种科学技术西进，西域的“奇物”、乐舞、杂技、宗教东传，在得得马蹄声中，互相交汇融合，铸造着“丝路”沿途不同地域的文化品格。“山西出将”的文化传统在鞍马骑射的历史背景下渐次形成。

三、“山西”出将

班固著《汉书》，总结当时一种特殊现象，他在《赵充国辛庆忌传》的“赞”中写道：

> 秦汉已来，山东出相，山西出将。秦将军白起，郿人；王翦，频阳人。汉兴，郁郅王围、甘延寿，义渠公孙贺、傅介子，成纪李广、李蔡，杜陵苏建、苏武，上邽上官桀、赵充国，襄武廉褒，狄道辛武贤、庆忌，皆以勇武显闻。苏辛父子著节，此其可称列者也，其余不可胜数。

范晔撰成于南朝刘宋元嘉二十二年（公元445年）的《后汉书》，写虞诩（xǔ）在论及凉州要塞之地时，引用了两句谚语：“关西出将，关东出相。”虞诩（?—公元137年），举孝廉出身，东汉名臣。安帝永初四年(公元110年)，凉州发生动乱，大将军邓骘（zhì）以军费紧缺为由，主张放弃凉州，他的意见得到了多数官员的赞同。虞诩则力主坚守，他建议从朝廷选一批凉州籍优秀官员去取代当地官员，安抚民众。“观其习兵壮勇，实过余州。今羌胡所以不敢入据三辅，为心腹之害者，以凉州在后故也。其土人所以推锋执锐，无反顾之心者，为臣属于汉故也。若弃其境域，徙其人庶，安土重迁，必生异志。如使豪雄相聚，席卷而东，虽贲（bēn）育为卒，太公为将，犹恐不足当御。”

班固所记“山西”与虞诩所引谚语所说的“关西”，地理位置和区域基本吻合。秦汉的人们习惯上把崤山或华山以东称“山东”，以西称“山西”。又以函谷关或潼关为界，东为“关东”，西为“关西”。相当于今陕西关中地区和陇山以西一带。班固《汉书·地理志》中具体析为“六郡”：天水、陇西、安定、北地、上郡、西河。他列举的十五位名将籍贯即以此为基础，如白起的家乡即今陕西眉县；王翦今陕西富平人；王围、甘延寿今甘肃庆阳人；公孙贺、傅介子，今甘肃庆阳西南人；李广、李蔡，今甘肃秦安人；苏建、苏武今西安东南人；上官桀、赵充国，今甘肃天水西南人；廉褒，今甘肃陇西人；辛武贤、辛庆忌，今甘肃临洮人。

“飞将军”李广墓　甘肃天水

从班固到范晔，从东汉到西晋，“山西出将”“关西出将”成为谚语，说明“山西”的“出将”现象，已成为汉晋以来人所公认的一种文化特质。为什么会出现这种现象，构成这种特质？班固进行过深入的思考和探求，他在叙述了山西出将的事实后，自问自答：

> 何则？山西天水、陇西、安定、北地处势迫近羌胡，民俗修习战备，高上勇力，鞍马骑射。故秦诗曰：“王于兴师，修我甲兵，与子偕行。”其风声气俗，自古而然；今之歌谣慷慨，风流犹存耳。

天水郡，武帝元鼎三年（公元前114年）置，辖境在今甘肃省东南部，郡治平襄，故城在今甘肃通渭县西；陇西郡，因在陇坻西而得名，辖境在今甘肃省东南部，郡治狄道，故城即今甘肃临洮县治；安定郡，武帝元鼎三年（公元前114年）置，郡治在今甘肃泾川县北约六十里；北地郡辖境相当于今甘肃省东北部、宁夏北部以及陕西西部部分地区，郡治在马领，故城在今甘肃环县东南约百里。处势：环境或地位。迫近：逼近；接近。羌胡：西汉时主要指羌和匈奴。高上：崇尚。勇力：勇猛而有气力，亦指胆量和气力。“秦诗”指《诗经·秦风》，所引诗句为《诗经·秦风·无衣》中的诗句。《无衣》全诗云：

> 岂曰无衣？与子同袍。王于兴师，修我戈矛，与子同仇！

岂曰无衣？与子同泽。王于兴师，修我矛戟，与子偕作！

岂曰无衣？与子同裳。王于兴师，修我甲兵，与子偕行！

这是一首激昂慷慨、同仇敌忾的战歌，表现了军民团结向前、共御外侮的高昂士气和乐观精神。全诗翻译成现代汉语，歌词内容是：

谁说我们没有衣穿？与你同穿那袭长袍。君王发兵了，需要去打仗，赶快做准备，修整戈与矛，我和你共同杀敌，目标都一样。

谁说我们没有衣穿？与你同穿那件汗衫。君王发兵了，需要去打仗，赶快做准备，修整矛与戟，我和你共同杀敌，出发在一起。

谁说我们没有衣穿？与你同穿那条战裙。君王发兵了，需要去打仗，赶快做准备，修整铠与刀，我和你共同杀敌，前进在一道。

清代人陈继揆（kuí）《读诗臆补》中评价这首乐歌：“开口便有吞吐六国之气，其笔锋凌厉，亦正如岳将军直捣黄龙。”豪壮慷慨之歌，从上古唱到两汉，唱遍陇土陇山。“自古而然”的强悍勇武“风声气俗”所构成的是怎样的名将风流呢？

大丈夫气

《后汉书》卷六十五《皇甫张段列传》记载：张奂字然明，敦煌渊泉人也。……奂少立志节，尝与士友言曰："大丈夫处世，当为国家立功边境。"及为将帅，果有勋名。

《后汉书》卷四十七《班超传》记载：班超年少时家贫，常替官员抄抄写写，换些报酬来供养母亲。"久劳苦，尝辍业投笔叹曰：'大丈夫无它志略，犹当效傅介子、张骞立功异域，以取封侯，安能久事笔研间乎？'"傅介子曾于汉昭帝时出使西域，刺杀楼兰王，封义阳侯。张骞曾于汉武帝时"凿空"西域，封博望侯。

《后汉书》卷二十四《马援传》记载：马援字文渊，扶风茂陵人也。年十二而孤，少有大志，诸兄奇之。常谓宾客曰："丈夫为志，穷当益坚，老当益壮。"因处田牧，至有牛马羊数千头，谷数万斛。既而叹曰："凡殖货财产，贵其能施赈也，否则守钱虏耳。"于是将财产全部分发给兄长以及朋友。东汉建立后，领兵征战，西破陇羌，南征交趾，北击乌桓，累官至伏波将军，封新息侯，世称"马伏波"。西南征战，获胜回京，亲友们热烈欢迎，大加称贺。马援却说："昔伏波将军路博德开置七郡，才封数百户；今我微劳，猥飨大县，功薄赏厚，何以能长久乎？""方今匈奴、乌桓尚扰北边，欲自请击之。男儿要当死于边野，以马革裹尸还葬耳，何能卧床上在儿女子手中邪？"武帝时的伏波将军路博德，为国家开疆拓土，足足打下了七个郡，而他得到的封地只有数百户。我的功劳比路将军小得多了，却也被封为伏波将军，封地多达三千户。赏过于功，这样的地位与荣华富贵怎么会长久呢！""如今匈奴和乌桓还在北方不断侵扰我边境，我打算向朝廷请战，去当个先锋官，做一个有志的男儿。男儿应该战死在边疆战场上，不应该安安稳稳地躺在自己的床上死去，然后被子孙用棺材敛尸埋葬。大丈夫战死沙场，用马的皮革裹着尸体回来埋葬，这才是值得骄傲的事情啊！”翻阅史传，往往会被这些气盖山河的壮语所震撼。能如此慷慨豪言的张奂、班超、马援，都是关西的名将！

受“迫近羌胡”边防地理条件的影响和“修习战备”“高上勇力鞍马骑射”“风声气俗 ”的熏陶，山西名将从小就养成一种“大丈夫气”——建立奇功，献身疆场。从小学骑射，习弓法，练就一身强悍，铸成满腹勇猛。“大丈夫气”表现在行动上，便是好将帅之节。史载，李广“善骑射”，被匈奴号之“飞将军”；李陵曾“将丹阳楚人五千人，教射酒泉、张掖，以屯卫胡”；赵充国“为人沉勇有大略，少好将帅之节，而学兵法，通知四夷事”；甘延寿“善骑射”；段会宗“为人好大节，矜功名”；皇甫嵩“少有文武志介，好诗书，习弓马”；马援“少有大志，诸兄奇之”；耿弇(yǎn)“少好习父业，常见诸郡试骑士，建旗鼓，隶驰射，由是好将帅之事”；耿恭“少孤，慷慨有大略，有将帅才”；耿秉“尤好将帅之略”；段颎（jiǒng）“少便习弓马，尚游侠，轻财贿”。班固著《汉书》为名将立传的标准，“皆以勇略选，然其有功绩者具此”“自元狩之际张骞始通西域，至于地节郑吉建都护之号，讫王莽世，凡十八人。”汉武帝时大将军卫青屡建功勋，在他率领的十五员大将中，“山西”人就有李广、苏建、李息、赵食其、张骞、李蔡、公孙敖、公孙贺等八人，如果再加上云中的李沮、敦昌，匈奴降将赵信，十五员大将中属“山东”的人很少。

将帅家风

具大丈夫气，有将帅才的“山西”名将，为河陇文化谱写着最壮美的画卷。“高上勇力”的“风声气俗”不仅表现在个人志趣上，而且已形成将帅家族传统。将门帅子的现象更明晰地展示出“山西出将”“风声气俗”自古而然的渊源。如“飞将军”李广一家，“其先曰李信，秦时为将，逐得燕太子丹者也”。“广家世世受射”。射是“六艺”的一种，指射箭的技术。李广家世世代代传授射法。李广是善射的“飞将军”，其子李敢随从骠骑将军霍去病击匈奴，以功受封，赐爵关内侯。其孙李陵虽因兵败降匈奴而酿成悲剧，但“武帝以为有广之风”“天子以为李氏世将”。再如辛庆忌的父亲辛武贤任破羌将军、酒泉太守，“显名前后，有威四夷。”其子“皆有将帅之风”。辛庆忌即以勇武显闻。段颎为段会宗之子。班勇少有班超父风。

中国古代的宗法制度，是一种以血缘关系为基础，标榜尊崇共同祖先，维系亲情的制度。这种制度，使家族观念成为赖以生存的精神支柱之一。家族既是一个血缘关系网络，又是一个文化共同体。家族文化传统成为家族成员共同认定的维系家族发展的“红线”。因此，对家族传统的承继光扬是子孙们义不容辞的责任，“肖”与“不肖”祖先是衡量子孙“成”与“不成”的标准。正是在这种意义上，“家风”代表了一种文化的传承、播扬。“山西”军人的将帅家风，世世流传，即使历史不断地发生着沧海桑田的变化，“山西”出将的文化传统却未尝中断。到了唐代，“安定、北地、上郡、陇西、天水，金城，于古为六郡之地，其人性犹质直。然尚俭约，习仁义，勤于稼穑，多畜牧，无复寇盗矣。……平凉、朔方、盐川、灵武、榆林、五原，地接边荒，多尚武节，亦习俗然焉。河西诸郡，其风颇同，并有金方之气矣。”正是这种历史背景，使“山东”人西役，一登小陇山便“莫不悲思”，行人歌曰：“陇头流水，鸣声幽咽，遥望秦川，肝肠断绝。”遥听这历史的悲歌，不由得要为“山西”将帅在维护丝绸之路战斗中的浴血奋战而感泣。

“山西”将帅“数”多奇

唐代著名的诗人王维曾自创乐府诗题，作《老将行》，娓娓叙说，慷慨陈词，感慨系之。

少年十五二十时，步行夺得胡马骑。
射杀山中白额虎，肯数邺下黄须儿。
一身转战三千里，一剑曾当百万师。
汉兵奋迅如霹雳，虏骑崩腾畏蒺藜。
卫青不败由天幸，李广无功缘数奇 (jī)。
……

王维慨叹功丰不赏，大段引用了名将李广的事迹。“少年十五二十时，步行夺得胡马骑”，写李广雁门关战匈奴。李广在出击匈奴时，兵败被擒，他佯死卧马上。途中窥察，见一胡儿骑骏马，便一跃而起，夺得胡儿马，驰骑归来。“射杀山中白额虎”是说李广做右北平太守时，射杀山中猛虎的故事。被匈奴誉为“汉之飞将军”的李广，身经七十多战，屡建奇功，匈奴闻其名不敢逾边，但终未封侯。他曾问相命者说：“难道我的骨相就不是当侯的样子吗？不能封侯本来是命中注定的吗？”“卫青不败由天幸，李广无功缘数奇”的后面深藏着一段令人感愤的历史。李广少年时“以良家子从军击胡”，因善骑射，杀首虏多”，冲锋陷阵，效力汉文帝、景帝、武帝。文帝时，随皇帝出行，常常正面攻敌，格杀猛兽，保卫皇帝，而文帝只对他说：“惜乎！子不遇时。如令子当高帝时，万户侯岂足道哉！”到景帝即位，平内乱，李广拔了敌人的军旗；抗外侵，李广智杀匈奴射雕手。立功扬名，却“赏不行”。武帝登基，左右近臣都认为李广是名将，但他只能屈居武帝的外戚卫青、霍去病麾下，每每没有出征的机会。好不容易争取得一次“随行”出征匈奴，而汉武帝暗中警告卫青“李广老，数奇，毋令当单于，恐不得所欲。”古人认为偶数好，奇数不好。数奇（shù jī）就是运气不佳。因为有皇帝的告诫在先，卫青了解到军情，侦察到单于驻地后，就自己带精兵追逐，命令前将军李广从东路迂回，故意把他调开。李广不能尽职前将军，反而走了一条缺水草绕远的路。结果迷失方向，落在大将军之后。卫青与单于交战无功，却责令李广军幕受审对质。李广忍受不了这种欺辱，引刀自刭。军中将士为之痛哭，百姓闻讯，不论认识的不认识的，老年的少年的都为他落泪。

命运不好的关西老将不只李广一个。苏武出使匈奴，被扣北海，牧羊十九年，所持朝廷的节杖，旄毛落尽，苏武对汉朝的忠心不改。归汉后，也只做了个“典属国”；张骞以生命为代价，经历千难万险走出一条丝绸之路，使汉走向世界，而他最终没有摆脱“失侯”的悲剧。同为军人，为什么卫青、霍去病终能成为最高军事统帅，得到最优厚的封赏，而李广等“山西”名将却只留下民间传说的美名？原因许许多多，复复杂杂。王维归之为“天幸”与“数奇”，显出满腹无奈。这当然是主要方面，但与“山西”名将所处的地域是不是也有关？自古以来，就有以“山东”为诸夏，以“山西”为戎狄的概念。“山东出相，山西出将。”显然包含着文化域分的思想。“出将”与“出相”的文化差异，在“山西”与“山东”人之间或大或小竖起些隔阂，从而产生文化偏执心态。不同文化背景中的人，由于所受的文化教育、文化熏陶不同，在相互交往中必然自觉或不自觉地将自己的文化定式和文化价值作为评价、理解其他文化的基本标准，并将自己的文化观念、文化情感和文化追求作为一种文化定式而倾注到对象之中，从而造成巨大的心理拒斥力和排他性。这种文化心理、观念上的偏执，反映到政治斗争中，则构成“山东”智囊与“山西”军人的冲突。依靠“山东”政治集团立国的汉武帝，当然不能允许“山西”军人势力膨胀。而在地近边荒的“山西”成长起来的人，大多个性质直，高上勇力，缺乏或者说不善于玩“心机”，更准确地说不屑于耍心眼。并且恶劣的自然条件、闭塞的生活环境在磨砺人们顽强韧性的同时，也限制了人们的眼光和胸襟，显出了与“山东”人在文化上的

“落差”。自汉而降，“山西”名将层出不穷，而如隗（kuí）嚣、窦融、韩遂、马腾、董卓、薛举、李轨等，往往少图经略，只顾倚河陇形胜，割据一方，在自己的家乡大摆战场，造成几近荒废局面。“尚武”是美德，好战的反作用也不容忽视。考察丝绸之路史，我们会惊奇地发现，在长达近五十年的西晋时期，西晋与西域的往来仅有八次：

1. 泰始六年（公元 270 年）“九月，大宛献汗血马，焉耆来贡方物。”（《晋书·武帝纪》）

2. “康居国……泰始（公元 265 年—公元 274 年）中，其王那鼻遣使上封事，并献善马。”《晋书·西戎传》

3. 太康元年（公元 280 年）：“八月，车师前部遣子入侍。”《晋书·武帝纪》

4. 太康四年“八月，鄯善国遣子入侍，假其归义侯。”《晋书·武帝纪》

5. 太康五年十二月，“大秦国各遣使奉献。”《晋书·武帝纪》

6. 太康六年十月，“龟兹、焉耆国遣子入侍。”《晋书·武帝纪》

7. “大宛……太康六年，武帝遣使杨颢拜其王蓝庾为大宛王。蓝庾卒，其子摩之立，遣使贡汗血马。”《晋书·西戎传》

8. 太康八年十二月，“西域康居国各遣使奉献。”《晋书·武帝纪》

不厌其烦罗列以上史实的意图是要大家明白，八次交往，七次在武帝太康年间，泰始至太康中有十年左右的间隔，太康以后，交往完全中断。中断的历史背景恰好是河西鲜卑酋帅秃发树机能的起兵反晋。反晋战争从泰始六年起一直延续到永兴二年（公元 305 年），几乎与西晋政权相终始。秃发树机能骁勇敢战，不愧为“山西”名将。而连年战乱，破坏了社会经济，阻断“丝路”交通，造成“河西荒废”，使河西走廊失去“丝路”咽喉的现实意义。这当然只是诸多事例中的一个典型，但它浓缩了“山西”名将悲壮的战斗历程中最为伤感的一幕。

四、不朽的“战利品”

4世纪中叶，略阳临渭（今甘肃秦安东南）氐族苻氏崛起。公元351年，前秦建立。至苻坚为大秦天王时，创造的强盛局面，《晋书·苻坚载记王猛附传》中做了这样的评述：“百僚震肃，豪右屏气，路不拾遗，风化大行。”“兵强国富，垂得升平。”

《晋书·张轨传张实附传》：苻坚恃强倚盛，“遂有图西域之志”。在用兵陇右、河西，克仇池，灭前凉后，恢复了自晋初以来阻绝了一百余年的“丝路”交通，中原与西域重新勾连为一个整体。于是，吕光率领的征讨龟兹（qīu cí）的大军向西域进发。

“若获罗什，即驰驿送之”

吕光（公元338年—公元399年）字世明，略阳（今甘肃天水）人。因军功升至骠骑将军。后苻坚委任他为使持节、都督，经营西域。吕光率将军姜飞、彭晁、杜进、康盛等总兵七万，铁骑五千。陇西董方、冯翊（yì）郭抱、武威贾虔、弘农杨颖四位“关西”大将为四府佐将。七万军士、五千铁骑的队伍，旌旆逶迤于丝绸之路，气昂昂、势浩浩。龟兹国是游牧农耕兼重的国家，其铁骑亦不会示弱。但对吕光大军与龟兹兵士激烈战斗的场面，史书记述，用语寥寥，却从侧面渲染，不厌其烦地描绘了神雨突降、黑龙聚臂、夜梦金象的神异故事。也许，西域这块广袤空旷的土地太能激发人的想象了，而正在四播的佛教，其神秘的不可捉摸性更是令

鸠摩罗什铜像 新疆库车克孜尔千佛洞

人产生联想的诱因。

在神光异彩的辉映下，吕光速战速决，大获全胜。《晋书·吕光载记》不无夸张地写道："以驼二万余头致外国珍宝及绮伎异戏、殊禽怪兽千有余品、骏马万余匹。"在大量的"战利品"之外，令吕光最为自豪、骄傲的应该是鸠摩罗什。

鸠摩罗什，史载其为天竺人。严格地说，他是印度人与龟兹人的"混血儿"。其父亲为印度人，母亲为龟兹国王的妹妹。他的母亲是个虔诚的释家二僧师傅。鸠摩罗什七岁随母亲出家，多年游学于罽（jì）宾（今克什米尔）、月氏（今巴基斯坦境内）、疏勒等地。访求名师，学习多种佛教经典，精通大、小乘教义及婆罗门哲学，声名远扬，享誉西域、中原。在西域各地宣讲佛经、设坛论辩中，西域诸王不但佩服得五体投地，而且在听讲经时，全都长跪在身边，等着鸠摩罗什从他们身上踏过去，登上讲坛。有人说，苻坚派吕光讨西域的直接原因就是为了鸠摩罗什。此说是否完全正确，有待考辨，但《晋书》卷九十五《艺术传·鸠摩罗什传》中，的确有这样的记载：

> 鸠摩罗什，天竺人也。……专以大乘为化，诸学者皆共师焉。年二十，龟兹王迎之还国，广说诸经，四远学徒莫之能抗。……西域诸国咸伏罗什神俊，每至讲说，诸王皆长跪坐侧，会罗什践而登焉。苻坚闻之，密有迎罗什之意。会太史奏云："有星见外国分野，当有大智入辅中国。"坚曰："朕闻西域有鸠摩罗什，将非此邪？"乃遣骁骑将军吕光等率兵七万，西伐龟兹，谓光曰："若获罗什，即驰驿送之。"

可惜的是，鸠摩罗什随吕光东还，到了凉州，却无缘见到他的这位崇仰者。淝水之战，苻坚身中流矢，不久被羌族酋长姚苌所杀。前秦亡国。吕光见状，在河西建立了后凉。

鸠摩罗什成为吕光的"战利品"是否出于苻坚"密意"不得而知，但他第二次成为"战利品"，的确是因为他的高僧声名。后秦姚兴发兵攻破凉州，灭亡后凉的直接目的就是为了获得鸠摩罗什。姚兴把鸠摩罗什迎入长安，以国师之礼相待，请他译经说法，教授弟子。

鸠摩罗什舍利塔　陕西西安草堂寺内

鸠摩罗什在凉州十六年，精通汉语。因此，他译经时既注重朗朗上口的声调格韵，又不失“天然西域之趣语”，所译诸经，文辞优美，韵调铿锵，深受僧众欢迎。罗什在长安11年，共译经35部294卷，弟子多至数千人，不少人还有“什门四圣”“什门八俊”“什门十哲”之称。

战争总是在为文化的传播加压、加酶！鸠摩罗什成为“战利品”的“屈辱”，却使佛教迅速由西域播散到凉州，乃至中土。河陇大地成为“白马”“青牛”聚会的第一驿站。这一点，河陇众多石窟的开凿便是牢固而形象的说明。莫高窟始凿于前秦建元二年（公元366年），实际上是前凉张天锡四年，武威的天梯山石窟开凿于北凉玄始年间（公元412年—公元428年），但早在前凉初期已有京兆人刘弘“燃灯悬镜于山穴中，为光明以眩惑百姓”。刘弘用燃灯标帜正大光明，便是佛教与天梯山石窟结缘之始。其他如张掖的文殊山石窟、马蹄寺石窟等，都开凿于北凉时期。

河陇大地尤其是凉州地区高僧云集，他们都是佛教东传的文化使者。这一点，我们会在“西行求法僧”一章中得到更全面的了解。

《西凉乐》

说到与东传佛学的鸠摩罗什同样具有“不朽”意义的“战利品”，不能不提《西凉乐》。《隋书·音乐志下》载：

> 西凉者，起苻氏之末，吕光、沮渠蒙逊等，据有凉州，变龟兹声为之，号为秦汉伎。魏太武既平河西得之，

谓之西凉乐。至魏、周之际，遂谓之国伎。今曲项琵琶、竖头箜篌之徒，并出自西域，非华夏旧器。杨泽新声、神白马之类，生于胡戎。胡戎歌非汉魏遗曲，故其乐器声调，悉与书史不同。其歌曲有永世乐，解曲有万世丰，舞曲有于阗佛曲。其乐器有钟、磬、弹筝、搊（chōu）筝、卧箜篌、竖箜篌、琵琶、五弦、笙、箫、大筚篥（bì lì）、长笛、小筚篥、横笛、腰鼓、齐鼓、担鼓、铜钹、贝等十九种，为一部。工二十七人。

龟兹声即龟兹的音乐。龟兹人擅长乐舞。玄奘《大唐西域记》卷一《屈支国》记："管弦伎乐，特善诸国。""伎"指歌舞。魏太武：魏太武帝拓跋焘（公元408年—公元452年），北魏的第三代皇帝。魏、周之际：西魏、北周之间，北周宇文氏代西魏，在公元557年。徒：类。胡戎：古代泛称北方、西北边地民族。解：乐曲的章节。工：乐舞人员。

《隋书·音乐志》中，另有一段说明：

齐神武霸迹肇创，迁都于邺，犹曰人臣，故咸遵魏典。及文宣初禅，尚未改旧章。……其后将有创革，尚药典御祖珽自言，旧在洛下，晓知旧乐。上书曰："魏氏来自云、朔，肇有诸华，乐操土风，未移其俗。至道武帝皇始元年，破慕容宝于中山，获晋乐器，不知采用，皆委弃之。天兴初，吏部郎邓彦海，奏上庙乐，创制宫悬，而钟管不备。乐章既阙，杂以《簸罗回歌》。初用八佾，作《皇始》之舞。至太武帝平河西，得沮渠蒙逊之伎，宾嘉大礼，皆杂用焉。此声所兴，盖苻坚之末，吕光出平西域，得胡戎之乐，因又改变，杂以秦声，所谓《秦汉乐》也。

齐神武即高欢（公元496年—公元547年）。北魏末年，拥立孝武帝，自任大丞相，专擅朝政。后又另立孝静帝，由此魏分东西。死后，其子高洋废东魏建北齐王朝，追尊为神武帝。邺（yè）：故城在今河北临漳北。文宣：高洋的庙号。禅（shàn）：以帝王的位子传人。尚：主管。洛下：即洛阳。云朔：今山西一带。道武帝：拓跋跬，北魏的开国皇帝。皇始元年：公元396年。慕容宝：后燕的第二位皇帝，在位共约三年。中山：后燕的国都，辖地在今河北定州一带。晋：指东晋，这里代指中原。天兴：概指魏太武帝天安、皇兴年间，即公元466年—公元467年间。上庙乐：这里似指上朝乐。宫悬：古时钟磬等乐器悬挂于架上，悬挂的形式根据身份地位而不同，帝王悬挂四面，象征宫室四面的墙壁，因此称“宫悬”。钟管：代指打击、吹奏乐器。阙：缺。《簸罗回歌》：北魏歌曲名。据《旧唐书·音乐志》，此歌曲“多可汗之辞”，即颂扬可汗之歌。八佾（yì）：古代天子专用的舞乐。佾，舞列。《皇始》之舞：以北魏道武帝的年号“皇始”命名的乐舞。宾嘉大礼：古代的礼仪，主要有吉礼、嘉礼、宾礼、军礼、凶礼等五礼。宾礼，《周礼·春官·大宗伯》记载：“以宾礼亲邦国”，而以“嘉礼”“亲万民”。苻坚（公元338年—公元385年），字永固，略阳临渭（今甘肃天水）人。前秦的开国皇帝。秦声：秦地的歌曲。《史记·李斯传》引《谏逐客书》：“夫击瓮、叩缶、弹筝、搏髀，而歌呼呜呜快耳者，真秦之声也。”意思说，打着瓮、缶（fǒu）一类的瓦制乐器，弹拨筝，拍打着大腿［搏，拍。髀(pí)，大腿］，大声唱歌，痛快淋漓地抒发感情，是真正的秦地歌曲。秦地，这里指今甘肃天水及陕西关中一带。

五代后晋刘昫等人撰写《旧唐书·音乐志》关于《西凉乐》的记载中对舞蹈乐器写得更为详细：

> 《西凉乐》者，后魏平沮渠氏所得也。晋、宋末，中原丧乱，张轨据有河西，苻秦通凉州，旋复隔绝。其乐具有钟磬，盖凉人所传中国旧乐，而杂以羌胡之声也。魏世共隋咸重之。工人平巾帻（zé），绯褶(fēi zhě)。白舞一人，方舞四人。白舞今阙。方舞四人，假髻，玉支钗，紫丝布褶，白大口袴，五彩接袖，乌皮靴。乐用钟一架，磬一架，弹筝一，搊筝一，卧箜篌一，竖箜篌一，琵琶一，五弦琵琶一，笙一，箫一，筚篥一，小筚篥一，笛一，横笛一，腰鼓一，齐鼓一，檐鼓一，铜钹一，贝一。编钟今亡。

将以上所引资料联系起来分析，即可看出，《西凉乐》西学龟兹，东采“旧章”，“中国旧乐，而杂以羌胡之声”，所形成独特风格的轨迹。这一轨迹正好划出了河陇地区文化交融汇合华夏文明与西域乃至西方文明的特色。如果说，龟兹是外邦音乐东渐中国并与中国少数民族、汉族音乐融合的第一道“加工站”，那么凉州则是对第一道“加工品”进行与华夏音乐再融合的第二道“加工站”。如果说“龟兹乐”的主要成分还是西域音乐，那么“西凉乐”的特点则是中原音乐比重大于西域音乐。由此亦可窥见，这个地区在文化地理上作为中原文化与西域文化过渡地带的鲜明特色。对此特色，美国汉学家谢弗《唐代的外来文明》（书名又作《撒马尔罕的金桃：唐代舶来品研究》，作者中文名薛爱华）一书中有极为精彩准确的描绘：

唐三彩载乐骆驼俑　陕西西安鲜于诲墓出土

> 凉州是一座地地道道的熔炉，正如夏威夷对于二十世纪的美国一样，对于内地的唐人，凉州本身就是外来奇异事物的亲切象征。凉州音乐既融合了胡乐的因素，又保持了中原音乐的本色，但是它又不同于其中的任何一种，这样就使它听起来既有浓郁的异国情调，又不乏亲切熟识的中原风格。

《西凉乐》在历史上曾被几个朝代称“国伎”，作为国家音乐文化的典型，它在中国音乐文化史上具有特殊的地位。

五、西线战事频

吕光获得不朽“战利品”的时候，正是中国历史上大动荡、大混乱的十六国时期。各割据政权，争城掠地，战事频仍，中原动荡。河陇地方，也先后崛起“五凉”“三秦”，但较秦川“血没腕”的惨剧，要显得安全了许多，尤其河西“五凉”政权，相继维护“丝路”交通，借控扼“丝路”黄金路段的优越条件，吸收“异域”新鲜事物，创造了灿烂的五凉文化，并使河西成为全国文化重心。降而南北朝，山河二分，道路也南北二治。受北朝控制下的河西走廊阻断南朝行旅，南朝行旅绕道通行，吐谷浑道（河南道）开辟发展起来。河西道仍有“胡商贩客，日奔塞下”的繁忙景象。隋朝统一南北，炀帝西巡，裴矩招商，通过多种手段的抚慰，丝绸之路沿途各族人民各得其所，安居乐业。“丝路”安全畅通，贯通中西的大动脉呈现出汉以来的第二次腾飞。但好景不长，隋末丧乱，鱼龙变虎，河陇被李轨、薛举割据，丝绸之路上又是好一阵凄风苦雨。

薛仁杲号称“百万人敌”

武德元年（公元618年）八月，唐高祖李渊命令秦王李世民为元帅讨伐薛仁杲。

薛仁杲是继承他父亲薛举的“家业”与唐对抗的。

薛举，金城（今甘肃皋兰）人。容貌瑰玮，凶悍善射，骁勇绝伦。初为金城府校尉。隋大业末年，陇右群雄蜂起，薛举乘势发兵囚禁郡县官吏，开仓赈贫，自称“西秦霸王”，结集宗罗睺（hóu）之兵及羌兵二万，总兵略地，在金城称帝，并徙都天水，虎视八百里秦川，在今陕西凤翔、甘肃平凉一带与李渊拉开了战线。陇山一带，由来是战略形胜。著名的历史地理学家顾祖禹《读史方舆纪要》有非常透彻的分析：“外阻河朔，内当陇口，襟带秦凉，拥卫畿辅，关中安定，系于此也。”“盖关中要会，常在秦州。争秦州，则自陇以东皆震矣。”凡占据关中（长安）与秦（天水）相敌的，必须稳固这一防线，以阻断陇山东出之口。当然，凡据秦要入关中者，也必攻破这一防线。汉光武帝刘秀，剿灭割据天水的隗嚣，攻破陇山防线，整整花了四年时间。

隋铜鎏金虎符　甘肃庄浪出土

薛举非常清楚攻破这一防线的利害，他调遣三十万的兵力，由“百万人敌”的薛仁杲统帅，多次发动进攻，进占高墌（zhí）城（今陕西长武）。薛举的军师郝瑗建策：“今唐兵新破，将帅并擒，京师骚动，可乘胜直取长安。”可见薛举对长安构成的威胁。只可惜人算不如天算，当薛举正要举兵直捣长安时，却猝然病逝。史家感叹：“乘胜进取之计遂止，此实为唐之一大幸运也！”李世民登基后，有诗《经破薛举战地》，回忆当年战斗，写得雄放宏拔，依然英气逼人。“昔年怀壮气，提戈初仗节。心随朗日高，志与秋霜洁。移锋惊电起，转战长河决。营碎落星沉，阵卷横云裂。一挥氛沴（lì）静，再举鲸鲵灭。于兹俯旧原，属目驻华轩。沉沙无故迹，减灶有残痕。浪霞穿水净，峰雾抱莲昏。世途亟流易，人事殊今昔。长想眺前踪，抚躬聊自适。”

薛举已卒，薛仁杲继立，退兵驻扎今甘肃泾川一带。泾川地势，顾祖禹分析得精辟：“山川环带，水陆流通，岭北有事，州实为之孔道。”“盖泾州连络中外，翼带东西，诚关中之襟要也。”薛仁杲力大骁勇，善于骑射，军事本领过硬，但他行为粗率，思想品德欠佳，不受民众欢迎。李渊得知薛举病卒的消息，即联合河西的李轨，以及受降临洮等四郡的军民，命令李世民率兵出击。

秋高气爽，李世民率军向高墌城进发，薛仁杲主力宗罗睺将精兵十余万迎击，但进攻的李世民却来了个坚壁不出。诸将全都请教，李世民说：我军新败，锐气犹少。敌兵以胜自骄，必轻我好斗，姑且闭壁以折之。待其气衰而后奋击，可一战而破，此万全计也。并且向军中发令：“敢言战者斩！”李世民这一坚壁，拖了六十多天。宗罗睺粮草不继，将士沮丧，有的甚至逃跑了，有的干脆投降了。当兵嘛就是混口饭吃，在谁的手下混饭不一样呢！李世民见薛仁杲将士离心，到火候了，于是，发动攻击。宗罗睺憋了两个多月，见唐军出城，立即猛攻，他与李世民你攻我挡，杀得剑花四溅，非常过瘾，但他的疲军最终不能与养了两个多月的劲旅对抗，全军大溃。李世民乘胜追击，杀到薛仁杲坚守的高墌城，把薛仁杲围了个水泄不通。城外将士纷纷逃散，薛仁杲也不得不率百官开城门出降。李世民获其精兵万余，男女五万口。既而诸将问李世民说："大王一战而胜，遽舍步兵，又无攻具，轻骑直达城下，众皆以为不克，而率取之何也？"李世民回答："罗睺所将，皆陇外之人，将骁卒悍，吾特出其不意而破之，斩获不多；若缓之，则皆入城，仁杲抚而用之，未易克也；急之，则散归陇外，折墌虚弱，仁杲破胆，不暇为谋，此吾所以克也。"以凉武昭王李暠子孙自居的李世民，太了解自己的老乡了，但对薛仁杲的担心实在有些多余，薛仁杲的短处，正在于对部下不能"抚而用之"，他的父亲曾告诫他："汝智略纵横，足办我家事，而伤于苛虐，遇物无恩，终当覆我宗社！"这真应了那句格言：知子莫若父！李世民夸赞陇外之人，将骁卒悍，战略上极其谨慎对待，足见"关西出将"，渊源深远。

1983 年台湾三军大学编撰的《中国历代战争史》评价说："薛举父子，陇右一时之战将也，然薛举短寿，仁杲非李世民之敌，此即人地之优胜劣败也。""秦王世民之破仁杲，其在战场上见机之明，决心之速，不愧为一代名将。李世民此次用兵深得其精神与思想之要。”

安兴贵说：“大唐遣我来诛李轨”

李轨，武威人，有机智，有才学，有钱财，有善心，深受河西人爱戴。隋大业十三年（公元617年），薛举称帝，李轨不满，被郡人推为盟主，共同举兵，执缚凉州统帅后，自称河西大凉王。联合西突厥二千余骑，攻昌松（今甘肃古浪）、张掖、敦煌、枹罕（今甘肃临夏）等地，尽有河西之地。趁薛仁杲与李世民高摭对峙之隙，称帝。李渊对李轨的僭居帝位当然非常愤怒，便遣使吐谷浑，准备联袂出击，又派胡人安兴贵游说李轨，并成内应。

安兴贵的弟弟安修仁，是李轨的户部尚书。这时正对李轨心存有二。因为李轨占有河西四郡后，吏部尚书梁硕见诸胡种繁盛，私下里劝李轨要多加防范，结果被安修仁知道了。安修仁自然心中很不舒服。安修仁与另外一名对梁硕怀恨的人勾结，挑拨李轨。梁硕被李轨酒中下药毒死。梁硕的死，给李轨的统治内阁带来极大影响，故人多疑惧，心膂从此稍离。李轨又信胡巫之言，说上帝要遣玉女自天而降，李轨便发动百姓，大兴土木，修高台以等待玉女下凡，劳费极大，惹得民众反感。

安兴贵来得正是时候，李轨正愁内阁无人，即任他为左右卫大将军。安兴贵时时牢记自己的使命，见机就说服李轨。

安兴贵的话，李轨没有听进去，他说：“我依靠河西这样坚如磐石的山河，怕他李渊不成？李渊虽然强大，把我能怎么样？你是从唐来的，是替唐游说来了吧？”安兴贵等不得李轨转弯，他和安修仁私下商量，悄悄地和凉州胡族兄弟联络，向李轨发起进攻。安兴贵沿城喊话：“大唐遣我来杀李轨，谁敢帮助他，就夷灭三族！”胡人风俗，不以“退”为耻辱，投降也不是什么丢脸的事。一个长官不好就换一个新的，这有什么不好。

李轨陷入绝境，他还不愧是一位英雄！也许是受西楚霸王项羽的影响太深，他登上玉女台，演了一出霸王别“妻”。然后随安兴贵到长安，与子弟全让李渊斩了。李渊以黄门侍郎杨恭仁为凉州总管，杨恭仁素习边事，晓羌胡情伪。道路打通，政策优惠，武德二年（公元619年）高昌王麹伯雅即遣使入贡。

关于高昌国，《隋书》卷八十三列传第四十八《西域·高昌》中记载：“其境东西三百里，南北五百里，四面多大山。”“男子胡

丝绸之路要冲上的高昌国遗址

服，妇人裙襦，头上作髻。其风俗政令与华夏略同。地多石碛，气候温暖，谷麦再熟，宜蚕多五果。有草名为羊刺，其上生蜜，而味甚佳。出赤盐如朱，白盐如玉。多蒲陶酒。”

女舞俑　新疆吐鲁番阿斯塔那古墓出土

六、烽火照西京

自唐开国初至太宗即位前（公元 619 年—公元 626 年）的八年间，西突厥大举入侵中国，次数之多，不能确计。兹举数例：第一次，武德二年（公元 619 年），始毕可汗援助刘武周、梁师都大举南侵；第二次，武德三年，处罗可汗大举入侵；第三次，武德四年，颉利可汗奉杨政道以伐唐；第四次，武德五年，颉利可汗大举入侵太原；第五次，武德六年，争马邑；第六次，武德六年夏，突厥伙同高开道大举入寇幽、并、朔、原、渭等州；第七次，武德七年秋，突厥颉利、突利二可汗继第六次进寇原州、陇州、绥州，马鞭指向豳州、阴盘（今甘肃平凉东），拉开了南下攻长安的阵势。同时，吐谷浑、党项受突厥驱使，分别寇岷、鄯、松三州。武德九年，突厥主力转移到西北，攻灵、原、泾及会、兰、秦等州，吐谷浑、党项则攻岷、廓、河三州，战场几乎摆满了陇右大地。

大兵压境，唐廷内则忙着争夺权位，玄武门之变的烈火烧得长安城中君臣不安，手足滴血。幸亏李靖拼杀，将突厥抵挡于陇山关外。

突厥兵屯陇州、渭州、秦州，坐山观“火”。

斩白马盟誓

武德九年（公元 626 年）八月初九日，李世民受禅登帝，是为唐太宗。

突厥颉利、突利二可汗乘唐国内动荡，太宗新即位，率师十万，以迅雷不及掩耳之势扑向泾州，想打李世民个措手不及。泾州城破。突厥兵分三路，右翼趋武功，左翼向高陵，主力直指长安城北的渭水便桥。

尉迟敬德阻击左翼，大破，擒其将俟斤阿史德乌没啜。突厥折断了一只翅膀，但主力直抵便桥上渭北之滨，长安城危！

突厥特使执失思力与唐太宗李世民会晤。执失思力不咸不淡地说：颉利与突利“二可汗兵百万，今至矣”。李世民深思，问策，决定约和。李世民自出玄武门，与高士廉、房玄龄等六骑径直到渭水，与颉利隔水讲和，斩白马盟誓。常年奔驰在广阔草原上的游牧突厥人，不稀罕汉地人劳民伤财筑起来的城堡，他们要的是生活必需品——粮食、布帛、劳动力。约和后，便尽虏男女，饱得财物退去。历史上称此为“渭水之耻”。

男儿本自重横行

“渭水之耻”的刺激，使唐太宗下定了报仇雪耻的决心。这个血管里流淌着汉与鲜卑混血的汉子，身受世将家风熏陶，好弓矢，尚威武。十六岁随父出击，足智多谋，骁勇善战。打仗，是他的拿手好戏。

他告诫大家：“戎狄侵盗，自古有之，患在边境小安，则人主逸游忘战，是以寇来莫之能御。今朕不使汝曹穿池筑苑，专习弓矢，居闲无事，则为汝师，突厥入寇则为汝将，庶几中国之民，可以少安乎！”著名历史学家司马光《资治通鉴》里记载的这段话，意思是：西方北地对中原的侵犯劫掠，从古到唐一直是难以解决的边地问题。唐太宗以为，之所以边地问题不能解决，关键在边地稍稍安定下来，中原君主就放纵游乐，忽略边疆安全，到边地民族进攻时，就没有武力能够抵御。现在我不要你们为游乐开凿池水，不要你们为游乐修筑花园，大家要专心练习拉弓射箭。他亲自教练将卒，考课选拔将帅，奖励武功高手。“男儿本自重横行，天子非常赐颜色。”全国上下，掀起了练武高潮，“宁为百夫长，胜作一书生”遂成世风。

震耀威武，在战略上藐视敌人；偃武修文，同样是使“四夷自服”的根本。他广开言路，剀（kǎi）切求谏，纳谏如流；重用旧臣，擢任新贤，精选都督、刺史、县令各级基层官员，去奢省费，轻徭薄赋，于是国家大治，路不拾遗，外不闭户，商旅野宿。缔造出“贞观之治”的盛世楷模。

“戎狄侵盗，自古有之”的历史，是由多方面的原因造成的，草原游牧民入侵农耕定居地区，不仅在中国，在世界史上也曾造成重大影响。那么，古代草原游牧民为什么非要入侵农耕定居地区？决定二者关系的根本原因究竟是什么？世界史学家、文化人类学家、经济学家等等社会科学家都为此大伤脑筋，目前提出的看法大致可归纳为八种：一、天性固然；二、气候变迁；三、人口膨胀；四、贸易受阻；五、掠夺有利；六、扩大统治；七、文化不同；八、草原社会发展的自然历史过程。

古史中所说“行盗侵驱，所以为业也，天性固然”；“贪婪尤甚，以寇抄为生”，自然都带有被侵盗者的偏激情绪，而其他七方面的原因，应该说都有道理，但根本原因还在于草原上生产力技术构成太低，社会结构单一，内部转化产品的途径太窄。简单易懂地说吧，一句话，他们必须与外界交流方可生存下去。而在古代，交流的渠道往往不够通畅，战争就不可避免！

唐太宗在等待时机，寻找机会！

颉利可汗渭水之役后，骄恣失众。任用汉人赵德言。赵德言专其威福，多变突厥风俗，政令烦苛，突厥国人开始不高兴了。是时颉利又委政诸胡，而疏远宗族，胡人贪冒，多反复，又号令无常，兵革岁动，于是突厥内部益形不安。突厥诸部中，除突厥本部族外，居碛北（漠北）有敕勒（铁勒）十五部族：一、薛延陀；二、回纥；三、都播；四、骨利幹；五、多滥葛；六、同罗；七、仆固；八、拔野古；九、思结；十、浑；十一、斛薛；十二、奚结；十三、阿铁；十四、契苾；十五、白霫（xí）。这十五部中以薛延陀最强。他们与突厥的关系若即若离，突厥比自己强时则臣附；比自己弱时则叛离。薛延陀、回纥见突厥内部不安，即相师叛乱，突厥内部发生混战。

人不和天亦不安。大雪数尺，羊马多死，连山饥馑，民皆冻馁，突厥国人离散。

贞观元年（公元627年），出使突厥的唐鸿胪卿郑元琦考察了突厥情况，归长安后，给唐太宗说：“戎狄兴衰，专以羊马为候。今突厥民饥畜瘦。此将亡之兆也。不过三年。”唐代中央主管民族事务与外事接待活动的机关称作鸿胪寺，主官或称卿，或称正卿，副职为少卿，属官因各朝代而异，或有鸣赞、序班，或置丞、主簿。郑元琦任鸿胪卿，相当于现今的外交部部长，《新唐书》专门为他立了传。

现实一步步向郑元琦的预言靠近，群臣急不可耐，劝唐太宗乘间征击。唐太宗说：“必待有罪，然后讨之。”

颉利不愧为身经百战的老将，他引兵入朔州境边，扬言会猎，防备唐军。同时破坏着与唐军的盟誓。西突厥统叶护可汗遣真珠统俟斤与高平王道立还长安，献万钉宝钿金带，五千匹马，来迎公主。颉利发兵攻击，并遣使问统叶护可汗：“你迎唐的公主，肯定必须从我的国土上过吧？”统叶护可汗被吓住了。

唐太宗针锋相对，扶植渐趋强盛的薛延陀以攻颉利。赐以宝刀和宝鞭：“卿所部有大罪者斩之，小罪者鞭之！”颉利可汗听到这个消息，害怕极了，遣使称臣，请尚公主，唐太宗斩钉截铁地谢绝：不。

贞观三年（公元629年）十一月，颉利可汗发兵入寇河西各州。唐初陆路交通，长安通西域的主道走向是：长安—岐州（今宝鸡）—秦州—兰州—鄯州—凉州—沙州，突厥若得河西诸州，则中国犹同失其心腹。唐太宗部署了五路大军，发起总攻，突厥各部望风披靡，跑散的跑散，投降的投降。随突厥势力的蹶倒，唐四边各族，如漠北的薛延陀、回纥，东面的奚、契丹、室韦，西域的高昌、龟兹、焉耆、于阗等，皆遣使者或其首领亲自入朝称臣纳贡。吐蕃东北部的党项、白兰等也归附唐朝，各部并尊唐太宗为“天可汗”。

大一统的唐王朝，在自古未有的民族文化交汇中，云蒸霞蔚，蓬勃向上。丝绸之路，使星逐驿骑，纨缟车班班，一派繁忙。

七、琵琶与笳鼓的二重奏

当大唐天子李世民竭力缔造自己的贞观盛世时，青藏高原上的松赞干布也在夜以继日地为自己的统一事业而奋斗。唐太宗贞观八年，即公元634年，两位英雄终于联手演唱了一曲动人的友谊之歌，唐蕃双方从此开始了正式交往。

据统计，自贞观八年到会昌六年（公元846年）的213年中，唐蕃双方友好往来达190多次，豆卢钦望、魏元忠、李峤、纪处讷、刘元鼎以及文成公主、金城公主，一批批唐朝的友好使者庄严踏上“丝路”；禄东赞、悉熏热、高结赞……一拨拨吐蕃大相阔步唐蕃大道。雄壮的出访乐曲，悦耳的“和亲”歌声，时时缭绕在唐蕃上空。但是，唐蕃文化差异太悬殊了。他们的相聚，犹如两位久别的朋友举行酒宴，觥筹交错之间，或因各自敬酒方式的不同而心生芥蒂，或因各自饮酒习惯的异样会大打出手。唐蕃友好交往二百多年，也相互对抗了二百多年。打打谈谈，谈谈打打，你推我拉，战争的大锯从未消闲，双方胜负，彼此难断。唐太宗时，唐朝胜多败少；高宗武后，吐蕃胜多败少；玄宗开元全盛，大破吐蕃；安史之乱，吐蕃尽陷河陇，攻破陇山防线……当大唐王朝日薄西山的时候，吐蕃也是自相攻伐，国力渐弱。

随唐蕃打打谈谈局势的骤变，丝绸之路上，时而笳鼓喧喧，时而琵琶阵阵，中原文明与吐蕃文化也就在它们此起彼伏的二重奏中，变换着方式，进行着热烈对话。

短暂的蜜月

吐蕃与唐朝的政治交往，最早是通过婚姻的红线牵引在一起的。

公元634年，松赞干布遣使唐朝，奉表请婚，并派出了才智超群的大相禄东赞。

萨迦·索南坚赞著的藏文史书《五统世系明鉴·迎娶汉地文成公主》中说，禄东赞与向“天可汗”请婚的多国使节展开智力竞赛，圆满解答了唐太宗的五道难题：1. 丝线穿玉珠；2. 辨别一百只母鸡和它的鸡雏；3. 区别一百根圆木的根梢；4. 同时吃掉一只羊的肉，饮一桶酒，揉搓好羊皮；5. 从三百美女中认出文成公主。经过如此之类的艰苦努力，禄东赞赢了。

松赞干布送来了丰厚的聘礼，黄金、宝物、珍玩。文成公主从长安启程，携同乳母、侍婢、工匠、官吏，带着佛经、诗文、医药、历法、手工技艺等各类书籍，专门备良马运着释迦牟尼像，成队的马、骡、骆驼载着珠宝、绫罗、衣服、饰物等等嫁妆。送亲的队伍浩浩荡荡，迤逦渡陇，到泾州治所安定，经连云堡到潘原县，然后抵平凉。在平凉稍事休息后，由胡谷堡过弹筝峡，经瓦亭故关、陇山关、萧关故城抵原州治所高平（今宁夏固原），经会州治所会宁（今甘肃永靖），在其县北黄河弯曲处乌兰关渡过黄河，从新泉军西行约两百公里至凉州治所姑臧。从武威上洮阳西道支线（武威至乐都）达吐谷浑境。途经青海湖畔的河源郡，吐谷浑诺曷钵与弘化公主沿途建行馆，设宴迎接，赠送礼品。文成公主越日月山到青海南部。文成公主曾住过的今青海海南藏族自治州兴海县内的一个行馆，至今被当地人称作“公主佛堂”。

松赞干布率兵柏海（今青海鄂陵湖与扎陵湖），亲迎河源（今青海兴海东南），惊叹唐朝服饰礼仪之美，遂亦自释毡裘，袭纨绮，渐慕华风。为公主筑城，立栋宇居之。并随公主喜好，下令国内暂时罢黜赭面风俗，从而掀起了学习借鉴唐文化的潮流。

鄂陵湖　青海省三江源保护区

随文成公主入蕃，中原的文化科学知识、典章制度、服饰器用等，对吐蕃文化产生了重大影响，尤其佛教文化的传播，蔚为大观。吐蕃人民尊称文成公主“绿度母”。

“自从贵主和亲后，一半胡风似汉家”的诗句，极其简明地描绘了“和亲”公主为唐蕃文化交流所做的贡献。每一次的“贵主和亲”，交聘使节往来，边境烽烟不起，双方文化欣然相会，友好汇合。两国政治，也在“和亲”的彩色光环下，亲亲密密，热热烈烈。中宗朝，金城公主出嫁吐蕃赞普，中宗“赐锦缯别数万，杂伎诸工悉从，给龟兹乐”。金城公主自带佛典医经等，同样为唐蕃的文化交流做出了卓越贡献。可是，美好的事物总易消逝，和亲的蜜月往往显得那么短暂。曾几何时，战火狼烟又将和亲的光环包裹在兵戈交加的血污之间。

论持久战

开元二年（公元 714 年），吐蕃大将坌（bèn）达延、乞力徐率众十万寇临洮、入兰州，剽掠牧马。李隆基拍案而起。于是，薛讷以白衣摄陇右防御史攻破长城堡，王晙（juān）夜袭坌达延驻军的大来谷；悉诺逻恭禄和火烛莽布支的铁蹄踏破瓜州城；兵部尚书、河西节度使萧嵩大设反间计；杜宾客血战祁连城；张守珪迎击悉末朗；崔希逸与乞力徐合唱的牧歌刚刚开了个头；哥舒翰将唐军的战旗再插石堡城……烽火连绵，战争一直持续到大唐日落西山。

势均力敌的拉锯战，带给河陇的是什么后果？托起“丝路”的河陇文化又呈怎样的风貌？《中国历代战争史》做了分析：“至天宝时期，经长期经营，已臻于富庶繁荣之河西陇右，亦竟因强大国防军之消耗与战争频仍，而虚耗殆尽，及安史之乱后，吐蕃竟乘虚而入，陷唐首都长安（代宗广德元年，公元 763 年），此后泾州（今甘肃泾川）以北，陇山以西，长期陷入吐蕃之手。”战争在摧毁文明，同时又催生着文明。吐蕃统治百年之久的河陇区域，蕃、汉、浑、羌各族军民一起耕作、生息、通婚，形成了各民族杂居互处、相互交融的局面。中唐时期关心现实的乐府诗人张籍、王建即在诗中描绘了这种情形，张籍的《陇头行》：

驱我边人胡中去，散放牛羊食禾黍。
去年中国养子孙，今著毡裘学胡语。

王建的《凉州行》：

多来中国收妇女，一半生男为汉语。
蕃人旧日不耕犁，相学如今种禾黍。
驱羊亦著锦为衣，为惜毡裘防斗时。
养蚕缲茧成匹帛，那堪绕帐作旌旗。

吐蕃人所作的《赞普子》（S.2607）也反映了当时吐蕃吸收汉文化的水平，诗道：

本是蕃家将，年年在草头。夏日披毡帐，冬天挂皮裘。

语即令人难会，朝朝牧马在荒丘。若不谓抛沙塞，无因拜玉楼。

吐蕃人学汉字汉语的同时，汉人也学习吐蕃文字、语言。敦煌S.2736号和S.1000号卷子收藏的就是著名的《藏汉对照词汇》。黄文焕《河西吐蕃卷式写经目录后记》指出：现存于河西地区的公元

吐蕃赞普礼佛壁画　敦煌莫高窟第159窟

7至9世纪的藏文写本（编号共317卷）外部装潢完全是吐蕃式的，而写校者的总人数中，吐蕃人只占五分之一至六分之一，其他民族占五分之四至六分之五，其他民族中当然汉人为多。

吐蕃的语言文字在西北诸族中流行开来，不仅官方文件、法律条文、契约等使用吐蕃文，而且吐蕃语也在河陇诸族中得到传播和使用。21世纪以来，在敦煌及新疆若羌、和阗等地发现的大批藏文文书和简牍，其中大部分是吐蕃统治河陇及其后一段时期的遗物。藏语文不仅官方使用，而且也普及到民间。敦煌遗书中有一些汉藏文写本，有用藏文注写汉籍的“注音本”（P.3419号《千字文》注本），有汉藏文字书写的对照语汇（如S.2736、S.1000等）以及用藏语的音去注汉文佛经的“音写本”（如P.1228、P.1231卷）等。这些书籍正是为了吐蕃人与汉人相互学习的需要而出现的。甚至在

张议潮统军出行壁画　莫高窟第156窟

吐蕃政权瓦解后，藏文仍作为西北各族割据政权之间官方使用的文字。匈牙利藏学家G·乌瑞在《吐蕃统治结束后甘州和于阗官府中使用藏语的情况》一文中，共介绍了十八件藏文文书。其中两件为9世纪的，其他均为10世纪的。文书记录于阗、沙州、甘州、凉州、肃州各地官吏之间的公务往来，及从于阗到中原丝绸之路沿线诸邦的外交和贸易以及各州内部事务等内容。

蕃汉文化在河陇的混合情况最直观的反映莫过于服饰。敦煌莫高窟第159窟东壁南侧有《吐蕃赞普礼佛图》。图中的吐蕃赞普，站在垫上华盖下，头戴筒状垂带红毡帽，发分结于两鬓，项饰瑟瑟珠，身着大驳领左衽长袍，袍袖垂足，驳领和袖缘饰虎皮，腰系革带，佩腰刀，下穿裤，脚穿马靴。侍从服饰与赞普类似。其他有戴翎冠或戴锦帽、毡帽、暖帽、金瓜帽，穿交领、圆领、驳领袍服或鬈（quán）发、髾（shāo）发，赤膊、跣足、裹巾、披帛的，显然是各国各族的人物。而第156窟东壁下所绘的《张议潮统军出行图》，张议潮头戴幞头，身穿圆领红袍，骑白马，图中舞伎，则束双髻、采络额、著花衫，挥舞长袖，踏歌而行，显然是“汉家”装束。

文成公主和亲，中原文明在吐蕃传播，形成“一半胡风似汉家”的混融风貌；吐蕃占领河陇，长安五百里外遂成唐蕃边疆。吐蕃文化的强劲风潮推向京都，著名历史学家陈寅恪给元稹、白居易的诗作注释和评议，认为中唐时代吸收吐蕃服饰文化而流行的“时世妆”，是“当日追摹时尚之前进分子”。在服饰等方面积极仿效，吐蕃的椎髻赭面，成为京都时髦，不禁令中唐“病时之尤急者”的大批诗人忧心忡忡，大加挞伐。白居易撰成乐府诗五十首，专门作有《时世妆》一首，加小序说明是“警戒也”。诗云：“时世妆，时世妆，出自城中传四方，时世流行无远近。腮不施朱面无粉，乌膏注唇唇似泥，双眉画作八字低。妍媸黑白失本态，妆成尽似含悲啼。圆鬟无鬓椎髻样，斜红不晕赭面状。若闻被发伊川中，辛有见之知有戎。元和妆梳君记取，髻椎面赭非华风。”由此可以推想，吐蕃统辖下的丝绸之路河陇地域，蕃汉文化交融互渗的情势该有多么强烈。

八、李元昊祖孙的扩张战

公元1038年，元昊称帝，建立西夏国。其疆域东据黄河，西至玉门（唐玉门关遗址，今甘肃敦煌西），南临萧关（今宁夏固原北），北抵大漠，境土方二万余里。具体说来，即西夏国的东界达秦陇高原与金为邻，西迄河西走廊的瓜、沙二州，南到兰州至延安一线与金不时进行争夺，北方控制着大漠。

西夏的“辽阔”疆域是李继迁、李德明、李元昊祖孙三代一寸一寸拼杀争夺得来的。

曾几何时，西夏国内处处是战场，人人为士兵，年年在“点集”，

西夏供养人武官壁画　敦煌榆林窟第29窟

月月不虚战。他们曾经帮助唐朝镇压过黄巢起义，参与过唐末五代时的军阀混战，和北宋进行了长达百余年的争夺对抗战，攻灭甘州回鹘、凉州吐蕃，与辽时有冲杀，兵戈相见金朝，抵抗成吉思汗……

西夏王朝之所以能如此长久地战斗不息，衡之以天时、地利、人和，则地利与人和使其占了上风。

论人和，党项族“人人能斗击，无复兵民之别”“平居则带弓而锄，临戎则分番以进”，甚至“老弱妇女举族而行”，女兵在西夏军队中更有特殊作用，曾巩《隆平集·西夏传》记党项人互相结仇而报复的办法是“集邻族妇人，烹牛羊，具酒食，介（武装）而趋仇家，纵火焚之。其经女兵者，家不昌，故深恶焉”。按党项族的习俗，女人践踏、焚烧过的地方再也不能兴旺发达，因此，女兵便成了重要兵力。所以，夏军出征，常常举族拔帐而起，驱赶牛、羊、驼、马并行，声势浩大，杀伤力极强。我们见史册上屡有夏军攻一城，战一堡，兵数常至十几万，二三十万，乃至达四十万的情况。

全民皆兵氛围中成长起来的党项男儿，自然会打仗，能用兵，颇晓兵法，且勇敢善战，顽强不屈。李元昊的祖父李继迁，二十岁起兵，与宋作战二十多年，一直在争夺最有利的军事基地，如灵州、凉州。战斗中，善于发挥党项骑兵奔驰迅速的优势，利用宋军运动迟缓、指挥不灵、战线过长、兵力分散、补给线易被切断等弱点，又辅之以灵活多变的外交手腕，和、战交替，决战决胜，为子孙确定了攻取河西走廊的战略方针，对西夏开国，甚至形成夏、辽、宋三足鼎立的态势都产生了十分深远的影响。

西掠吐蕃健马，北收回鹘锐兵

李继迁经过二十二年的奋战，将势力范围由今之陕北一隅扩展到富饶的宁夏河套地区，占据了背负贺兰山，东带黄河的千里沃野，接着开始了“西掠吐蕃健马，北收回鹘锐兵”的河西走廊战役。

西夏奋战之时，河西走廊并存三个地方政权，最西端的瓜、沙，是曾取代了张议潮归义军的曹氏政权。居甘州、肃州一带的是甘州回鹘政权和凉州的六谷吐蕃潘罗支。

宋真宗咸平五年（公元 1002 年），李继迁向西凉府六谷吐蕃部派出使者，希图招诱，遭到拒绝。第二年，李继迁亲自率兵采用声东击西之计，攻占凉州，得胜归灵州时，被宋知军曹玮伏兵截击，吐蕃六谷族首领潘罗支施计诈降，突然袭击，夺回凉州。李继迁身中流矢，伤势过重而亡，年仅四十一岁。其子李德明在强辽弱宋之间，实施了“东和西战”策略，向宋提出媾和，从而解除了东顾之忧，专力西攻。

李氏父子深明河西走廊的战略重要地位，故“毕世经营，精神全注于此”。公元 1006 年，李德明与宋定和约。公元 1008 年李德明即联合辽军，合击甘州回鹘。回鹘同样是马背上成长起来的民族，李德明的进击遭到“剿杀殆尽”的挫折，公元 1008、1009、1011 直到 1026 年，屡攻屡败。宋天圣六年（公元 1028 年），李德明子李元昊率军袭击甘州回鹘，可汗夜落隔通顺仓促出奔，甘州落进入元昊手中。甘州城形势险要，《西夏书事》作者吴广成说：“今德明得之，恃其形势，制驭西蕃，灵夏之右臂成矣。”汉武帝当年联合月氏、乌孙，为的是切断匈奴与西域的联系，隔阻匈奴与羌的联合，取河西走廊而“断匈奴右臂”，如今李德明控制甘州，张自己右掖，首先在粮食、物资方面有了后盾。

宋明道元年（公元 1032 年）九月，李德明下令，攻打凉州。凉州城中有回鹘人与吐蕃六谷部众的联合军。李元昊采取了自己的拿手好戏“声东击西”，先打宋边界，将宋兵吸引到环庆一线，让回鹘人失去戒备，然后回马一枪，突袭凉州。吐蕃六谷部投降。六谷部作为凉州吐蕃的政治实体宣告解体。

元昊占领了甘、凉二州后，肃、沙二州失去屏蔽。公元 1036 年，元昊在打退了欲夺河西的吐蕃唃（gū）罗政权后，率军西攻瓜州，直抵沙州，又回师占肃州，完全控制了河西走廊。

“河西没于夏，夏以富强”

顾祖禹《读史方舆纪要》不无感慨地说：“宋时，河西没于夏，夏以富强。”这是极其允当的判断。让我们回顾一下唐宋时期的丝绸之路要道，便更能明白顾祖禹判断的含义。

唐宋时，丝绸之路河陇段有五条道，他们由北向南，依次是夏州道、灵州道、泾原道、熙兰道、青唐道（陇西道）。

这五条道，除夏州道不过河西走廊以外，其余四道必经河西走廊，方通西域。

灵州道，从北宋首都汴梁出发，向西经洛阳、长安，然后沿泾河河谷，抵邠州，北上经宁州、庆州、环州达灵州。从灵州渡黄河，出贺兰山口（今三关口）穿腾格里沙漠，抵今民勤县，沿白亭河谷南行，达凉州，与河西走廊古“丝路”合，夏占灵州，于道上劫掠往来商旅，宋与西域的交通随即断绝。夏据灵州，纵横四出，战争在环庆、泾原两路沿边地区频繁进行，东到子午岭（今陕西西部与甘肃省界山），西到瓦亭川（源出六盘山沿陇山西坡南流至天水入渭河）、马岭道（沿马岭河谷）、葫芦河（今清水河）川道、瓦亭川道两侧和陇山东西坡各处要隘堡砦（zhài）都是鏖兵的场所。为争夺灵州，夏宋两军的攻防战持续了近百年。

泾原道，由关中沿泾河谷西北行，至渭州北上入葫芦河谷，傍六盘山东麓，经今宁夏固原再北走，至今三营折向西，经石门关（今宁夏固原彷弥山），天都山，入会州（今甘肃靖远），沿黄河西北行约八十公里，至五佛寺渡河至今景泰县，再往西经裴家营、土门子等关隘而达凉州。会州东与今宁夏海原接壤，以海原西部之西华山（即天都山）为界，西南距兰州一百七十五公里。黄河绕兰州西北流，至会州亦绕城西北而过，为军事要地。《读史方舆纪要》说："卫（明代置靖远卫，即宋代之会州）面山背河，遇冬冻合，一望平地，寇若从贺兰山后踏冰驰踔，势如风雨"。夏军占据会州，正当泾原道通凉州之路，不但能藩蔽凉州，而且攻宋之陇右也很方便。

熙兰道，在唐代南、北、中三条"丝路"中居其中。此道从长安出发，沿渭河西上，经凤翔、宝鸡，越大震关（今甘肃清水陇山东坡，为接通陇右与关中之要隘），达今秦安县西北行，经通渭寨、巩州、渭源县、熙州（今甘肃临洮），沿洮河河谷北行，接阿干河谷到今兰州，在兰州西二十余公里处河口渡黄河，沿庄浪河谷西北行，越乌鞘岭到凉州。乌鞘岭素称河西走廊门户，四周群峰纠结，本身高峻挺拔，为河西走廊的天然屏障。乌鞘岭西北有古浪峡，峡两面峭壁千仞，中有隘道通过。这里是扼守兰州至凉州交通的咽喉，史称“秦关”“雁塞”，享有“金关银锁”之誉。西夏占兰州，尽据兰、凉间一道道严关险隘。兰州东北又有会州为翼蔽，所以要想打开熙兰道的锁钥而通过河西是异常困难的。宋元丰四年（公元 1081 年）曾兵分五路伐夏，出师收兰、会而不能西进攻凉州的事实，正说明其军事险要之势。

甘肃天祝乌鞘岭全貌

青唐道又称陇西道，自关中沿渭河西上，达今渭源，越鸟鼠山（俗名青雀山，在今甘肃渭源西南）到临洮，西行到临夏，于永靖炳灵寺南岸渡黄河，入今青海境，溯湟水西上，经今民和、乐都区达西宁，由扁都口越祁连山到张掖，与其他几条会合。由湟中（今青海湟水两岸地区）越祁连山到河西走廊，只有扁都口至张掖一线可通。

甘肃张掖民乐扁都口

元昊尽占河西走廊后，以灵州为连接点，把黄河河套、陇右河西及今宁夏平原连成一片，为自己立国称帝创造了牢固的基础。元昊也精心布置了军事防卫。以凉州为西凉府，在乢（qié）六岭（今甘、青两省界山）北侧，扼庄浪河谷筑卓啰城（约在今甘肃永登红城子附近），置卓啰和南军司。卓啰和南军司南距兰州约六十五公里，西北距凉州府约一百七十五公里，东距会州约一百五十公里，与兰、会成犄（jī）角之势，一旦兰、会不保，驻扎卓啰和南军司的重兵将成为西夏黄河北举防线的大本营。会州以北有柔狼山，夏失会州后，此山就成为夏、宋界山，山北是夏西寿保塞军司。再由此往东设静塞军司于威州。三个军司构成对抗宋朝，拱卫兴庆府、灵州与河西走廊的防线。土沃物繁马壮人富的凉州则成为可靠的后方，而西夏在总扼灵州道、泾原道、熙兰道、青唐道的甘州，设置甘州军司，升为宣化府。宣化府西上，肃、瓜、沙三州，滋润着祁连山雪水，都是著名的绿洲，皆为西夏强兵足食之本。横亘于河西走廊的座座大山，皆为军事上的天然阻碍，山冈峰峦间，或有泉湖平卧，或有河水回环，林草丛生，是部队驻牧生息的好地方。正因如此，北宋与夏周旋，惨淡经营了一百多年，最终能收复兰、会，包围灵州，蚕食横山（在今陕西北部，是历代中原王朝防御游牧民族南下的重要屏障），但对河西却不能加一兵、临一卒。李元昊能建国称帝，与辽、宋乃至金蒙并峙，长存近两百年，地利也！

丝路上的绿洲与古长城

“无复昔之殷富繁华矣”

元初著名史学家马端临《文献通考》叙古雍州的历史，追溯往事，感慨系之：

> 河西在汉，本匈奴休屠王所居，武帝（刘彻）始取其地置郡县。自东汉以来，民物富庶，与中州不殊，窦融、张轨，乘时多难，保有其地。……其后又有吕光、秃发、沮渠之徒，迭据其土，小者称王，大者僭号。盖其地势险

僻，可以自保于一隅，货贿殷富，可以无求于中土，故五凉相继。虽夷夏不同，而其所以为国者，经制文物，俱能仿效中华，与五胡角立；中州人士之避难流徙者，多往依之，盖其风土可乐如此。唐天宝以后，河西、陇右没于吐蕃，大中虽复河、湟，而名存实亡；流传五代，以及于宋，而河陇为西夏所据，元昊倔强构逆，兵势甚锐，竭天下之力，不能少挫其锋；然至绝其岁赐、互市，则不免衣皮食酪，几不能以为国，是以亟亟屈服。盖河西之地，自唐中叶以后，一沦“异域”，顿化为龙荒沙漠之区，无复昔之殷富繁华矣。……虽骁悍如元昊，所有土地过于五凉，然不过与诸蕃部落，杂处于旱海不毛之地，兵革之犀利，财货之殷富，但不能如曩时。是以北事辽，南事宋，仅足以自存。

剔除马氏传统的民族偏见，仅从经济发展、文化交流的角度切入，马氏之论，颇中肯綮。

李元昊占领河西，控制了唐代以来“丝路”专依的河西走廊。回鹘商人和辽、宋进行贸易，“往来必由夏界”，而“夏国将吏十中取一，择其上品”。天竺等西域国的进奉以及僧侣经夏境也必遭羁留和勒索，《西夏纪》卷六记载：“天竺入贡东行，经六月至大食国，又二月至西州，又二月至夏州。先是僧善称等九人至宋京贡梵经、佛骨及铜牙菩萨像，留京三月，帝赐束帛，遣还，抵夏州。元昊留于驿舍，求贝叶梵经不得，羁之。由是西域贡僧遂绝。”此外，有时还会遭受“钞略”和“劫掠”。西来的贡使和商旅考虑到自身利益和安全，便避开西夏控制的河西走廊，冒险犯难，通过荒凉少人、流沙弥漫的柴达木盆地，进行东西贸易。至于大食国的贡使和商人本有陆海两路可选择，于是他们接受宋朝的劝告，放弃陆路专取海程。被看成丝绸之路黄金路段的河西走廊，渐渐失去了它的“黄金”价值，不再有昔日汉唐全盛时的殷富、繁忙。

“人不寐，将军白发征夫泪”

读过《岳阳楼记》的人，都知道范仲淹的名字。范仲淹（公元989年—公元1052年），字希文，北宋杰出的政治家。许多人曾被他“先天下之忧而忧，后天下之乐而乐”的襟怀所感化。正是这位“先天下之忧而忧”的儒者，在西夏元昊率军大规模进攻环庆原渭一线时，披挂上阵，知庆州（今甘肃庆阳），兼本路马步军都部署经略安抚缘边招讨使，分统军务。范仲淹巡边，对沿边“熟户”（较早归附宋朝的羌人）进行招抚，犒赏诸酋长，许以恩信，检阅人马，立为条约，使“熟户”不再为西夏军当向导，而成为宋军的“侦察员”“通讯员”。史书记载说，他还修了庆州西北的大顺等城寨，“大顺既城，白豹、金汤皆截然不敢动，环庆自是寇益少。”

范仲淹是宋仁宗以后名臣中防御西夏战事最有名的，当时与韩琦并称“韩范”。尤其庆历元年好水川（今甘肃静宁境）之役，宋军大败元昊西夏军后，自庆历三年起，韩、范相继数度出任防夏大军统帅。由于他们能攻善守，军中曾有谚语称扬：“军中有一范，西夏闻之心胆战；军中有一韩，西夏闻之心胆寒。”范仲淹还针对

范仲淹像

北宋“兵不知将，将不知兵”的积弊，创行了“将兵法”，即把一定数额的兵士，交由一个“将”统带，不随意更换，共组成为若干将。这些“将”“专兵”不多，防止“擅权”，又兵将相附，战斗力较强，西边行之，“一年之后，尽成精兵。”尽管范仲淹如此操劳，苦心经营，他的手下也确实不乏杨家将杨文广一样的军官兵士，但面对元昊西夏军一次次大规模的进击和宋军不能大获全胜的持久战役，这位让西夏闻之心惊胆战的宰相、将军，还是写下了他的满腹忧患：

塞下秋来风景异，衡阳雁去无留意。四面边声连角起。千嶂里，长烟落日孤城闭。

浊酒一杯家万里，燕然未勒归无计。羌管悠悠霜满地，人不寐，将军白发征夫泪。

在边声四起、羌管悠悠的肃杀气氛里，西夏与宋抗衡了将近100年。伴随战马嘶鸣、刀枪摩戛，犹如臂膀一般挽起河陇大地的丝绸之路却失去了大唐时期繁华，呈现出了从未有过的沉寂。倒是自古即由多民族共同创建的河陇地域文化，在反复的拉锯似的征战中又实现着多维文化的交汇。从莫高窟的壁画看，西夏时期的说法图，党项羌族的文化与回鹘文化、汉文化混合杂糅。比如，画面人物不多，形貌有明显的党项羌人特征：长圆脸、大腮、高长鼻、细眼、柳眉、高个子。但装束汉蕃掺半，穿圆领窄袖团花袍，腰间束带，佩短刀，挂荷包、火镰，一派“混合品”风貌。

九、阔端王镇西土

公元1206年，成吉思汗登上汗位。在此前一年，蒙古军第一次向西夏进攻，掠夺了大批人口、牲畜和财产。接着于公元1207、1209、1216、1217年，四次进攻西夏，军队由边境地区步步深入内部，直逼都城中兴府。后因征服中亚而暂时放弃了对西夏的剿灭。

公元1225年，蒙古军队征服中亚的第一次战争结束，军队陆续东返。1226年正月，成吉思汗“以西夏纳仇人亦腊喝翔昆及不遣质子”为由，亲自率师向西夏发动了第六次进攻：从西面向西夏占领的河西地区席卷而来，依次占领了黑水城(哈剌浩特)、甘州、肃州、凉州至靖边以北的黄河九渡。

公元1227年，成吉思汗亲率大军攻下积石、临洮、河州、西宁，闰五月，登扼秦陇蜀咽喉战略要地的六盘山避暑。七月，成吉思汗在灭亡西夏的前夕，死于萨里川（今甘肃清水县西江），遗诏秘不发丧，待西夏主投降后，“尽屠其民”。

毛泽东以其伟人的锐利，俯瞰一部中国封建历史，写下了气势磅礴的诗篇：“惜秦皇汉武，略输文采，唐宗宋祖，稍逊风骚。一代天骄，成吉思汗，只识弯弓射大雕！”自居天骄的成吉思汗，以赫赫军功开创了中国历史上从未有过的广阔地域，可他“只识弯弓射大雕”。就丝绸之路来说，他的铁蹄屠刀，使这条中西大动脉畅通无阻，同时也使这条文明的丝带，血污斑斑。

成吉思汗驾崩，其三子窝阔台即汗位。窝阔台奉遗诏准备灭金。灭金的基础，首先须巩固新纳入蒙古版图的西夏地——河陇地区。

阔端画像

蒙古大军结集河陇，成吉思汗西征返回时，从中亚等地带来的大批诸色目兵士、各色工匠也多屯于此。为了坚守这个战略要地，随时对付西夏统治集团中残余的复辟势力，窝阔台汗将自己的三子阔端安置在凉州，“镇西土”，称阔端王。河西瓜、沙二州直至陕西全境广远的地域尽属阔端王统辖。阔端王镇西土，坚持“仁武不杀”的原则，不动一兵一卒，一马一炮，在西土建立了永垂后世的功勋。

招降汪世显

屠寄《蒙兀儿史记》卷六四《汪世显传》详细记述了阔端招降巩州府便宜都总帅汪世显的过程。

汪世显，字仲明，巩昌盐川镇（今甘肃漳县）人。系出汪世部族，遂氏汪。正大六年（公元1229年），金廷以巩州（辖境相当于今陇西、通渭、漳县、武山、定西等县地）地当冲要，升为巩昌府，以完颜仲德为府总帅。八年，仲德以便宜总帅进行省事，集临洮、庆阳二十四城将士吏民数万保据西和州（今甘肃西和）石门山，依险为治。及完颜仲德勤王师溃，汪世显遂代为便宜都总帅。蒙兀斡哥歹汗（窝阔台）之八年（公元1236年）十月，皇子阔端徇地至西和，遣人招降。汪世显集诸将讨论：“宗祀已矣，吾何爱一死，顾十万人命悬于吾手。”乃帅僚佐耆老持牛羊酒币迎谒军门。阔端质问他：“吾国军所至，无敢抗颜行者，尔来何后也？”汪世显回答：“臣不敢背主卖国耳。”阔端问：“金亡已久，尔主安在？”汪世显答：“大军迭集，莫知适从，惟殿下神武不杀，故敢以阖城军民托命。”阔端大悦，命令他的部下秋毫不犯。

阔端王招降汪世显，不仅统一了临洮、庆阳等二十四城的土地，也使十万将士吏民免遭屠戮，可谓功德无量。

与萨班、八思巴凉州会谈

阔端王以“仁武不杀”取得汪世显的信任，招降了临洮、庆阳等二十四城的将吏后，借此向西南推进，占领了四川，建立起向吐蕃地区发展的要塞，便着手解决吐蕃问题。

公元1239年，阔端王返回凉州。经过派人入藏区调查、了解，公元1244年，阔端王正式派使者带信去请萨迦·班智达。萨迦·班智达是藏传佛教萨迦派首领，精通佛法。萨迦·班智达派侄子八思巴和恰那多吉先行，他于公元1246年8月到凉州。公元1247年初，阔端王出席完推举大汗的会议，由和林回到凉州，与萨班举行会谈。会谈结果：西藏从此开始逐渐成为蒙古汗国——元朝的一部分。

阔端王在完成了这次前无古人的“第一次”会谈后，于公元1251年溘然长逝。

伊朗史学家志费尼在其《世界征服者史》一书中写道：

世上最有学识者和最优秀的亚当的子孙，会致力于让美好的回忆永存，使崇高的风尚不朽。因为对于有见识的人，他们熟记事物的结局和后果，一件众所周知的和充分确立的事是：

英名长存才是生命不朽的原因，

英雄的遗芳是他的第二生命。

当一位英雄遭到死亡时，若无颂扬，

看来他可能永不出世。

正因如此，阿拉伯和波斯的卓越诗人和多才作家，把当代帝王及同期俊杰的事迹编述在诗歌和散文中，而且为他们撰写史书。

像阔端王这样的英雄，我们有责任让他获得“他的第二生命”。

十、引得春风度玉关

左宗棠像

清朝同治十年（公元 1871 年）五月，俄国军队公然武装侵占伊犁，觊觎整个新疆。局势日益恶化，通过外交途径已无法解决。光绪元年（公元 1875 年），清政府命陕甘总督左宗棠以钦差大臣督办新疆军务，出兵西征，收复伊犁。

左宗棠（公元 1812 年—公元 1885 年）字季高，一字朴存，号湘上农人。官至东阁大学士、军机大臣，封二等恪靖侯。

左宗棠的“大本营”沿“丝路”重镇节节西迁，先驻平凉，次迁安定，再上甘州，后达肃州。

大军在西进，道路一里一里在拓展，柳树一棵一棵在栽植……将军以其过人的胆识魄力，改变着“乱后荒瘠殊常”，春风不度，杨柳无青的“丝路”旧貌。

左公柳

大将筹边尚未还，湖湘子弟满天山。

新栽杨柳三千里，引得春风度玉关。

光绪五年（公元 1879 年），即将继任陕甘总督的杨昌浚应在肃州大营的左宗棠之约，越陇西行，见道旁行行柳树，不胜感慨，即景赋诗，写下了上引绝句。据说，此诗传到肃州大营，左宗棠拈髯大笑，左公何尝不笑啊！大西北从来都与荒凉划着等号，即使在“天下称富庶者无如陇右”的盛唐，诗人们也还是为那玉门关外的旷远空寂而感伤，王维曾单骑问边，当他回想一路风尘，“大漠孤烟直，长河落日圆”的雄阔留给自己的孤寂时，便叮咛朋友：“劝君更尽一杯酒，西出阳关无故人”；被称为边塞诗人的王之涣《凉州词》，几乎给后人留下了不可磨灭的印象：“羌笛何须怨杨柳，春风不度玉门关。”自唐而下，河陇经历了多少次的“血洗”。就在左宗棠西征前夕，李鸿章为首的廷臣还在鼓吹“边疆无用”，主张放弃祖国西北的大片领土，而处在进兵西征孔道上的河陇“捐派频而人民耗，越站远而牲畜空”，哪里还有人管植树开路！只有“左恪靖命自泾州以西至玉门，夹道种柳，连续数千里，绿如帷幄”。

光绪六年（公元 1880 年），左公从关外进京，见路旁榆柳成林，不胜欣慰，他在奏稿中写道：“路旁所栽榆柳，业已成林，自嘉峪关至省城兰州，除碱地沙碛外，拱把之树接续不断。”欣喜之余，更多的是关怀，“兰州东路所种之树密如木城，行列整齐。栽活之树皆在山坡高阜，须交过三伏，乃免枯槁，又不能杂用苦水，用力最勤”。按左公所记，从陕西长武境起至甘肃会宁县止，六百多里间，连年种活的树超过二十六万棵。这是多么令人惊喜的数字！路旁种树，树成林了，路也得到了保护，从潼关到嘉峪关约三千七百里的“丝路”古道，获得了新生。

左公柳　甘肃嘉峪关地区

俗话说得好，前人栽树，后人乘凉。乘凉的后人可记着栽树前人的辛苦？

晚清裴景福过河陇，记路旁榜示：

昆仑之墟，积雪皑皑。
杯酒阳关，马嘶人泣。
谁引春风，千里一碧？
勿剪勿伐，左侯所植。

但他见到的却是盗伐官柳用作柴火的事实，为此，他惋惜不已：“泾州以西达关外，夹道杨柳连阴三千余里，左文襄公镇陇时所植也。凡苦卤不毛之地，旋植旋萎，沃土则荟蔚干霄，逾数抱，柳三五株间以白杨一观，所植之盛衰，而知土地之肥瘠，奈守土之官不告诫爱惜，山阿荒僻，翦伐多矣。”据左焕奎《左宗棠略传》：中国近代教育家罗家伦考察当地政治、经济、文化、民俗后，曾写下脍炙人口的诗篇：

左公柳拂玉门晓，塞上春光好，天山融雪灌田畴，大漠飞沙旋落照。沙中水草堆，好似仙人岛。过瓜田，碧玉葱葱；望马群，白浪滔滔。想乘槎张骞，定远班超，汉唐先烈经营早。当年是匈奴右臂，将来便是欧亚孔道。经营趁早，经营趁早，莫让碧眼儿射西域盘雕。

“丝路”古道，塞柳长青，是河陇人民对将军最深情的缅怀！

至公堂

甘肃兰州西关萃英门的至公堂（甘肃贡院）

《左宗棠全集·诗文·联语》中收有一幅名为《甘肃试院》的对联和一帧“至公堂”照片。对联是题在“至公堂”门额两旁的：

共赏万余卷奇文，远撷紫芝，近搴朱草；

重寻五十年旧事，一攀丹桂，三趁黄槐。

联中表达了“至公堂”宗旨、功用。撷（xié）：采摘。紫芝：比喻好文章。搴（qiān）：拔取。朱草：即紫薇，亦称百日红，这里比喻有才学的人士。重寻五十年旧事，左公感慨自己考中举人后，三次赴京参加进士考试皆未中第的事。丹桂，古人称登科为折桂，以“丹桂”比喻考试及第的人。一攀丹桂，左公一度中了举人；三趁黄槐，三次赴京应进士考。以黄槐称赴举的由来，见唐李淖《秦中岁时记》：“进士下第，当年七月夏献新文，求拔解，曰：槐花黄，举子忙。”后来槐花黄指士子忙于准备科举考试的季节。

“至公堂”的修建彪炳左公在甘肃文化事业上一项前无古人的创举。

康熙二年（公元 1663 年），甘肃从当时的陕西省划分出来，自成一省。然而历经二百多年，甘肃乡试依旧与陕西合并举行，贡院设在西安。从甘肃各县到西安，最近的路程是七百多里，远的达几千里，来回一趟，少要一二月，多则三四月。道途遥远，给甘肃士子造成极大不便。有资格的士子中，能够参加考试的一百人中最多只有二三十人参加考试。甘肃本来地僻人稀，培养出一个士子非常不易，加上乡试的艰难，能中举的人自然寥寥无几，对发展甘肃的文化极其不利。左公于同治十二年（公元 1873 年）奏请甘肃分闱乡试，分设学政，并花五十万两银子在省城兰州西北隅建成贡院“至公堂”。光绪

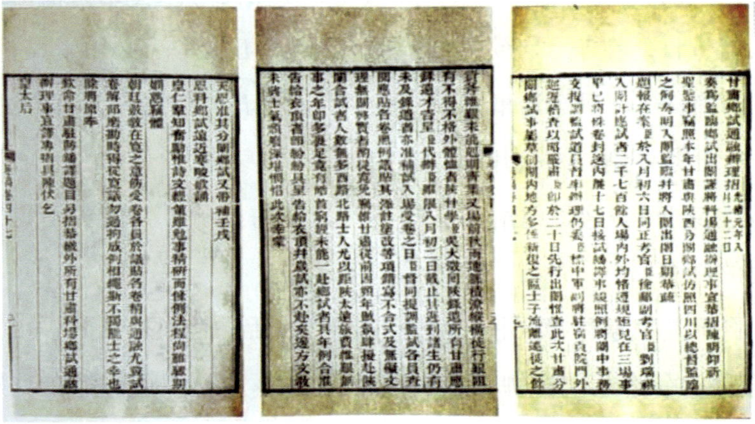

《请分甘肃乡试并设学政》奏折　晚清中兴四大名臣左宗棠上疏

元年（公元1875年）贡院落成，甘肃分闱举行第一次乡试，应试者约三千人，比以往赴西安应试者多出两到三倍，而一次乡试可取举人四十名的总额数，对甘肃士子真是莫大的鼓舞。

左公在重视培养高层人才的同时，十分重视基础教育，热心举办书院、义学。地处兰州西北隅的兰山书院，历史较悠久。左公在战事间隙，亲赴看望，嘱咐甘肃布政使给书院拨发伙食费，并从自己的薪资中拨钱周济学生。还拨地拨费办义学，提升民族文化素质。

为了办好学堂，改变西北比较落后的文化现状，左公大力刻书。为蒙童、士子刻了《小学》《孝经》；为农人刻了《棉书》《种棉十要》；供大众读的《三字经》《四字韵言》《百家姓》《千字文》《日用杂志》《吾学录》及《法华寺碑》字帖，还有专为官吏阅读的《学治要言》《在官法戒录》《佐治药言》等。《学治要言》尤其值得宣传发扬。

《学治要言》是左宗棠于同治十一年（公元1872年），在兰州精心选编的，共节选顾炎武、陈宏谋、于成龙等人专论吏治的文章十八篇，目的在于“训吏”。论为官要则有五：一、必须爱民；二、必须清廉；三、勤于治事；四、慎于用人；五、必须熟悉国家法典。

这五条要则，左公用以“训吏”，同样身体力行。“一片心肠都在百姓身上”，这是他给临潼知县尹允桢的批示，又何尝不是自己为官的座右铭！

将军左宗棠移督陕甘，用一句最白的话说是来打仗的，可只要想到那进军路上，杨柳依依，有谁能不为“一片心肠都在百姓身上”的赤诚而感动！

第四章

官 民

GUAN MIN

自张骞“凿空”，“河西四郡”设置，丝绸之路上，移民的人流几乎没有断过。

“移民”的含义，最早指“移饥民于丰收之地”。演变后的意义，《辞海》上解释为两方面：1. 迁往国外某一地区永久定居的人；2. 较大数量的、有组织的人口迁移。为了行文方便，本书所说的移民，含义较为宽泛，包含的成分也比较复杂，除一般意义上的移民外，“谪戍”的“罪人”、逃荒的流民、避难的世家豪门、文人士子以及“内附”的边地民族等等，凡是具有迁徙活动的人，都包括在内。

考察纷繁多彩的移民活动，可以断定：无论是怎样的流动人口，只要是人的流动就意味着文化的传播。

汉武帝徙民实边，成百上千的“关东下贫”以及刑事犯、政治犯及其家属蹒跚渡陇，步入河西走廊。河西地区地旷人稀的状况迅速得到改变，中原发达地区的先进工具、生产技能、经营技术在古老的游牧区积极推广，农耕、游牧文化互相激发，农牧兴旺，河西文化随之突飞猛进，风俗移易，“谷籴常贱，少盗贼，有和气之应，贤于内郡”“水草宜畜牧，故凉州之畜为天下饶”。

西晋末年，中原内乱外祸，干戈不息。秩序安定、经济丰饶的河西成为中州人士避难之地，流民移徙之区。避难的士族，携带着比较发达、比较先进的中原文化，使正在发展中的河西文化跃然而居中国文化的中心地位。

十六国时期，河西“五凉”政权兴衰交替。前秦灭前凉，“徙豪右七千余户于关中”“雍州士族先因乱流寓河西者，皆听还本”。

北魏灭北凉，魏太武帝“徙凉州三万余家于京师”，河西人士大量到了首都平城（今山西大同），“魏之儒风及平凉州后始振”。河西文化输入北魏，许多文化部门都受影响。著名的历史学家陈寅恪先生指出：“秦凉诸州西北一隅之地，其文化上续汉、魏、西晋之学风，大开（北）魏、（北）齐、隋、唐之制度，承前启后，继绝扶衰，五百年间延绵一脉，然后始知北朝文化系统之中，其由江左发展变迁输入者之外，尚别有汉、魏、西晋之河西遗传。”“兹择录牛弘、辛彦之两传事迹较详者，盖欲以阐明魏晋以降中国西北隅即河陇区域在文化学术史上所具之特殊性质，其实于西域文明、中外交通等，为世人所悉知，且非本书讨论范围，于此可不论。兹所论者，唯此偏隅之地，保存汉代中原之文化学术，经历东汉末、西晋之大乱及北朝扰攘之长期，能不失坠，卒得辗转灌输，加之唐统一混合之文化，蔚然为独立之一源，继前启后，实吾国文化史之一大业。”

移民屯田，又是国家有计划进行的一种人口和民族的迁徙，这种利用士兵及居民垦种荒芜土地，以保证军队有组织大规模的供给，减轻人民馈运负担的特殊生产形式，实际上是一种文化交流活动。赵充国在河湟地区屯田，为有效地控制西域、征讨匈奴，提供了军事给养，羌汉文化也因此进行了热烈交汇；曹魏时徐邈在今武威、仓慈在今敦煌一带屯田，保证了丝绸之路的畅通，各民族文化频繁交流，结出了丰硕成果。另外，历代屯垦的士兵大都很少返回原籍，他们在边疆扎根落户，促进着各民族相互间的融合。

明清两代，“屯田”戍边队伍中，总离不开这样一类特殊的人物——“流人”“遣犯”。据不完全统计，明清两代被谪戍西北的流人共一百一十多批，身份也极其复杂，仅清代，“迁客”（被贬谪的官员）中就有宗室王公、内廷大臣、尚书侍郎、总督巡抚、将军都统、布政使、按察使、知府、县令以及军府提督、总兵、都司、把总等等。各阶层“官犯”中，确有罪有应得者，但绝大多数为无罪被诬加罪者，也即那些所谓的“罪犯”，往往是志士仁人、骚客雅士、科学家、艺术家，他们身临逆境，常常能各骋风流，而大漠连天，惊沙蔽日的险恶环境又苦其心志，劳其筋骨，砥砺玉成，使他们越发在“丝路”丰碑上镌刻下了自己闪光的名字。

艰苦困厄，固然能“庸玉汝于成”，但流放无论如何是对文明的一种摧残！统治者将它定为刑罚，是对个体的惩罚，就客观意义言，起到了一定的开边、戍边作用。但如果将其当成开发、建设边地的主要人力来源，从而堂而皇之地将“遣犯”在边疆的多少，当作衡量开发建设的证据，而为之歌功颂德，那对边疆的开发建设事业来说，也未免太虚弱无力了！记得近代有位高士在叙西北开发时说：“研究西北问题现今高唱入云，然回溯历史当初注意西北问题者，系由汉武帝开其端绪，迄今约二千一百年间，断断续续从未放弃携手，亦从未得一永久性的安定政策，言念得此，令人惋惜不已。”并奉芹献之议，提出开发西北的六大要领，其中有二条说：“要抱定赔本主义”；“要作一万年打算”。赤子之心，感人泣涕！

天地之性人为贵！广袤无垠的大西北，若真仅借“迁客”谱添光彩，那“丝路”的繁荣要被历史的尘沙湮没，便是不难想象的了。“试问琵琶，胡沙外，怎生风色？”

正因如此，我们似乎对那些头戴“罪名”，心负重创却能奉献“丝路”的“犯人”多了一份崇敬，我们郑重地在“丝路”的历史长卷中寻觅，恭敬地记着他们的名字：丁晋、沈绎、杨志善、潘若水、解缙、岳正、刘大夏、艾穆、刘荫枢、谢济世、纪昀、洪亮吉、祁韵士、徐松、颜检、李銮宣、铁保、林则徐、邓廷桢、裴景福……

大规模的少数民族内迁，使得各民族文化互相吸取和融会，苍凉动魄的游牧民歌，豪迈狂放的边朔诗赋，西域旋律的音乐舞蹈，“五胡”民族的风俗习惯，都沿“丝路”传播扩散，构成“丝路”线上“胡人汉声”的特有局面。隋唐时期，突厥、吐谷浑、党项、回纥、吐蕃等等族群乃至中亚粟特人在河陇杂居错处，这是其他任何一个文化区域所没有的现象，使河陇文化成为“胡汉一家”最具有代表性的地域文化。勇武善战、质朴坚强、粗犷剽悍的游牧民族进入河陇，不仅改变了河陇民众的品格、素质，而且带来了新的文化生机，为中国历史谱写了最辉煌的篇章。“秦汉雄风”“隋唐气象”中都熔铸着河陇文化的质素，而其博大的吸取性、包容性和融会力正是在多民族文化的碰撞中培养出来的。

移民过程实质上是一种文化快速传播的过程。传播使文化相互渗透与融合，传播也使文化圈不断扩大和丰富。伴随各种身份多种层次的“移民”沿丝绸之路的东往西来，河陇这个大舞台上，便上演着民族文化、区域文化、中外文化交织互汇的一幕幕大戏。

一、“关东”贫民的桃源梦

《汉书·武帝纪》：“元狩二年（公元前121年）秋，匈奴昆邪王杀休屠王率众来降，置五属国以处之，以其地为武威、酒泉郡。”这段记载说明了两个问题：第一，匈奴昆邪王率众投降汉朝，汉武帝置五个属国加以安处；第二，在昆邪王和休屠王曾占据的地方设立了武威、酒泉两个郡。另据记载，匈奴昆邪王所率之众有“凡四万余人，号十万”。当时进军河西大获全胜的骠骑将军霍去病派人护送昆邪王到长安，汉武帝隆重接待，封昆邪王及其亲信数人为侯，将其部众安置在匈奴旧地“河南地”（今河套地区）及其以南地区。汉武帝如此安排，用心良苦，有他军事上的考虑，建设上的规划，更有丝路交通的必需。结果是匈奴文化与汉地文化互汇交融，从而走向文化的较高形态。

河西“空无匈奴”

匈奴昆邪王降汉被安置在五属国以后，出现了“金城、河西并南山至盐泽，空无匈奴”的局面。见此状况，张骞曾向武帝献策：“今单于新困于汉，而故昆（浑）邪地空无人。蛮夷俗贪汉财物，今诚以此时而厚币赂乌孙，招以益东，居故浑邪之地，与汉结昆弟，其势宜听，听则是断匈奴右臂也。”张骞向武帝献策的渊源在于匈奴浑邪王之地原来的主人是乌孙。其实，“凉、甘、肃、瓜、沙等州，本月氏国之地”。不管是月氏、乌孙，还是匈奴，河西的这几位主人，都“随畜移徙”，畜牧业相当发达，而社会制度比较落后，处在奴隶制阶段，“进行掠夺在他们看来是比进行创造性的劳动更容易甚至更荣誉的事情”，互相侵伐，以强凌弱，河西走廊上金戈铁马，频换主宰，月氏被乌孙赶走，乌孙又被匈奴驱逐，游牧文化在这片广大的牧场上生长成熟。如今“空无匈奴”，张骞出使，劝乌孙归故地，乌孙未允，河西地区自然要纳入汉朝版图，而归于汉政府的统辖范围。在浑邪王投降汉十年后的元鼎六年（公元前 111 年），汉武帝又分武威、酒泉地置张掖、敦煌郡，加大了建设河西走廊的力度，构成了“河西四郡”格局。徙民实边也颇具规模。

车马出行画像石

“徙民以充实之”

公元前 121 年，“汉乃于浑邪王故地置酒泉郡，稍徙民以充实之”，此时“徙民以充实之”。而在元狩四年（公元前 119 年），曾将“关东贫民徙陇西、北地、西河、上郡、会稽凡七十二万五千口”。经学者考证，以为“会稽”为衍文，也就是说是多出来的，去掉“会稽”，假使平均分配，迁徙陇西的贫民便有十八万一千二百五十人。在当时人行车推的交通条件下，十八万一千二百五十人沿丝绸之路缓缓西行，他们携带着各自的“家乡文化”，每经过一个地区，往往便“染”上该地区的特点，精神文化产生着潜移默化的交流。丝绸之路担负的已经不只是行走的职责，而且是文化流通和辐射的重任。

移民的成员，《汉书·武帝纪》说“关东贫民”，《汉书·地理志》的记述更详尽：“其民或以关东下贫，或以报怨过当，或以悖逆之道，家属从焉。”贫民、下贫，当然指的是贫苦农民。“关东”与“关西”相对而言，指函谷关以东地区。或称山东、山西，即以崤山或华山为界。关东、山东所概括的地域大致相当于今中原地区，泛称内地；而关西、山西则在传统地域观念上是为边地。汉代区域文化观念中，这两个基本文化区之间的差异已表现得相当明显。

创造“桃花源”

关东的贫民，尽管往往因为天灾人祸，无法过上“桃花源”的生活，但建立在一代代农耕生活基础上的这一美好梦想，被陶渊明描画得生动而形象：“土地平旷，屋舍俨然，有良田美池桑竹之属。阡陌交通，鸡犬相闻。其中往来种作，男女衣着，悉如外人，黄发垂髫并怡然自乐。”尽管迁徙造成的背井离乡，固然让他们背负着走出“桃花源”的悲哀，但他们在“家乡”已失去了土地，没有了创造“桃花源”的条件。踏上陇土，进入河西，面对千年沉睡着的肥沃荒原绿洲，似乎找到了创造“桃花源”的用武之地，移民们以满腔热情迅速地发展农业生产，积极推动畜牧业的发展。河西地区很快便出现了“谷籴常贱，少盗贼。有和应之气，贤于内郡”的气象，而“地广民稀，水草宜畜牧，以故凉州之畜为天下饶”。移民们带来了“桃花源”的梦想，更带来了内地先进的农业经验、耕作技术。居延汉简所见“代田仓”“代田亭”，说明当时“用力少而得谷多”的赵过代田法在河西的运用。赵过是汉武帝时的搜粟都尉。代田法指一亩三垄的耕种方式。每亩有休有种，互相更替。而其中有关“治渠”的内容及“水工”的简文，都反映了农业灌溉技术在河西的普及。经过移民与本地各族人民的辛勤劳作，河西这片古老的游牧地迅速变为新兴的农业区。无论哪朝哪代，农业都是最重要的生产部门。民以食为天，人是要靠吃饭生存的。农业的发展，是城市发展、商业繁荣、文化发达的根本条件。河西从游牧地向农业区的转化，为这个地区发达的文化提供了牢固的经济基础。

俯瞰河西地区农业化以前的中国经济地理大势，整体说来，以长城分界，长城以南，地跨黄河、长江、珠江三大流域，是汉族、百越、西南夷等民族从事农业生产的农业区；长城以北和以西，包括东北与蒙古草原、天山以北草原、青藏高原及邻近地区，则是匈奴、东胡、乌桓、丁零、乌孙、月氏、西羌等民族从事游牧业生产的游牧区。河西地区由游牧区变为农业区，这就使我国原来连成一大片的游牧区分割成了两大片，即匈奴、东胡、乌桓、丁零、乌孙等游牧民族的北方游牧区和西羌等游牧民族的西北至西方游牧区。这一变化，隔断了匈奴与西羌的联系，即历史上所谓的“隔绝羌

青绿山水壁画（摹本） 敦煌榆林窟第 217 窟

胡”。在“隔绝羌胡”的同时，两个古老的农业区，即中原农业区与天山以南的农业区连接起来，进而与葱岭以西的古老的农业区联系起来，构成了一个“经济共同体”，而这个“经济共同体”为东方与西方经济文化交流的通道——丝绸之路，提供了安全可靠的保证。在汉代，河西走廊是通西域的唯一大道，也是到中原的唯一坦途。即使后来，正如研究者所指出：关于东西双方经济文化交流的路线，有些国外的学者曾提出过森林道与草原道的说法，最重要的通道毕竟还是经过农业区的通道，即由长安出发，经过河西四郡，到达新疆，再继续西行，前往印度、波斯、希腊、罗马等国。因为通过农业区的道路比较安全，食宿比较容易解决，在旅途中所需用品的补充也比较方便，而且在农业区人口密集，有较多较大的城镇，沿途还可以进行贸易。

二、大月氏人归籍敦煌

东汉灵帝年间，京都洛阳掀起了一场“胡化”热潮。《后汉书·五行志》记载：“灵帝好胡服、胡帐、胡床、胡坐、胡饭、胡箜篌、胡笛、胡舞，京都贵戚皆竞为之。”皇帝喜好，贵戚仿效，洛阳城里一时“胡风”四起，服饰、饮食、歌舞娱乐，莫不以“胡式”为时髦。

考东汉历史，灵帝对西域的经营消极、被动。元嘉二年（公元152年），西域长史王敬被杀，东汉对西域的统治趋于崩溃；熹平四年（公元175年），东汉派戊己校尉和西域长史出兵平定于阗王安国对拘弥的侵犯以后不久，东汉官兵退出西域，丝绸之路失去了保障，“胡风”东渐的道路被阻绝。为什么在此时竟掀起了喜好“胡风”的热潮，这一奇怪的历史现象依托着怎样的背景？汉文古籍记载，尤其是洛阳、长安、敦煌、鄯善、于阗、龟兹等地发掘的贵霜遗物告诉我们，在“胡风”热潮的背后确实有一个特殊的背景——贵霜大月氏人流寓中国、归籍敦煌。

贵霜——大月氏

中古时期，世界四大帝国为罗马、安息、贵霜、汉。贵霜帝国的建立者是被匈奴侵逼而西迁的大月氏人。在汉文古籍中，贵霜依汉人习惯仍称大月氏或作大月支。《后汉书·西域传》：“诸国称之皆曰贵霜，汉本其故号，言大月氏云。”贵霜帝国鼎盛时期（公元

105 年—公元 250 年）疆域从今日的塔吉克斯坦绵延至里海、阿富汗及恒河流域，地处中亚丝绸之路的交通要道，是中国丝绸、漆器、东南亚香料、罗马玻璃制品、麻织品等贸易中转站。贵霜帝国在公元 2 世纪中叶以后，内乱频仍，先有婆湿色伽与迦腻色伽的分庭抗礼，后有胡毗色伽与迦腻色伽二世逞强争霸，一度形成贵霜史上南北两朝对峙的局面，最后北方王朝失败。数以千计的大月氏人，不甘臣服印度化的贵霜南朝，纷纷亡命东方，或东入塔里木盆地诸国，或归籍故里敦煌，抵达洛阳的也有数百之众。大月氏人东流洛阳，可谓轻车熟路。

玉起于禺氏

据近年考古调查和发掘，中国春秋时期（公元前 7 世纪—公元前 3 世纪），塔里木盆地的古代遗存中已普遍出现了丝织品和漆器等汉文化因素。1976 年，河南安阳殷墟发掘商王武丁配偶妇好的墓，出土文物一千六百余件，其中七百五十余件是玉石雕刻品。经鉴定，这些玉雕的材料全是新疆昆仑山产的和田玉。由此可见，早在中国的商代，塔里木盆地与黄河流域的居民即有经济文化联系。是谁在这两个地域之间起了媒介作用？考中国先秦文献，月氏与玉的关系密切。《管子·国蓄篇》："玉起于禺氏。"《管子·轻重甲篇》："禺氏不朝，请以白璧为币乎……然后八千里之禺氏可得而朝也……然后八千里昆仑之墟可得而朝也。"许多学者相信，古籍中所写"禺氏""月支""禺知""禺支"等都是后来大月氏的不同译名。

"玉起于禺氏"的记载，得到了考古调查与发掘的证明：居于敦煌、祁连间的月氏人，在塔里木盆地和黄河流域之间的早期经济文化交流中起着媒介作用，是他们在东来西往的玉石、丝绸运输中，开辟了一条从和田昆仑山至黄河中游地区的通商大道。这条商道从塔里木盆地西部的和田向东，通过河西走廊，至鄂尔多斯，经今山西境内，抵达洛阳。这条道路成为后来丝绸之路主要路线之一。

直至西汉初年，“东胡强而月氏盛”的月氏人，可能仍然是这条商道上的主人。因此，他们的东归，最理想的目的地便选在洛阳。数以百计的贵霜大月氏人涌入洛阳，对这一都城的文化、艺术、宗教及日常生活的各个方面都带来了巨大影响，以至于连皇帝都“好胡”而不能自已。而大月氏人的归籍敦煌，同样使河西走廊熏染了贵霜文明的清风，犍陀罗艺术在石窟艺术中独放异彩，“商胡贩客，日款于塞下”的繁盛景象，格外引人注目。

戈壁玉料　甘肃敦煌旱峡玉矿遗址出土

佉卢文

贵霜大月氏人在敦煌的活动首见于汉简帛书。1920 年春，敦煌西北玉门关城外戈壁滩出土了一批汉简，共十七片。其十五号简上写有“……人支诚”。支诚是贵霜大月氏人的名字。21 世纪初叶，斯坦因第二次中亚考察时，在敦煌汉长城烽燧遗址还发现一件帛书，上写九行佉（qū）卢文。在楼兰 LA.Ⅵ.ⅱ号遗址又发现一件写有两种文字的文书，正面为佉卢文，背面为汉文。汉文的内容大略如下：

……敦煌具书畔毗再拜……备悉自后日遂……

显然，这是一封从敦煌寄往楼兰的信。因此，正面的佉卢文应是在敦煌写成的。可见敦煌曾流行贵霜大月氏人使用的文字佉卢文。

佉卢文，又称“驴唇书”。这种文字的字母源于西亚的阿拉美字母，从波斯传入，自右向左书写。拼写的语言为印度西北俗语（犍陀罗语），使用的中心地区为古代印度西北地区（今巴基斯坦和阿富汗毗邻地区）、阿富汗和我国新疆，流行年代为公元前 3 世纪至公元 4、5 世纪。

月氏人西迁伊犁河、楚河流域，但其地距匈奴西部仍然很近，公元前 174 年至公元前 161 年间，匈奴老上单于协助乌孙西击月氏，杀死月氏王，月氏被迫两次西迁，越天山和帕米尔西部，到了今阿姆河流域，“月氏人来到大夏不久，征服当地的大夏人，最终定居下来。就放弃了他们的传统语言，接受了大夏人的语言，在书写中采用了希腊文字，他们在大夏是作为统治阶层而定居下来的。

汉佉二体钱

在文化上，他们继承了希腊大夏王国的遗产，不久就表现出接受了祆教形式，而在贵霜王国巩固了之后，就越来越多地归附于印度文化与宗教。”① “他们最初几代国王所铸造的硬币，就已经带有印度的象征性标记和印度神，而自从伟大的迦腻色伽一世当政起，佛教得到了格外礼遇。在贵霜王朝时代，大夏发展成为一个民族与文化的大熔炉，正如贵霜国王所铸硬币上记载的那样。在向中亚和东亚传播伊朗和印度文化，特别是传播佛教方面，这个国家起了关键性的作用。”②德国人克林凯特所说的“大熔炉”，大概指的就是当时印度教文化、波斯祆教文化与希腊文化同佛教文化的交互影响。

①② ［德］克林凯特《丝绸古道上的文化》，赵崇民译，新疆美术摄影出版社，1994 年版。

“原始故乡”

“归附于印度文化与宗教”的大月氏的东迁与“原始故乡”敦煌有怎样的关联？致力于中国学研究的法国人保罗·伯希和（Paul Pelliot，1878年—1945年）在《高地亚洲》一文中指出：

> 到达大夏的月氏人（或Indoscytncs）曾前进到印度河流域，并继承了亚历山大远征后存在那里的希腊王朝，与波斯、安息(Partres)和粟格底直那的伊兰定居民发生了联系。当源出印度恒河流域的佛教在西北方越过印度边界时，月氏人皈依了佛教。但佛教传到这里已被打上了很深的伊兰成分的烙印。这表现在具有希腊艺术传统和模式的(佛陀)塑像中。这种伊兰式的佛教和“希腊——佛教”艺术通过月氏人传到了新疆。译佛经为汉文的第一批译者几乎都是月氏人、安息人或粟特人，也就是说都是伊兰人。
>
> 伊兰成分稍后为印度笈多（Coupta）艺术的影响所改变。这一点尚见于5至6世纪中国北魏的佛教艺术中。当这些外来成分为中国吸收、融合和再创造时，就成了我们所见的敦煌、云冈和龙门的雕塑了。①

敦煌艺术——“混合体”

我国著名敦煌学研究专家们将大月氏贵霜大夏故地呾（dá）密

---

①《高地亚洲》，参见《民族史译文集》第六集，中央民族学院出版社，1978年版。

石窟寺艺术与敦煌石窟寺艺术进行了比较研究。

1958 年在古咀密古城，在中世纪建筑的废墟中，发现一座贵霜时期建筑物中脱落出来的佛传石雕。对贵霜艺术研究有杰出贡献的苏联学者 Г·А·普加琴科娃院士在与 П·Н·列穆佩合作出版的《中国古代艺术》一书中，认为这座佛传石雕，可能出自一个佛塔的台座。雕像分上下两层，上层中间为佛的趺（fū）坐像，坐像外侧一人半面胡跪，左侧胁侍为女像，胸前着紧腰豪华轻软的“东尼卡”（古罗马短袖长衬衣），右面亦二人，外侧二人作胡跪状，下层中间佛作禅定手印，趺坐，左右各一人作胡跪状，佛后有树叶。日本学者樋口隆康指出：这一雕像手法，雕刻鲜明，衣纹流丽。柔和的人体表现，与其说是犍陀罗式的，毋宁说是印度式的。咀密古城又出一与下幅坐姿相同的坐像，在柔和的表现上与查加那奇切佩出土的坐像相同，因此，这一古咀密像不正是四五世纪小贵霜时代的作品吗？[①]这个佛传雕像与早期敦煌石窟坐像属同一时期。

两层开龛及圆券龛内的佛陀说法像及禅定像，见于敦煌莫高窟第 254 窟和第 259 窟。与樋口隆康所说小贵霜时期咀密两层开龛的说法像及禅定像加以比较，可知这是时间相续的艺术主潮分别在咀密及敦煌的各自具有特色的表现，这个主潮来自 4 世纪前后的印度，中经贵霜大夏故地的消化、改造，再辗转传到敦煌，然后又经

① ［日］樋口隆康《西域佛教美术中的乌浒河流派》，转引自姜伯勤《敦煌艺术宗教与礼乐文明》，中国社会科学出版社，1998 年版。

华尔纳盗走的莫高窟第328窟供养菩萨像

敦煌本地匠人的改造，遂成敦煌雕塑艺术式样。著名敦煌学学者段文杰先生指出："北凉和北魏时期的莫高窟，人物头戴宝冠，身着裙帔，上身半裸，庄严肃立，动态不大，面相丰圆或条长，神情温婉恬静；在衣冠服饰上明显地保留着西域和印度、波斯的风习。"[①]段先生在1991年印度新德里举行的"印度和中国的石窟艺术"学术会议上演讲时说：作为中西文化交流中心，敦煌艺术是不同风格、不同特色艺术的混合体，与此同时，敦煌艺术亦保留了中国传统文化的系统和风格，而且随着中国历史的进展，愈来愈中国化、民族化。[②]

当我们把敦煌艺术作为一种多样艺术风格的"混合体"来研究时，我们很自然地联想到贵霜大夏月氏人的佛教艺术对敦煌佛教艺术所可能产生的影响。林梅村《西域文明》中的《贵霜大月氏流寓

① 段文杰《早期的莫高窟艺术》，引自《段文杰敦煌艺术论文集》，甘肃人民出版社，1994年版。

② 参见刘波《段文杰眼中的敦煌艺术英译本述评》，载荣新江编《唐研究》第一辑，北京大学出版社，1995年版。

中国考》一文作了综合论述："汉末三国初，贵霜大月氏人在敦煌一带活动极为频繁。目前发现的材料中，至少有两件佉卢文书以实物说明敦煌曾流行贵霜大月氏人使用的文字——佉卢文。通过前三节的讨论，不难看出这些应该用灵帝年间贵霜大月氏人向东方大规模迁徙来解释。""大月氏人在中亚休养生息了三百多年，回到敦煌后，要有一段时间适应生活，因而，这些大月氏人需要大量中亚商品以满足日常生活所需。东汉灵帝年间，东汉从西域撤回保障丝绸之路畅通的东汉官兵，而《后汉书·西域传》却说：'商胡贩客，日款于塞下。'这一奇怪的历史现象是由于上述特殊历史原因造成的。"原来，粟特商胡在河西的大规模商业活动也与贵霜大月氏人的东徙紧密相连。

三、西羌的大规模内徙

西羌原泛指居于西陲的羌人，因其居于陇西、金城塞外，所以又称塞外羌。西羌经大规模内移而形成了东羌。西羌的内移从汉景帝时就开始了。

前后《汉书》的记载

《汉书》载，汉景帝时（公元前156年—公元前141年），居住在湟水流域的研种羌豪留何率领他的部民要求入守陇西塞。于是徙留何等于陇西郡的狄道（今甘肃临洮）、安故（今甘肃临洮西南）、临洮（今甘肃岷县）、氐道（今甘肃礼县西北）、羌道（今甘肃舟曲北）。

宣帝神爵二年（公元前60年）。赵充国招徕先零、煎巩等羌降汉，迁徙他们至破羌（今青海乐都东）、允街（今甘肃永登南）等县，并置金城属国以处之。

《后汉书》：

建武十一年（公元35年）“先零种复寇临洮，陇西太守马援破降之。后悉归服，徙置天水、陇西、扶风三郡”。

建武十三年（公元37年）“武都参狼羌与塞外诸种为寇，杀长吏。（马）援将四千余人击之……羌遂穷困，豪帅数十万户亡出塞，诸种万余人悉降”。

中元二年（公元57年）烧何豪酋比铜钳为卢水胡所击，“乃将其众来依郡县”。

永平元年（公元 58 年）遣中郎将窦固等“击滇吾于西邯，大破之，滇吾远引去，余悉降散，徙七千口置三辅”。

永平二年（公元 59 年）滇吾复降。“滇吾子东吾立，以父降汉，乃入居塞内，谨愿自守”。

建初二年（公元 77 年）“迷吾又与封养种豪布桥等五万余人共寇陇西、汉阳，遣行车骑将军马防等讨破之。于是临洮索西、迷吾等悉降”。

章和元年（公元 87 年）“迷吾复与诸种步骑七千人入金城塞。兵败，求降，遂将种人诣临羌县”。

永元十年（公元 98 年）谒者耿谭领营兵屯白石。“谭乃设购赏，诸种颇来内附。迷唐恐，乃请降。其余种人不满三千，饥窘不立，入居金城”。

永元十二年（公元 100 年）“金城太守侯霸，率兵出塞至允川，与迷唐战。羌众折伤，种人瓦解，降者六千余口，分徙汉阳、安定、陇西”。

阳嘉四年（公元 135 年）“马贤复进击钟羌且昌，且昌等率诸种十余万诣凉州刺史降”。

汉安元年（公元 142 年）“诸种前后三万余户诣凉州刺史降”。

建和二年（公元 148 年）“白马羌寇广汉属国。是时西羌及湟中胡复叛为寇，益州刺史率板楯（dùn）蛮讨破之，斩首招降二十万人”。

延熹八年（公元 165 年）“（高）颎（jiǒng）复击勒姐种，斩首四百余级，降者二千余人。复进军击当煎种于湟中，首虏数千人”。“颎凡破西羌，斩首二万三千级，获生口数万人，马牛羊八百万头，降者万余落”。

羌汉文化大交汇

西羌徙入边郡及内郡的人口究竟有多少，史籍没有完整的统计数字可资说明。据研究者推断，总数大约在七十万以上。

七十万羌人内徙的方式不同，有的是由豪帅率领归附汉朝的，有的是战败后投降的，有的是被俘的。安置他们的地区、方式也不尽一致。被安置在陇西、金城等地者，因与羌地相接，分属国羌、守塞羌或保塞羌。属国，保持着原有的社会结构，维持原有生活方式和习俗，不负担租税徭役，只接受属国都尉的监督。守塞羌或保塞羌，顾名思义，指他们被安置在边塞地区，有帮助郡县防守边塞的义务。徙置于安定、北地、上郡、西河以至三辅等内郡的羌人，则与汉民杂处，受郡县制约，不可能保留原有种姓状态。“跨民族”战斗团体的出现，对此是一个很好的说明。例如，汉魏之交，中原混战，崛起陇上的董卓拥有一支强大骑兵部队，其中多数勇士来自羌族。《后汉书·列女传·董祀妻传》收录有蔡文姬的自传体长篇叙事诗，蔡文姬悲愤地追忆当时董卓兵入中原时的情形：“卓众来东下，金甲耀日光，平土人脆弱，来兵皆胡羌。”就是生动的写照。董卓能拥有大量羌兵，正是以诸羌内徙与汉族交汇混杂为背景的。《三国志·魏书·董卓传》记：董卓，陇西临洮人，“少好侠，尝游羌中，尽与诸豪帅相结……归相敛，得杂畜千余头以赠卓。”其他两位陇右军阀韩遂、马腾也是依靠羌众起家的。韩遂，金城人，从小生活在羌汉共处的环境内，与羌人关系甚密，他率羌众逐鹿中原失败时，即思“息肩于羌中”，企图重整旗鼓；败退羌中后，也是在羌众的保护下，得以逃生。马腾本是汉父羌母的混血儿，他依靠众多羌兵得以混战中原，而他的儿子马超也是率诸多羌胡进攻陇上郡县的。

混合的军事编制，共同的战斗生活，使原有的部落、种姓结合崩溃，为各族间的融合提供了有利的客观条件，一批羌族英才，积极吸收先进文化，迅速成为中华民族的俊良。如内徙南安（今甘肃陇西）的羌族姚氏所建立的后秦政权，即推崇儒学，以伦理安邦，体现出深厚的中华传统。《十六国春秋》卷五十七《后秦录·姚兴中》记载了一件非常有意味的趣事：姚兴当政，为笼络南凉秃发氏，任命秃发傉檀为凉州刺史，让后秦的凉州刺史王尚还长安。凉州人申屠英等二百余人，派主簿胡威谒见姚兴陈情，反对傉檀，挽留王尚，说“忽违无人之心，以华土资狄”。将后秦与南凉作华狄之分，很清楚地表明后秦是华，南凉为狄。胡威又说：“奈何以五郡之地资之猃狁（xiǎn yǔn），忠诚华族弃虐虏？”事实上，后秦政权中的羌人，普遍改汉姓，从汉仪，讲汉语，与汉族无异。因此，在多民族混杂的凉州人看来，后秦已成华夏正统。

汉魏时期汉羌军士的混编，十六国时期羌汉联合的后秦政权，都是汉羌文化大交汇的典型，从一个侧面说明着诸羌内徙以后受更有感染力的汉文化影响而逐渐走向文明的历程。

四、氐族的西上东下

氐族是我国古代人口众多、文化发达的民族。西汉水、白龙江、涪（fú）水上游等地，自古就是氐族分布所在。《汉书·地理志》记：武都郡的武都（今甘肃西和南）、故道（今陕西宝鸡南）、河池（今甘肃徽县北）、平乐道（今甘肃武都东北）、沮（今陕西略阳东）、嘉陵道（治今陕西略阳东北）、循成道（治今陕西略阳东北），皆为氐族所居。[①]但在汉魏至十六国时期，氐族被迫进行了三次大迁徙。

西上酒泉东越陇山

西汉初元鼎六年（公元前 111 年），汉武帝开拓西南境，置武都郡。当开郡立县时，氐人受到排挤，激起不满。元封三年（公元前 108 年），氐人叛汉，汉武帝出兵征讨，分徙其一部分人于酒泉郡。

东汉末建安二十四年（公元 219 年），当时政权分裂，曹操占中原，刘备据蜀。介于陇、蜀之间者，有两大氐王：一是兴国氐王阿贵，居兴国城（今甘肃秦安东北）；一是百顷氐王杨千万，居仇池山（今甘肃西和县南）。两王各拥氐众万余落。又下辨（今甘肃成县）等地有氐帅雷定等七部，拥氐众万余人；皆独立自雄，不附

---

① 马长寿《氐与羌》，上海人民出版社，1984 年版。

曹操。曹操攻至汉中（今陕西汉中）后，以武都(今甘肃陇南）孤远，恐为蜀军所得，遂令雍州刺史张既至武都，徙氐人五万余落出据扶风、天水等郡界内。不久，刘备占领汉中，近迫下辨，魏武都太守杨卓又前后徙武都汉民、氐人万余户于京兆（今陕西西安西北）、汧（今陕西陇县南）、雍（今陕西凤翔南）、天水（今甘肃天水）、南安（今甘肃陇西东南）、广魏（今甘肃天水东）。通过迁徙，氐人又形成了两个新的分布中心关中和陇右。关中以扶风郡最多，陇右以天水、南安、广魏为中心。十六国中的前秦苻氏和后凉吕氏都是略阳氐人。

十六国时，氐人迁徙的幅度很大。《晋书·姚弋仲载纪》记载姚弋（yì）仲说服石季龙迁徙陇上豪强，曰："明公握兵十万，切高一时，正是行权立策之日。陇上多豪，秦风猛劲，道隆后服，道洿（wū）先叛，宜徙陇上豪强，虚其心腹，以实畿甸（jī diàn）。"石季龙采纳了姚弋仲的建议，"遂徙氐、羌十五万落于同、冀两州"。同书《苻洪载纪》亦记："洪说季龙宜徙关中豪杰及羌戎内实京师。季龙从之。"于是又徙雍、秦州华戎十余万户于关东。

"合而并之，因而续之"

"合而并之，因而续之"，合氐汉为一家，共同发展中华文化，这可谓是苻坚在中华文化史上的巨大贡献。

前秦盛时，疆域东至海，东北至辽东，北至沙漠，西北至葱岭，西至西海（今青海），西南至泸水（今金沙江），南至襄阳（今湖北襄阳），东南至淮、泗。在这样辽阔的区域内，各部族错居杂处，文化“落差”分外鲜明。苻坚决心缩小“落差”，弘扬先进文化。他雄踞关中后，文化、教育等制度皆沿中原传统，少有变更，并通过大规模移民，吸收、融会各地区、部族的优秀文化因素。如：灭前燕后，自燕王慕容及其王公以下四万余户皆徙于长安；灭仇池杨氏，移其民于关中；灭前凉张氏，徙凉州豪右七千余户于关中；略淮阴、盱眙（xū yí）、淮南等地，掳江汉之人万余户，徙置敦煌；中原州郡有田野不辟者，徙七千余户于凉州。并将燕凉由中原流徙去的汉族士族人物搜罗拔擢，加以任用，借以昌盛文化。《晋书》卷一百十三《载纪第十三·苻坚上》附王猛传中即作了这样的记载：“自永嘉之乱，庠序无闻。及坚之僭，颇留心儒学，王猛整齐风俗，政理称举，学校渐兴。关陇清晏，百姓丰乐。自长安至于诸州，皆夹路树槐柳，二十里一亭，四十里一驿，旅行者取给于途，工商贸贩于道。”

《资治通鉴》卷一〇四，晋太元元年（公元376年）九月记苻坚从“号为多士”的凉州，选拔家族地位高的人士在京中、外郡供职之事：

> 以天锡晋兴太守陇西彭和正为黄门侍郎，治中从事武兴苏膺、敦煌太守张烈为尚书郎，西平太守金城赵凝为金城太守，高昌杨干为高昌太守，余皆随才擢叙。……以天锡武威太守敦煌索泮为别驾、宋皓为主簿。

金城赵氏、敦煌索氏、宋氏、张氏，自魏晋以来即为西土著姓，苻坚擢而用之。力图“复魏晋士籍”，保存前朝文物制度。这一点，在对待礼乐方面表现得也相当显著。

自永嘉乱后，雅乐诸伎分崩离析，保存较多的有前燕和西凉两个地区。苻坚统一这些地区后，兼而有之，遂使历朝金石之乐赖以不坠。

氐族本来是善田作，巧织造，能贾贩的民族，在苻坚这一系列的措施下，更与汉族在经济上打成一片，文化上相互混融。

五、“中州避难来者日月相继”

历史上的十六国时期，从刘渊建汉赵政权的公元304年始，延至公元5世纪前期，长达一百四十多年。在这一百四十多年中，前凉、后凉、西秦、南凉、西凉、北凉立于河陇域内，兴亡更替；前赵、后赵、前秦、夏四个政权曾占据河陇部分地区。河西地区相继称雄的前、后、南、西、北五个凉国，简称五凉。国学大师陈寅恪先生《隋唐制度渊源略论稿》中评述五凉政权控制下的河西地区：“秩序安定，经济丰饶，既为中州人士避难之地，复是流民移徙之区，百余年间纷争扰攘固所不免，但较之河北、山东屡经大乱者，略胜一筹。”面对这种强盛安乐局面，深受永嘉之乱、建兴祸害的中州人民意识到，“天下方乱，避难之国唯凉土耳”。接着“中州避难来者日月相继”，中原士庶大批涌入河西；建兴之乱后，晋王司马保败之，“其众散亡凉州者万余人”。前凉及其后诸凉政权都大力安置流民，为之设立侨郡县，如张轨为中州流民分武威郡置武兴郡；西凉李暠为江南流民五千余户置会稽郡于安西（今酒泉瓜州）县南，为中原流民五千余户置广夏郡于安西（今酒泉瓜州）县东。这从另一个侧面又说明入河西流民数量之众。五凉时期，散见于史书记载的从江南、中原、江汉入凉的人口总数不下二十万。流民数量之巨，无疑为河西增加了一支庞大的劳动队伍，同样也是中原文化、江南文化在河西的大汇合、大交流、大吸收。尤其流落河西的士人学者，为河西文化的昌盛起到了不容低估的作用。

文化重心区

张骞“凿空”，“丝路”通畅，处咽喉位置的河陇地区即成为东学西渐、西学东渐的文化交汇地带，河西地区的文野变迁表现得尤其明显。

西汉时，河西四郡新辟，畜牧为天下饶，尚武习气浓厚。东汉时，学术文化有所发展。习文之风逐渐养成，出现了一些有名学者。这些学者，《晋书·张轨传》《后汉书·文苑传·侯瑾传》《后汉书·皇甫张段传》都有记载，可以看到“覃（tān）思著述”的敦煌人侯瑾，“凉州三明”皇甫规、张奂、段颎（jiǒng），均以才学知名显达。在中原儒学出现危机时，河西儒学以其生动活泼的姿态突破昔日学在官府的格局，将河西地域文化推向昌盛。

汉魏之交，河陇区域，大姓豪族，各自称雄。黄初（魏文帝曹丕年号，公元 220 年—公元 226 年）后平定下来，许多地方官在此发展商业和农牧经济，提倡文教，兴办官学，文化再度兴盛起来，如经济方面，金城太守苏则、武威太守毌丘兴、敦煌太守仓慈，或招徕流民，怀柔羌胡，或抑强扶弱，保护商旅。凉州刺史徐邈，修基地，开水利，设贸易。敦煌太守皇甫隆教民灌溉技术与耧犁耕作，使郡内“家家丰足，仓库盈溢”“珍玩充积”。文化方面，武威太守范粲，“选良吏，立学校”；凉州刺史徐邈“率以仁义，立学明训”，武威太守范茂也在治内广修学舍、发展教育；敦煌郡修建了郡学馆。这些措施必然促进当地的文化发展，河西学者渐露头角，如酒泉庞淯、敦煌张恭、周生烈等，“历注经传，颇行于世”。

西晋时期，河西文化继续发展，特别是西晋末，河西已开始了它的大发展时期，人才隆盛，人物敦雅是其标志。

考古学家曾于洛阳太学故址发掘出土了西晋咸宁四年《大晋龙兴皇帝三临辟雍皇太子又再莅之盛德隆煦之颂碑》，该碑碑阳题刻了参加行礼的太学官员、助教中郎、治礼舍人、礼生、弟子、散生等各类学官与学生共三百六十余人。其中所载学籍人士，来自凉州金城郡、西平郡、敦煌郡、西海郡的共四十六人。西平郡达二十八人，居全国第二，敦煌与金城也分别达六人和九人。敦煌索靖与同乡氾衷、张甝、索紾、索永在洛阳太学名气颇大，被称为“敦煌五龙”①。

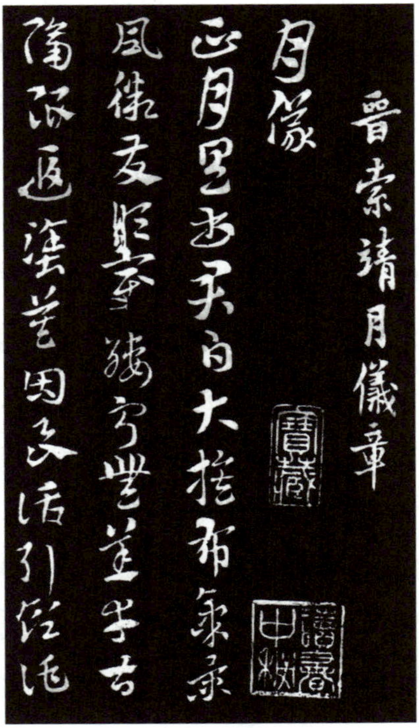
《月仪章》（局部） 索靖

晋惠帝永宁（公元301年—公元302年)初，安定张轨出为凉州刺史。优容士大夫，社会安定。永嘉之乱前，不少士大夫即把河西视为避难之地，认定：“天下方乱，避难之国唯凉土耳。”永嘉中，长安民谣唱道：“秦川中，血没腕，唯有凉州倚柱观。”王弥

① [唐] 房玄龄，等撰《晋书》，中华书局编辑部点校，中华书局，1974年版。

等陷洛阳后，“中州避难者日月相继”，河西硕儒与中州才令及河陇冠冕欣然相会。自此以后，至整个十六国时期，河西成为中国文化最发达的地区之一。

河西地区地理位置得天独厚，丝绸之路将它与西域紧紧相连，两地在政治、经济与文化上唇齿相依。东汉中期西域副校尉常驻敦煌，行使着西域都护的职权，魏晋两朝，敦煌太守即兼管西域事务。针对这样的历史状况，我国著名学者顾炎武在其《天下郡国利病书》中，就把敦煌划入西域的范围。因此，在中原与河西交通断绝的情况下，河西却与西域保持着友好交往，“五凉”每个政权强盛时，西域各国均来“入贡”。“所贡”物品有珠玉、大烷（wǎn）布、孔雀、犀牛、大象、珍珠簏、琉璃榼（kē）、白玉樽、紫玉笛、珊瑚鞭、玛瑙碗等物，这些“贡物”有的产地在阿拉伯，有的在地中海沿岸的波斯。与西方经济文化的交流，为河西文化的发展无疑注入了异质活力，使得其越发充满生机而走向昌盛。

中州之士避地河西

文化的盛衰往往取决于人才的多少。中原地区的大批士民避难度陇远赴河西，在这些人士中，当然不乏学者、文人。《资治通鉴》卷一二三胡三省释注说：“永嘉之乱，中州之士避地河西，张氏礼而用之，子孙其承，衣冠不坠。”著名的如程骏、常爽、江强等，或“声著河右”，或传道授业，建树卓越，兹录于后，垂示今人。

《魏书·程骏传》载，程骏，字驹，广平曲安（今河北广平）人。其祖于晋做官，坐事流于凉州。祖父在后凉时做民部尚书。程骏师事河西大儒刘昞（bǐng），专心老庄，受到刘昞的赏识。后来与从祖弟程伯达在北凉沮渠牧犍时，入选为东宫侍讲，声誉很高，入北魏后，被司徒崔浩重用。西仕北魏四十多年，很受信任。

《魏书·常爽传》载，常爽，字仁明，河内温人（今河南温县西）。祖父仕前秦为官，“因世乱遂居凉州”。父亲仕于西秦。常爽“少而聪敏”，“笃志好学，博闻强识，明习纬侯，五经百家多所研综”。入魏后为官京师，教授门徒，给北魏政府培养了大量的人才。同时他还著成《六经略注》，被号为“儒林先生”。

《魏书·江强传》载，江强，字文威，陈留济阳（今河南兰考北）人。江强祖上因永嘉大乱，弃官西投张轨，子孙因居凉土。江强擅文字训诂，虫篆、文章、书法都堪称精绝。在河西传业，使已在中原黯然无闻的古文经学得以流传下来。其孙江式系继家学，精于书史，工于书法，撰有《古今文字》四十卷。江强入魏后，献经史诸子千余卷，拜为中书博士。

河西“自张氏以来，号有华风”“区区河右，而学者埒（fóu）于中原”气象的形成，正是“中州才令”“秦雍世门”与“西州德望”的共同创造。

六、“徙凉州三万余家于京师”

北魏太武帝始光三年（公元426年），拉开了统一河陇的战幕。二十五年后，河陇大地尽归北魏控驭。

北魏统治者，在贯彻“五方之民各有其性”“修其教不改其俗，齐其政不易其宜”治国方略的同时，仍然坚持“移远就近，以实内地”的政策，灭北凉后，“徙凉州三万余家于京师”。

“凉州自张氏以来，号为多士。”三万余家中的“士”，为北魏文化的发展产生了深远影响。

魏之儒风及平凉州后始振

中原地区，“永嘉之乱”后，典籍大部分散佚，致使一些“因河据洛，跨秦带赵”的政权，“宪章礼乐，寂灭无闻”，鲜卑族拓跋部建立的北魏，兴起于北疆，又连年征伐，迁都洛阳后，日不暇给，经籍阙如，更缺少通才硕儒。而“区区河右，学者埒于中原”，硕儒尤多，比中原还盛。比如《晋书》所记载的索袭、宋纤、郭荷、郭瑀、祁嘉，皆“明究群籍”，潜心儒学，精通经义，注疏儒经，教授门生，成绩斐然。尤其刘昺，人称“河右硕儒”。在他们的影响下，河西地区从师求学之风浓厚，见于《隋书·经籍志》的河西人士著述，仅五凉时期的即有30多种。被徙平城，振兴儒学的学者，著名的如：

宋繇，字体业，敦煌人。宋繇青年时发愤读书，在酒泉“追师

创作于北魏时期的九色鹿故事　莫高窟第257窟西壁

就学，闭室诵书，昼夜不倦，博通经史。诸子群言，靡不览综。”受李暠、沮渠蒙逊父子重用。北凉灭亡，被徙平城，与儒士“引谈经籍”，“讲诵不废”。

张湛，字子然，一字仲云，敦煌人。青年时即以才学知名凉州。入魏后，与司徒崔浩论《易》，被崔浩称为“隽才”“儒者”。

宗钦，字景若，金城人。“少而好学，有儒者之风，博综群言，声著河右”，撰成《蒙逊记》十卷。入魏后拜为著作郎，同张湛同受崔浩称赞。

阚骃，字玄阴，敦煌人。“博通经传，聪敏过人，三史群言，经目则诵，时人谓之宿读。注王朗《易传》，学者借以通经。”“沮渠蒙逊拜为秘书考课郎中，给文吏三十人，典校经籍，刊定诸子三千余卷。”后徙平城。

赵柔，字元顺，金城人，才学闻名河西。入魏后拜为著作郎。

索敞，字巨振，敦煌人，“专心经籍，尽能传（刘）昞之业。”入魏后，在京师执教讲授十余年，撰成《丧服要记》。

阴仲达、段承根，同为武威人，“二人俱凉土才华”，入魏后，崔浩尊为“隽才”“儒者”。

河西硕儒，流播入魏，在兴理文教，编修国史，制订礼仪等各项建设中都做出了突出贡献，因此，胡三省注《资治通鉴》，油然感叹：北魏的儒学到平凉州后才开始振兴。

河西文化遂输入于魏

陈寅恪《隋唐制度渊源略论稿》指出：

> 西晋永嘉之乱，中原魏晋以降之文化转移保存于凉州一隅，至北魏取凉州，而河西文化遂输入于魏，其后北魏孝文、宣武两代所制定之典章制度遂深受其影响，故此（北）魏（北）齐之源其中亦有河西之一支派，斯则前人所未深措意，而今日不可不详论者。

河西文化输入北魏，许多文化部门都受影响。《魏书·乐志》载，北魏音乐“兼奏燕、赵、秦、吴之音，五方殊俗之曲”，又说拓跋焘“平凉州，得其伶人、器服，并择而存之。”《隋书·音乐志》记载北魏得到西凉乐后，一直沿用，到魏周之际，称为“国伎”。

武威文庙

历法也由凉州而来，《魏书·律历志上》：“世祖平凉土，得赵𣧑(fěi）所修《玄始历》，后谓为密，以代《景初》。”赵𣧑，敦煌人，是北凉掌管天文、律令的太史公。他创制的《玄始历》，在北凉首用，北魏采用后，代替了三国魏明帝所用的《景初历》，并沿用一百一十多年之久。

北魏文学更直接受到北凉文人的影响。游牧鲜卑族建立的北魏，虽然模仿汉族制度，建立了天子威仪，但文化层次还是相对低级，统治者对文学创作还不甚了解，也无兴趣。即使出身中原的文人崔浩、高允，尽管一时成为拓跋魏的智囊，但在文学方面也无大的建树。凉州文人到平城后，儒风始振，崔浩受张湛的鼓励注《易》，宗钦与高允赠诗唱答，高允对宗钦推崇备至。对此，《资治通鉴》卷一二三《宋纪五》元嘉十六年条做了详细记载："凉州自张氏以来，号为多士。沮渠牧犍尤喜文学，以敦煌阚骃为姑臧太守，张湛为兵部尚书，刘昞、索敞、阴兴为国师助教，金城宗钦为世子洗马，赵柔为金部郎，广平程骏、骏从弟弘为世子侍讲。魏主克凉州，皆礼而用之，以阚骃、刘昞为乐平王丕从事中郎。安定胡叟，少有俊才，往从牧犍，牧犍不甚重之，叟谓程弘曰：'贵主居僻陋之国而淫名僭（jiàn）礼，以小事大而心不纯一，外慕仁义而实无道德，其亡可翘足待也。吾将择木，先集于魏；与子暂违，非久阔也。'遂适魏。岁余而牧犍败。魏主以叟为先识，拜虎威将军。赐爵始复男。河内常爽，世寓凉州，不受礼命，魏主以为宣威将军。河西右相宋繇从魏主至平城而卒。"

"魏主以索敞为中书博士。时魏朝方尚武功，贵游子弟不以讲学为意。敞为博士十余年，勤于诱导，肃而有礼，贵游皆严惮之，多所成立，前后显达至尚书、牧守者数十人。常爽置馆于温水之右，教授七百余人；爽立赏罚之科，弟子事之如严君。由是魏之儒风始振。高允每称爽训厉有方，曰：'文翁柔胜，先生刚克，立教虽殊，成人一也。'"

"陈留江强，寓居凉州，献经、史、诸子千余卷及书法，亦拜中书博士。魏主命崔浩监秘书事，综理史职；以中书侍郎高允、散骑侍郎张伟参典著作。浩启称：'阴仲达、段承根，凉土美才，请同修国史。'皆除著作郎。"阴仲达，字处道，少以文学知名。段承根自谓为段颎九世孙。二人均才学出色，也是武威的光荣。

七、响遏行云的民族大合唱

大唐疆域，最为盛时，东临日本海，西抵中亚阿姆河、锡尔河流域，北达西伯利亚南部，南至中南半岛。沿丝绸之路西去，中亚包括昭武九姓、拔汗那和阿姆河以南的吐火罗、谢飓（yù）（漕矩吒）、帆延（梵衍那）都成了唐朝的羁縻州府，真正的是“前王不辟之土，悉请衣冠；前史不载之乡，并为州县”。唐朝的天子是各

《帝王举哀图》中的各国王子形象　莫高窟第158窟

“国”的“天河汗”，邻近边地的民族则更是向慕来归，纷纷内徙，又一次掀起民族大迁徙的热潮。

随意翻阅《资治通鉴》，即会频频看到这样的记载：

太宗贞观六年（公元632年）“契苾酋长何力帅部六千余家诣沙州降，诏处于甘、凉之间”。

“是岁，党项羌前后内属者三十万口”，大多安置于河陇。

高宗龙朔三年（公元663年）“吐谷浑之臣素和贵有罪，逃奔吐蕃，具言吐谷浑虚实。吐蕃发兵击吐谷浑，大破之”，诺曷钵数千帐投归凉州，并请求迁居内地。

武后圣历二年（公元699年）四月，吐蕃论弓仁终于“以所统吐谷浑七千帐来降，拜左玉钤卫将军，酒泉郡公”。

武后圣历二年（公元699年）七月，“吐谷浑部落一千四百帐内附”。

武后时期，“突厥默啜请为太后子，并为其女求婚，悉归河西降户。”“吐蕃党项部落万余人内附，分置下州”。

玄宗开元十一年（公元723年）吐谷浑“帅众诣沙州降，河西节度使张敬忠抚纳之”，于沙州安置。

回纥、契苾、思结、浑迁甘、凉间。民族大合唱的雄壮声音再一次响彻河陇大地。

羌儿胡雏齐唱歌

唐玄宗天宝八年（公元749年），著名的边塞诗人岑参首次度陇往安西，途中历时两月，天宝十年（公元751年）春夏间东归长

玉门关遗址　甘肃敦煌

安；天宝十三年（公元 754 年）夏秋间再次渡陇，赴北庭都护府，途经凉州，与诸判官夜集，挥笔书写《凉州馆中与诸判官夜集》：

弯弯月出挂城头，城头月出照凉州。
凉州七里十万家，胡人半解弹琵琶。
琵琶一曲肠堪断，风萧萧兮夜漫漫。
河西幕中多故人，故人别来三五春。
花门楼前见秋草，岂能贫贱相看老。
一生大笑能几回，斗酒相逢须醉倒。

唐玄宗天宝十四年，即唐肃宗至德元年，亦即公元 755 年，岑参在安西都护府摄监察御史领伊西北庭度支副使。(“摄”在唐代官职制度中，指皇帝颁发了拜官授职的诏命，但尚未正式上任而行使职责；“领”是统管。“监察御史”即掌管监督、考察百官、巡视郡县、纠正刑狱、肃整朝仪等事务。“度支”即经费预算与开支。)这年冬天，他在过完腊八节后专程到玉门关、敦煌巡查粮食等物资储备情况。玉门关（唐代玉门关在今甘肃瓜州锁阳城）盖将军举行晚宴欢迎，岑参也热情洋溢地创作了《玉门关盖将军歌》，抒写了自己耳闻目见的情景：

盖将军，真丈夫，行年三十执金吾，身长七尺颇有须。玉门关城迥且孤，黄沙万里白草枯，南邻犬戎北接胡。将军到来备不虞，五千甲兵胆力粗，军中无事但欢娱。

暖屋绣帘红地炉，织成壁衣花氍毹（qú shū），灯前侍婢泻玉壶，金铛（chēng）乱点野酡酥。紫绂（fú）金章左右趋，问着即是苍头奴。

美人一双闲且都，朱唇翠眉映明矑（lú），清歌一曲世所无。今日喜闻《凤将雏》，可怜绝胜秦罗敷。使君五马谩踟蹰。

野草绣窠（kē）紫罗襦，红牙镂马对樗蒱（chū pú），玉盘纤手撒作庐。众中夸道不曾输。枥上昂昂皆骏驹，桃花叱拨价最殊，骑将猎向城南隅，腊日射杀千年狐。我来塞外按边储，为君取醉酒剩沽，醉争酒盏相喧呼，忽忆咸阳旧酒徒。

诗中所写的“桃花叱拔”就是书中天马歌一节所写“天马”“汗血马”的一种。宋代人李石《续博物志》载：“唐天宝中，大宛进汗血马六匹：一曰红叱拔，二曰紫叱拔，三曰青叱拔，四曰黄叱拔，五曰丁香叱拔，六曰桃花叱拔。”

岑参离开玉门关后到了敦煌，有《敦煌太守后庭歌》为记：

敦煌太守才且贤，郡中无事高枕眠。
太守到来山出泉，黄沙碛里人种田。
敦煌如旧鬓皓然，愿留太守更五年。
城关月出星满天，曲房置酒张锦筵。
美人红妆色正鲜，侧垂高髻插金钿。
醉坐藏钩红烛前，不知钩在若个边。
为君手把珊瑚鞭，射得半段黄金钱，
此中乐事亦已偏。

唐肃宗至德元年（公元756年）岑参东归，途经酒泉，太守设宴接风洗尘，有《酒泉太守席上醉后作》。

酒泉太守能剑舞，高堂置酒夜击鼓。
胡笳一曲断人肠，座上相看泪如雨。
琵琶长笛曲相和，羌儿胡雏齐唱歌。
浑炙犁牛烹野驼，交河美酒金叵罗。
三更醉后军中寝，无奈秦山归梦何？

全诗通过对太守的歌颂，从侧面反映了盛唐时期敦煌富庶繁荣的景象。

胡腾舞铜人　路易·艾黎捐赠

玉门关将军、敦煌太守、酒泉太守的“官邸”夜宴，好像民族大联欢，仿佛世界博览会。中原的锦绣、波斯的织成、交河的美酒、于阗的玉壶、金叵罗、野驼酥、整个儿烤得香喷喷的牦牛，琵琶、胡笳、羌笛、剑舞、相和曲，汉官、美人、羌儿、胡雏，融会成了多么浓烈、粗犷的西塞壮美画面！如果说酒泉太守的筵席、玉门关将军、敦煌太守的晚宴仅仅是军中对河陇多民族大融合浓缩的话，王维《凉州郊外游望》《观凉州赛神》诗中的“赛神”、元稹《西凉伎》中的“百戏”，则直接反映了丝绸之路上胡汉文化交汇的斑斓氛围。

婆娑依里社，箫鼓赛田神。
洒酒浇刍狗，焚香拜木人。
女巫纷屡舞，罗袜自生尘

凉州城外少行人，百尺峰头望虏尘。
健儿击鼓吹羌笛，共赛城东越骑神。

吾闻昔日西凉州，人烟扑地桑柘稠。
蒲萄酒熟恣行乐，红艳青旗朱粉楼。
……

前头百戏竞撩乱，丸剑跳掷霜雪浮。
狮子摇光毛彩竖，胡姬醉舞筋骨柔。
大宛来献赤汗马，赞普亦奉翠茸裘。
……

农牧兼重，兵民共体，胡汉一家，这正是丝绸之路为河陇文化孕育的多风情、“混合品”特质。

六体文字碣

敦煌莫高窟存有一方六体文字碣。碣石刻立于元顺帝至正八年（公元 1348 年），距今已有六百余年。碣石已残，但正面文字基本完好。上方刻正楷“莫高窟”三字；中央阴刻四壁观音坐像，观音双手合十，左手执花，右手捻佛珠，头冠上有一结跏趺坐佛像；观音像以莲台承座，其上方及左右方刻汉、梵、蒙、藏、西夏、八思巴等六种文字。其梵文音译为：“唵嘛呢八咪吽”，即所谓六字真言。观音像上方二行文字，第一行为梵文，第二行为藏文；碣石左方二行文字，外为汉文，内为西夏文；右方二行文字，外为蒙文，内为八思巴文。六字真言之外，左有速来蛮西宁王功德主等题名，右有碣石刻立纪年，立碣僧守等人题名。莲花座下有沙州路河渠司提领威罗沙等题名。

八思巴文是近代对由八思巴借鉴藏文创制的蒙古新字的通称。梵文即印度古文字。

六字真言碣　敦煌莫高窟六体文字石刻

多种文字同刻的碑石，至今为止在河西走廊上还发现有三通。这三通碑刻是《凉州重修护国寺感应塔碑》（西夏碑）、《黑水建桥敕碑》（甘州碑）、《大元肃州路也可达鲁花赤世袭之碑》（肃州碑）。三碑分布于三大重镇，相隔千里之遥；凉州碑建于西夏崇宗乾顺天祐民安六年（公元 1095 年），甘州碑建于西夏仁宗乾祐七年（公元1176 年），肃州碑建于元顺帝至正二十一年（公元 1361 年），相距约二百七十年之久。三碑正面均刻汉文，背面分别为西夏文、藏文、回鹘文，内容与正面汉文大体一致。这些碑刻极为生动而深刻地反映了我国宋元时期，河西一带汉、藏、回鹘、党项、蒙古等族杂居一地，长期友好相处的关系，也表明汉文化的强大影响力。

西夏碑发现于武威文庙，使其得以重见天日的是甘肃著名学者张澍，时间在清嘉庆九年（公元 1804 年）。

这块碑又名感通塔碑、天祐民安之碑。高 2.5 米，宽 0.90 米，两面撰文。阳刻西夏文二十八行，阴刻汉文二十六行。汉文一面有篆字额题“凉州重修护国寺感应塔碑铭”。碑文大意叙述感应塔的神灵感应故事。碑文四周有线刻卷草纹，碑头题名两侧各有一身线刻伎乐菩萨，作舞蹈状，题名上端有云头宝盖。这些图案，线条流畅，形象生动，是迄今所存的西夏艺术珍品之一。

甘州《黑水建桥敕碑》又叫“西夏黑水桥碑”“黑河建桥敕碑”“黑水河诸神敕”。顾名思义，立碑的意图是祭祀河神。碑的奇特处在于碑文由汉、藏文刻成。碑阳：汉文，正书，字迹圆熟秀丽；碑阴：藏文，正楷。碑高 1.15 米，宽 0.7 米，无额，上有飞天及佛像线刻四帧，周边装饰了线画体图案，都是莲花牵枝形状。碑末署“大夏乾祐七年岁次丙申九月二十五日立石”。西夏党项人树碑，刻汉字为当时的习惯和需要，西夏文在立碑时已创制了一百三十余年，为什么又刻藏文？这正是战争状态下多维文化交汇时的典型反映。

西夏人在东攻西伐的战斗中，一直没有放弃外交手腕，对河湟、青唐一带的吐蕃首领唃嘶罗既“配备三万军士，以备吐蕃、回鹘”，又联络、问聘未尝间断。而西夏占领了的甘州一带也有大量吐蕃人居住，如唐武宗会昌年间（公元841年—公元846年）吐蕃内乱，大批佛教徒外逃，有一部分定居甘凉一带。吐蕃风俗在这些地区的影响也着实不小，直到清代康熙年间，著名戏剧家李渔来甘州游历，还见如下情形：“蕃女辫发垂地，富者饰以珠宝，贫者以海螺珠壳代之。居住无屋，随地设帐房，牛马皮革是其料也。”，并作《甘泉道中即事》两首，其第一首诗中描绘：

一渡黄河满面沙，只闻人语是中华，
四时不改三冬服，五月常飞六出花，
海错满头番女饰，兽皮作屋野人家，
胡笳听惯无凄惋，瞥见笙歌泪转赊。

肃州碑同样是一块奇碑。它的碑文，一面是汉文，另一面是回鹘文。碑文却记录一个唐兀氏（党项）家族，自西夏灭亡至元朝末年一百三十多年间的职官世袭及活动情况。肃州碑碑阳使用回鹘文说明了什么?

肃州，唐代宗大历元年（公元 766 年）被吐蕃占领。公元 9 世纪中叶，回鹘一支西迁河西走廊，肃州为河西回鹘居地之一。大约与回鹘西迁同一时期，由于吐蕃威逼，从 6 至 9 世纪逐渐自西南向东北方向作大迁徙的党项羌，自唐末五代时也有一部分散处河西一带。这时河西、陇右的回鹘、党项都役属于吐蕃。唐末张议潮节度瓜、沙、伊、肃、鄯、甘、河、西、兰、岷、廓等十一州时，又暂附张议潮。张议潮在河陇的势力一直维持到唐朝最末的几年。《旧五代史》卷一三八《吐蕃传》记载:“至五代时，吐蕃已衰微，回鹘、党项诸羌夷分侵其地。”回鹘渐强，牙帐设在甘州，河西走廊为回鹘所统治。辽圣宗统和二十八年（公元 1010 年），辽西北路招讨使萧图玉伐甘州回鹘，攻破其属郡肃州，并于肃州之北设土隗口故城，尽迁其民于此。肃州被辽所攻破，但辽王朝未能统治这个地方，肃州仍为回鹘所占。元昊称帝立国后，肃州为西夏蕃和郡，河西的回鹘人成为西夏王朝的属民。

西夏控扼河西走廊，正当内地通西域的要道，西夏境内的回鹘人，以其善贾的特性成了西夏境内外各族经济文化交往的中介。交往中，西夏文与回鹘文并行。元昊设立的“蕃字院”分蕃字汉字二院。民国时期著名史学家戴锡章《西夏纪》卷六:“蕃字掌西蕃、回鹘、张掖、交河一切文字，并用新制国字，仍以各国蕃字副之。”西夏人编辑的字典《文海》中，把回鹘视为“夷”与契丹并称。西夏在佛教的传播方面借助于回鹘僧的帮助。西夏曾多次延请回鹘僧演经，如西夏天授礼法延祚十年（公元 1047 年），景宗元昊于首都兴庆府建高台寺，内贮宋朝所赐之大藏经，并“广延回鹘僧居之，演释经文易为蕃字”。毅宗谅祚福圣承道三年（公元 1055 年），皇后没藏氏建承天寺，贮宋赐大藏经，“延回鹘僧登座演经，没藏氏与谅祚时临听焉”。清人吴广成《西夏书事》编年记载，毅宗拱化五年（公元 1067 年）和惠宗秉常天祐民安六年（公元 1095 年），西夏曾两次向辽进献由回鹘僧所演释的“梵觉经”和“贝多叶经”。

这些多种文字刻制而成的碑碣，以其不朽的身姿展示了河陇大地民族大荟萃的壮彩，而多种文字并行，各族语言互用的状况，充分说明，五彩斑斓的河陇文化正是各族人民携手绘制的壮美画卷，也是丝绸之路上最为璀璨夺目的一道风景。

八、梦萦洪洞大槐树

“问我始祖来何处？山西洪洞大槐树。”这个几乎响遍神州大地的“寻根”“警言”，毫无例外地流传在自古以来为移民迁入地的陇原高坡上。

甘肃孤悬矢末

公元1368年，明朝建立，朱元璋登基，是为明太祖，但元势力并未全部消灭。在今甘肃定西驻扎着扩廓帖木儿一军，武威则有失刺罕占领，正如《明史纪事本末·故元遗兵》的描述：“引弓之士不下百万众也，归附之部落不下数千里也，资装铠仗尚赖而用也，驼马牛羊尚全有也”，并且“元人北归，屡谋兴复”。扫除残余，防止入侵，巩固边防，保卫新兴政权，成为朱元璋坐上皇帝宝座后的头等大事。

朱元璋即位的第二年，即公元1369年三月，诏令大将军徐达率军向西北挺进。战线由陇东庆阳一直拉到河西走廊西端的瓜州（今甘肃安西、敦煌一带），战役所花的时间，从公元1369年的三月到公元1372年的六月，整整三年三个月，“于是甘肃悉平”。本来人烟稀少，地瘠民贫的陇东黄土高坡、河西戈壁大漠，经过战争的破坏，其荒凉残破情景不难想象。公元1370年五月，御史大夫邓愈攻克河州，命指挥宁正守城，宁正“初到河州时，城邑空虚，人骨山积”的惨象，便是战后甘肃的一个缩影。如此凋敝的生存环境，很难维持一般人的生活，何况给养军队。但“甘肃孤悬矢末，四面受惊”，战略地位极其重要，防务任务非常艰巨，必须有重兵防卫。“兴国之本，在于强兵足食”，开荒屯田，乃为“长治久安之道”，朱元璋总结历史经验，大力推行屯田政策，甘肃的屯田，成效显著。

成功的军屯

明代的甘肃，没有省的建置，分属陕西布政使司（治今陕西西安）和陕西行都指挥使司（今甘肃张掖）。陕西布政使司在甘肃境内辖有庆阳府（今甘肃庆阳）、平凉府（其所辖之固原州和隆德县，今属宁夏）、巩昌府（今甘肃陇西）、临洮府（今甘肃临洮，所辖部分地区今属青海）及洮州卫军民指挥使司、岷州卫军民指挥使司、河州卫军民指挥使司、靖虏卫（今甘肃靖远）、西固城守御军民千户所；陕西行都指挥使司辖庄浪卫（今甘肃永登）、甘州左卫、甘州右卫、甘州中卫、甘州前卫、甘州后卫（以上五卫均治今甘肃张掖）、肃州卫、山丹卫、永昌卫、凉州卫、镇蕃卫(今甘肃民勤)、西宁卫（今青海西宁）、碾伯守御千户所（今青海乐都）、镇夷守御千户所（今甘肃高台西北）、古浪守御千户所、高台守御千户所（隶于右军都督府）。建置卫所，即屯驻重兵。朱元璋在河西驻防的重兵，仅甘州、肃州地区的卫所就有驻军七万九千余名，按照五千六百人为一卫，一千一百二十人为一所的数字计算，甘肃所设卫所大约有兵员十一二万人。驻防的军士也是种田的农夫，数量巨大的军队及其家小投入生产，荒凉的河陇大地，群山沸腾，迅速改变了疮痍旧颜。据《明太祖洪武实录》卷一九五记载，到了洪武二十二年（公元1389年），庄浪、河州、洮州、凉州、临洮等卫，已变成米多价贱的富裕地区，《明太祖洪武实录》卷216记户部尚书赵勉上言："陕西临洮、岷州、宁夏、洮州、西宁、兰州、庄浪、河州、甘州、山丹、永昌、凉州等卫军士屯田，每岁所收，谷种外余粮请以十分之二上仓，以给士卒之城守者。"可见这些地方军屯的收成，不仅可以留下谷种和供种田军士的口粮，还可以拨出十分之二为守御军士供给口粮。

算上大槐树的一份功德

成效显著的军屯勋绩中，应该有移民的贡献。只是正史书之不详。在大槐树下的移民浪潮中，有大批移民蹒跚度陇，加入到了屯田的大军中，据调查，明代的巩昌府、平凉府、甘州五卫、靖虏卫、镇蕃卫即今天水、甘谷、会宁、陇西、镇原、张掖、民乐、民勤、靖远、景泰等地都曾是洪洞移民的迁入地。这些移民的到来，为加快边疆开发，巩固边防起了积极的推动作用，尤其是文化传播显得格外突出。

以大槐树为象征的晋南地区属三晋古地，传统文化气氛浓厚，文化水平普遍较高，这里的移民到了相对落后荒寂的河陇，自然就把自己的家乡文化带了过来，促发新的"家乡文化"的腾飞。比如戏剧，一度唱红陇头的山陕梆子，就是晋南蒲州梆子与陕甘地方小戏结合后的新戏种，而至今各种节日礼俗上所表现出来的"相似性"，正体现了移民过程的文化传播意义。从正月初一看起，晋南

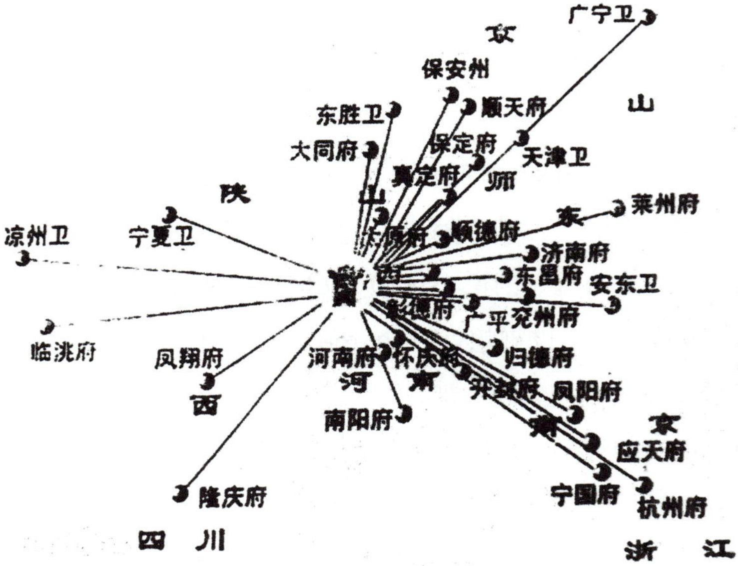

明代洪洞大槐树移民路线示意图

人家，清晨早起，由一家之主率领全家祭拜祖先，然后按年龄辈分为长者拜年。天大亮后到邻里、亲朋处拜年。元宵节的放烟火、扎花灯、跑彩船、舞龙灯以及端午节的包粽子、悬艾虎，腊月八的吃腊八粥等等，这些节日礼俗也风行在曾经“善骑射”“高上气力”的河陇地区，并且与晋南地区大体一致。中华民族大家庭，各地节庆习礼有许多共同处，但三晋文化、中原文化深入河西走廊，与大规模的晋南移民的迁入息息相关。中原传统文化随移民的到来而潜浸默染，使多民族杂居的河陇沐浴春风，促使中华民族凝聚力进一步增强。身处边陲的人们，无论什么身份，真正的祖籍在哪里，当他们将自己的根追寻到“大槐树”时，“大槐树”勾起的便是对故乡的眷恋，体现的则是中华民族热衷故土的精魂。

九、“天教热血洒边尘”

后儒极其崇仰的尧舜时代，留下一个“血腥”的传说：共工、驩兜（huān dōu）、三苗、鲧（gǔn）四个部落首领不服从尧的统治被视为“四凶”。尧禅（shàn）位舜。舜便加以罪名，将“四凶”“投诸四裔，以御魑魅（chī mèi）”。其中，“三苗”“窜于三危”，即流放到今敦煌一带。

也许从那时起，边裔的地理位置，流沙的自然环境，注定大西北要成为流放者的土地。

我们不想再追溯那罪犯暴利长与渥洼池的天马，也不打算叙述那“以抱怨过当”（刑事犯罪者）“悖逆亡道”（叛逆罪）来实边的“流人”，仅明清两代“迁客”塞上、流戍陇右的事实，就令人不忍回首……

今夕何夕在河州

随大明王朝对西北的“重视”“经营”，一拨一拨的“迁客”渡陇西来。他们或善吟咏，或长书画，或精医方，或明茶经，多雅士仁人。据《兰州府志》卷一〇记载：

徐兰，字与善，开化人，谪戍兰州卫，有《书经体要》。

耿复初，字明善，合肥人，谪戍兰州卫。

丁晋，字希敏，昆山人，谪戍庄浪卫，尚志节，明医术，善吟咏，有《樵云集》。与沈绎，杨志善号称“金城三老”。

沈绎，字成章，吴县人，谪戍兰州卫。

杨志善，杭州人，谪戍兰州卫。

潘若水，江西人，以事充吏于西宁，往来兰州。

据《明诗综》《明诗纪事》《明史》《续藏书》《列朝诗集小传》等文献记载:

陈质，字太素，广信人，谪戍兰州卫。

解（xiè）缙（jìn），字大绅，吉水人，谪戍河州卫。

王佐，字良辅，江夏人，谪戍河州卫。

刘廌（zhì），字士端，青田人，谪戍甘肃。

牟伦，字秉常，宜宾人，谪戍甘肃。

廖庄，字安止，吉水人，谪甘肃定关驿丞。

岳正，顺天漷县人，谪戍肃州。

郭登，谪戍甘肃。

周蕙，字廷芳，泰州人，谪戍临洮。戍兰州。

刘大夏，华容人，谪戍肃州。

包节，字元达，嘉兴人，谪戍庄浪卫。

艾穆，岳州平江人，谪戍凉州。

张慎言，字金铭，阳城人，谪戍甘肃。

……

雅者，正也；仁者，爱人。有雅士仁人美誉者，总守正而忤逆，善待人则被欺。况且，“老大意转拙”，守正一生，竟至愚拙，便在不知不觉中“得罪”罹难。屹立河州（今甘肃临夏）镇边楼的解缙，至死也没明白自己的“忠”举，还能遭到远戍的惩罚。

洪武三十一年（公元1398年），明太祖朱元璋驾崩。解缙“宾天之讣忽闻，痛切欲绝。母丧在殡，未遑安厝（cuò），家有九十之亲，倚门望思，皆不暇恋，冀一拜山陵，陨泪九土”。“好臧否，无顾忌”的解缙，听到皇帝驾崩的噩耗，衷肠欲断，完全忘却了自己已被罢还乡的“罪臣”身份，入京哭灵。结果，被劾远戍，他不得不抛下九十高寿的老父亲，赴河州卫所。“无顾忌”的解缙，对卫戍的艰苦生活同样不顾忌，在他的《文毅集》中，我们看到了历代文人作品中绝无仅有的河州风采。

河州正月十五夜有感

今夕何夕在河州，平生之交欢相酬。
微霞飘洒灯不收，更摧添注龙鳞油。
醉束身披紫绮裘，移船更作汗漫游。
岂知夜永风雪道，冰作灯笼森自矛。
逐日沥冻成以鞴（bèi），衬以五彩悬银钩。
大雪大似金兜鍪（móu），我疑天公与人谋。
剪下玉屑如雕镂，边城凉薄无所赒（zhōu）。
真成玉宇兼琼楼，烹龙炮凤楼上头。

“自风流”的“异域”元宵节与诗人家乡的相比，别有情趣，“冰作灯笼森自矛”的晶亮剔透在江西吉水是无法见到的。因此，诗人尽管身为羁客，每逢佳节倍思亲，不禁双泪纵横，但河州景观仍然使他兴趣盎然，作诗赋言。

炳灵寺石窟窟龛造像 甘肃临夏永靖县西南

河州“冰灯”闪亮，如白矛森森，炳灵寺上的冰桥更让人瞠目心摇：

冰灵寺

冰灵寺上山如削，柏树龙蟠点翠微。
况有冰桥最奇绝，银虹一道似天梯。

如削的山峦，白雪皑皑，白亮亮的“净土”上，点缀着苍翠的柏树如龙蟠般的身影。山如利刃削成，已令人惊奇，树似龙般盘踞，已显出万古之绝，而令人更加惊异的还是白凌凌一片的大河，上有银色的虹桥，飞架如天梯。

冰灵寺，即炳灵寺石窟，在今甘肃永靖西南的大寺沟。石窟开凿在积石山中，现存有自西秦迄清一百八十三个窟龛，大小石雕像六百九十四身，泥塑像八十二身。龙蟠，一作“龙盘”。形容古柏高大，枝干弯曲，犹如巨龙盘在山岩。冰桥，炳灵寺前，黄河水冬天结冰，游人可踏冰而过，到达寺中。

在用诗笔歌吟河州奇观壮景的同时，曾身为中书庶吉士“甚见受重，常侍帝前”的解缙，也非常留心河州的经济状况，他在《送习贤良赴河州序》中，言辞恳切地“备述”河州茶马互市的情况，一再提醒将要前往河州任茶马使的习寅宾，茶马贸易，“中外之交义利之辨”，只有忠信、笃敬，方可将河州化为“唐虞三代之邦”。其中议论河州畜牧，“河州之马如鸡啄之畜”，可谓畜牧为天下饶了。富足的物质，促进了精神文明的发达，因此，“夷人”以马易茶，进行商业贸易，同时，“慕知识，效信义”，文化层次不断提高。

草诏获罪肃州行

大明天顺元年（公元 1457 年）六月，承天门发生火灾。明英宗命翰林院修撰岳正代草“罪己诏”。

岳正“素豪迈，负气敢言”，正统十三年（公元 1448 年）进士，天顺元年刚刚由翰林院编修改修撰。皇帝有令，臣下自然不敢怠慢，既然“罪己”，言词必应切直，岳正毫不留情地把矛头指向乱政的宦官权臣，“词极切直”，产生了“天下传之”的强烈社会反响，深深刺痛了权臣石亨、宦官曹吉祥。曹吉祥，英宗复辟后，朝中最大的坏蛋！他曾以“谋逆”之名，害死于谦等大批爱国将领，恶贯满盈。专擅朝政的曹吉祥要陷害岳正这样一位“修撰”书生，只需动一动指头。岳正因“诽谤”罪，即刻被贬出京都，发往“五岭瘴高烟蔽日”的广东。在他回乡安顿老母家眷时，石亨、曹吉祥及其党羽似乎还嫌害得太轻不过瘾，又诬以他事，将他拘捕入狱，“拷掠备至”，改戍肃州。

崆峒山　甘肃平凉

生性豪迈的岳正，不因一次次的诬陷、折磨而改豪杰胆气，他毅然西行，途经平凉，登崆峒高瞻远瞩，思广成笑他无绩，朗声高歌，写成《游崆峒山》：

万古崆峒胜不磨，洞天天下数无多。

弯环风草眉横黛，重叠峰峦髻涌螺。

石榻静宜行倦卧，仙桥危待酒醒过。
广成已化轩辕逝，未炼神丹奈老何！

崆峒胜境，堪称万石。俗传，尧时即有仙鹤栖息。丹顶皂身、白腹朱喙、翼如车轮的仙鹤，在春夏之交，雨霁风和之时展翅翱翔，奇峰危崖、苍松翠柏的崆峒山，于是一派祥和，满目光彩。

仙鹤的传说，大概本于周秦之际的古仙人广成子。《庄子·在宥》说：黄帝立为天子十九年，令行天下，闻广成子在崆峒山上，故往见之。曰："我闻吾子达于至道，敢问至道之精？"随黄帝问道广成子的寓言，广成子居崆峒石穴，餐风饮露，食吸日精，炼丹成道的故事，便为人人所知。崆峒山由此也成为道教的洞天福地。

崆峒山确有仙境般的风光。不要说那群峰连天起的磅礴气势与绿水多妩媚相交织的"崆峒十二景观"，只要数一数今仍保存完好的宝刹梵宫，其"九宫八台十二院"也一定会让人心驰神往。太白楼、三清殿、玉皇殿、黄箓殿、药王殿、太上老君殿、天仙宫、明慧禅院、舒花寺、真乘寺、法轮寺、凌空塔、紫霄宫、飞升宫、聚仙桥、日月石、玄鹤洞、灵龟……

岳正天顺元年秋游崆峒，正值自永乐以来，明王朝招揽能工巧匠，重修崆峒胜境的热潮中，也是崆峒山道教文化的黄金时代，岳正"石榻静宜行倦卧，仙桥危待酒醒过"的歌吟，应当是崆峒山修葺一新的历史面貌。

一疏翻为陇外行

中国古代有一种令人瞠目结舌的刑罚“文字狱”，统治者故意从文人作品中摘取字句，罗织罪状，构成冤狱，以达镇压的目的。清代康熙、雍正、乾隆三朝正是文字狱大兴时期。一发西北“天地之奇、山川之秀”底蕴的“怀奇负异之士”洪亮吉就是“以语言文字致罹大辟”，于嘉庆四年（公元 1799 年）遣戍伊犁的。

洪亮吉（公元 1746 年—公元 1809 年）字君直，一字稚存，号北江，晚号更生，江苏阳湖（今常州）人，乾隆五十五年（公元 1790 年）进士，授编修，曾督贵州学政。嘉庆三年（公元 1798 年）大考詹事、编修等官，洪亮吉上《征邪教疏》“力陈内外弊政数千言，为时所忌”。

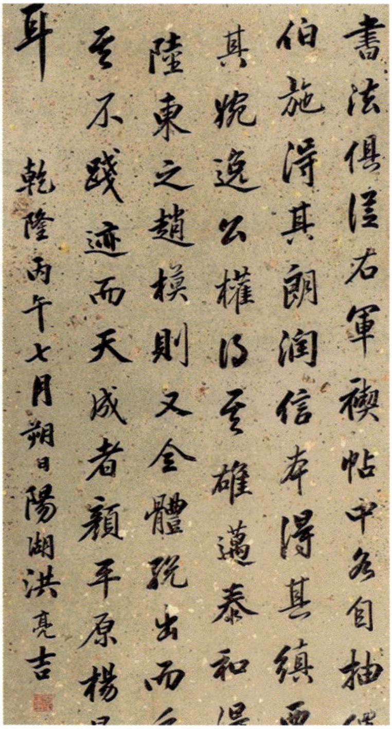

洪亮吉手迹

洪亮吉身为翰林官员，“例不奏事”，他是在“目击时事”“感叹焦劳，或至中宵不寐”的焦虑中，本着一腔忠诚而“极陈时政”的。仅凭这赤胆忠心，嘉庆帝也应认真对待，即使不能采纳，理当引以为戒。可是，书启中对时弊的揭露，对权贵的抨击，以及锋芒犀利的语言，都使嘉庆深为反感，特别是“今日皇上当法宪皇帝之严明，使吏治肃而民乐生；然后法仁皇帝之宽仁，以转移风俗”一类的话，使嘉庆大怒，认为这是“妄测高深，意存轩轾”，有意贬低自己，“肆意妄言，有心诽谤”“狂谬已极”。并指责洪亮吉“平日耽酒狂纵，放荡于礼法之外，儒风士品，扫地无余”。命革职，交军机大臣与刑部审讯。

洪亮吉入狱后，会审大臣“拟以大不敬律斩立决”上奏，嘉庆也许醒悟到自己的无理，下旨改为“从宽免死，发往伊犁交与将军保宁严行管束”。

“心性迂拙，言语戇（gàng）直”“生平性嗜山水”的洪亮吉，在狱中面对“严加桎梏”的酷刑和立斩的判决，笑谈从容，将“积雪百丈，流沙万里”的赴戍行程就更没视为畏途，在他看来，“汉世虽尝通西北国矣，然骠骑、浞野，挺剑持戟，既无意于搜奇；博望、定远，凿空进孰，亦不期于览胜。是则天地之奇、山川之秀，宁不待千百载之怀奇负异之士，或因行役而过，或以迁谪而至者，一发其底蕴乎！”怀奇负异的他，在“行箧萧然，资斧屡见匮乏”的状况下，“遄行”成路，“自西安至兰州一千六百九十里，计程十八日；自兰州至肃州一千四百七十里，计程十八日；自肃州、嘉峪关至伊犁万一千里，计程七十二日。”一步步艰难又坚定地在河陇道上迈进，其“底蕴”还有一层为人未尝注意的“心曲”——圆寻乡梦。

万余里外寻乡郡，三十年前梦玉关。

绝笑班超老从事，欲从迟暮想生还。

这首诗是洪亮吉于嘉庆四年（公元 1799 年）年底行至玉门时所作，题为《抵玉门县》，他在《更生斋集》本诗首句下自注：“余家郡望敦煌。”第二句后自注：“余弱冠时，在天井巷记宅课甥，曾夜梦至天山，详见所著《天山客话》。”

也许正是这一腔寻乡情，洪亮吉在《万里荷戈集》《百日赐环集》中，对河西景观记述尤详。《出嘉峪关雇长行车二辆车厢高过于屋偶题一绝》《抵玉门县》《安西道中》《安西至格瓦墩道中纪事》《雪深才出玉门关三月》《自哈密至苦水铺作》《度赤金峡》《入嘉峪关》《凉州城南与天山别放歌》《古浪县七夕》《自武胜驿抵平番》等等，均“尽其奇耶”！尤其《自哈密至苦水铺作》记河西特产敦煌瓜、酒泉酒，《度赤金峡》写村人夜间赛神，《入嘉峪关》摹雄关伟姿，既具史料价值，又充分表达了“寻乡郡”者对故乡的深切关注。他在《历代史案》中对长城的评价亦应出于这片赤子诚心：“若早从士英之请，壮夫登高御寇，以一当百，以逸待劳，对防寇掠，内勤耕牧，罢游骑而减戍卒，开屯田以储边储，省转运以宽民力，五年间不特省军需四千余万，而屯种所积，亦可三十万石。若役军十万，半载可城万里，万里之内，详加开垦，十年生聚之余，军民殷富，比户可封，筹边之策，最无有善于此者！”这段议论，当然是身临乡郡的洪亮吉针对现实而发的。清中叶的河陇大地，虽然较之顺治年间“灾祲（jìn）死徙之余，田亩之荒废者十有一二，军民之存活者十无一二”的凋敝状况稍有转变，但人民没有摆脱饥饿与死亡的威胁，“荒凉特甚”的面貌并未改观。

《万里行程记》

洪亮吉听到自己遣戍伊犁的消息，作诗二首，其中有句云：

人笑冷官罹法网，天教热血洒边尘。

以此来形容面对迁客遭遇“意殊泰然”的祁韵士，也恰如其风采。

祁韵士（公元1751年—公元1815年），字鹤皋，山西寿阳人，乾隆四十二年（公元1777年）举人，次年进士登科，充国史馆纂修官，历任右中见汉户部主事、员外郎、郎中。嘉庆九年（公元1804年）以郎中监督宝泉局任内，发生局库亏铜案，受牵连，无辜入狱。嘉庆十年二月十六日，诏发伊犁，充当苦差。十八日即开始了万里行程。自京师启行，一路“所见山川城堡、名胜古迹、人物风俗及塞外烟墩、沙碛，一切可异可怖之状，无不周览编历，系于心目。每憩息旅舍，随手疏记，投行箧中，时日既久，积累虽多，亦自不复记忆矣！抵戍后，暇日无事或愁风苦雨，独坐无聊，偶检零缣（jiān）碎片，集而省阅，以寄情怀，略加编缀，遂尔成篇”，即为他的《万里行程记》。

《万里行程记》所记“丝路”河陇道的情景概括如下：

路线：瓦云驿——泾州——王庄——白水驿——平凉府——安国镇——瓦亭驿——六盘山——隆德县——神林铺——静宁州——高家堡——青家驿——翟家所——会宁县——西巩驿——清凉山——安定县——秤钩驿——车道岭——清水驿——三角城——猪

嘴驿——东羌坡——兰州府——沙井驿——苦水驿——红城驿——平番县——武胜驿——岔口驿——镇羌驿——黑松驿——古浪县——靖边驿——大河驿——凉州府——怀安驿——柔远驿——永昌县——水磨关——水泉驿——峡口驿——新河驿——山丹县——东乐驿——仁寿驿——甘州府——沙井驿——抚彝驿——高台县——黑泉驿——深沟驿——盐池驿——双井驿——临水驿——肃州——丁家坝——嘉峪关——双井——惠回壁——火烧沟——赤斤湖——赤斤峡——高见滩——玉门县——三道沟——六道沟——布隆吉——双塔铺——水湾——甘沟——安西州……

作者自序云："就西行所未经者，起自太平驿迄于伊江，一路程途里数及景物大略分注如左以志，远游之迹抑使他日东归可按册而稽焉。"记述不但如作者所说，具有可按册而稽的准确性，而且就"丝路"古道的考察记而言，似乎还没有比祁韵士戴"罪"苦行的记述更详备的。

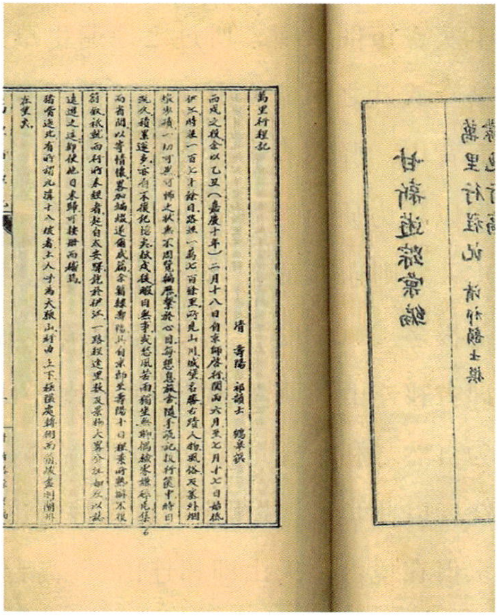
萬里行程記

清 壽陽 祁韻士 鶴皋撰

《万里行程记》书影

作者在记里数行迹的同时，对景物、风情、名胜、古迹的描绘尤为生动。如记瓦云驿，注云："驿为甘肃泾州辖，乃陕甘两省分界处也。"写"泾州城倚山临水，形胜最佳。西有泾汭（ruì）二水，清流映带，心为洒然”。王庄“桑枣成荫，田园润泽，风景绝类邠（bīn）州”。白水驿“有妇女当垆者”。平凉府“文襄祠在城东郭外”。（文襄祠指左宗棠祠。左宗棠谥“文襄”。）隆德县“是为陇西第一冲要之地”。静宁州“宋韩魏公治兵防夏于此，风景稍胜”。兰州府：“城东衢路荡平，直至坡下，目击园畦，丛薄（báo）点缀道旁，心为一畅。府城雄踞黄河南岸，五泉山在城南二里许，称名胜，游人不绝。城北黄流浩渺，自西而东有二十四舟为浮桥，束水若带，两岸铁索系之，复用集吉草为巨绠维舟属桥，渡者如履平地，北岸多酒楼，开窗临水，南望城郭，林树如画，惟岸上山楛（kǔ），草木不生，仅有番僧寺宇耳。”平番县“西郭外商民错处，雨缨其土产也”。武胜驿：“起苦水、红城过平番至武胜，村落衔接，水木清腴，民居丰实，市阁纵横，所过之地遍生草兰，马足芬芳，为西来第一沃壤。武胜之水流出山口，清湛可鉴毛发。”岔口驿“地居险要，向面背山。驿南有一山突起，崱屴（zè lì）若削，番民散处两山中。帽以毡为质而檐微窄，男女皆然。女番项背系白色带垂之，男著皮，女则赤脚而已。其人即古之羌种。自平番界至西宁口内外，种落极多。”凉州府“府城势闳敞，面山而居，其山绵亘自塞外来，即古祁连山。顶皆积雪不消，盛夏日暖稍稍化水流入沟渠引以溉田为自然之利。自此西去，雨泽率少。惟恃雪水入田，盖河西自古富饶皆以此耳。”甘州府“古张掖郡也。茂林荟蔚，水亦清，天山黑水俱在境内。天山即祁连山。”高台县“稻畦望，秧秀茁，不类边城。款段徐行，水田润泽，林树苍茫，瓜蓏（luǒ）之属，亦皆肥盛。河西风景无逾此邑。酿酒亦佳。”肃州：“州为极边要地，古酒泉郡也。自临水启行，田畴渐广，草树葱茏，距肃益近，林木尤多，水亦沦涟清漪，环绕道旁。既至州城，人民浩盛，百货贯输，俗尚繁奢，邻郡莫比。盖逼近关塞，五方杂处，其势然也。”嘉峪关“民人出关者，须自州给票始得放行，此外亦须检验公文，乃定例也。南北两山，遥遥拱峙，不见崒嵂（zú lǜ）巍峨之势，关据其中，亦反地居高阜，未为险峻。然而西门锁钥启闭森严，紫塞龙堆，从兹万里。关门既出，敻（xiòng）不见人。壮志离情，一时交集。瞻视山形，地势顿觉改观，然古人所称玉门、阳关，尚在此关之西数百里，为今敦煌市境，则嘉峪关犹未足为远也。”安西州“地以沙石为骨，如熔炼而成，肤无寸土，日光照射闪烁若有浮烟，就视不见。从此一望平沙，水草皆绝。”“远道迢迢，惟征戍之人备极领略耳。”祁韵士又有《濛池行稿》诗“百数十首”，与《万里行程记》诗文互映。诗序云：

> 泝泾水，度六盘峻岭，自陇西行，坂险非一，越皋兰，复渡黄河，经河西武威、张掖、酒泉诸郡，见氐羌所居，边堞迤逦，直抵关塞。少小时所读伊凉诗，多言征戍之苦，及天山、黑水、饮马长城诸迹，一一皆亲见之。叩关西出，景象苍凉，雪窖龙堆，纠纷极目，辗转走瀚海中千余里，叠经风穴、火山、沙坂、急流之险，又数月始抵戍所，已徂秋矣。
>
> 见山川城堡之雄阔，风土物产之瑰奇，云烟寒暑之变

幻，一切可骇可愕之状，有所触于外，辄有所感于中，悱恻忠爱，肠回日久，无一不寄之于诗。吟啸偶成，吮笔书工，长短惟意所适，其所不能尽，则又为《行程记》以纪之。

胡杨林　甘肃酒泉

《行稿》中《陇右竹枝词六首》《河西竹枝词六首》，吟气候、风物、民情，反映了河陇由东向西文化风貌变化的差异。如陇右多峻坂高坡，人民生活贫困，“日食需钱仅数铢，附身襦袴贱而粗。毡裘以外无长物，四季披束总不殊。”河西民多异族，虽然山秃水少，人烟稀疏，但“庐帐安居大道边”“踏歌解唱太平年”。农业耕作管理不力，“豚蹄欲祝满车篝，灌溉全资雪水流。稂莠未除芸事缺，只知播种靠天收。”牧童却显得悠闲自在：

倒骑牛背牧儿回，日暮烟迷烽火台。
鸡栅羊牢人卧榻，甘寻同梦土墙隈。

西北由来古战场，“马蹄躃躠（bì xiè）下岴（yán）阿（ē），日傍防秋故垒过。”历遭兵燹的“丝路”古道，总不减它那空旷苍凉的本色，请看看祁韵士的下列诗作：

山中早行

地僻人稀见，途长马懒嘶。
坡坨过陇右，沙砾到河西。
影对边城月，心摧旅店鸡。
行程知日远，回望白云低。

甘州道中

凉州西去是甘州，积雪青山半白头。
长路生憎逢斥卤，前途忽喜见林邱。
春迟塞草不成绿，风紧河沙无定流。
莫说此游同汗漫，长安远望不胜愁。

城郭亭障，鸟兽虫鱼，草木果蓏（luǒ），服食器用，边防夷落，一一笔录，“唯纪实云”。

万物有灵，高耸入云的冰山上盛开着雪莲，触处灼手的戈壁上生长着干活草。什么样的环境，多么恶劣的自然，都阻挡不了生命！看那大漠戈壁中挺立的胡杨、红柳、芨芨草、骆驼刺、干活草、沙枣树，这些顶风冒沙，抗旱拒碱，顽强生长着的“西陲风物”，给“知天命”之年贬谪远戍的祁韵士，给予了多么大的生存勇气！

祁韵士从戈壁上把来干活草端详，仿佛体悟人生：

微生若寄性宜干，水草无根碎叶攒。

一点水星沾不得，时从壁上把来看。

（《干活草》）

干活草，顾名思性，它不靠水生长，反而见水即死，当地人称它是“湿死干活”。微小得如同寄生水草般的干活草，硬是抗住酷热干旱而珍惜自己的生命，有着强健体魄、聪颖智慧的人，何以畏惧人生的点滴磨难！

祁韵士从山间采摘菰（gū）菜品尝，好像在感受自我：

淡巴菰种几何年，采得灵苗自五泉。

呼吸争夸风味别，居然烟火出丹田。

（《陇右竹枝词六首》其四）

一路跋涉，一路领略，面对《雾凇（sōng）》，他找到了答案：

岂是梅花开满树，居然柳絮欲漫天。
多情惯解迎人去，不在衣边在帽边。

这里有的是豁达乐观，有的是跳跃着的生命活力！面对贬谪遭遇能泰然处之的祁韵士，越发汲取到了超越磨难的力量，他将风穴火山、雪窖龙堆，视若等闲，从“可骇可愕”的自然景观中发掘其雄阔、瑰奇，在云烟寒暑的气候变幻中，寄寓“悱恻忠爱”情怀。至今提起来都要吓倒一大片懦夫的塞外荒寒，竟成了祁韵士创作的源泉、学术的源泉。

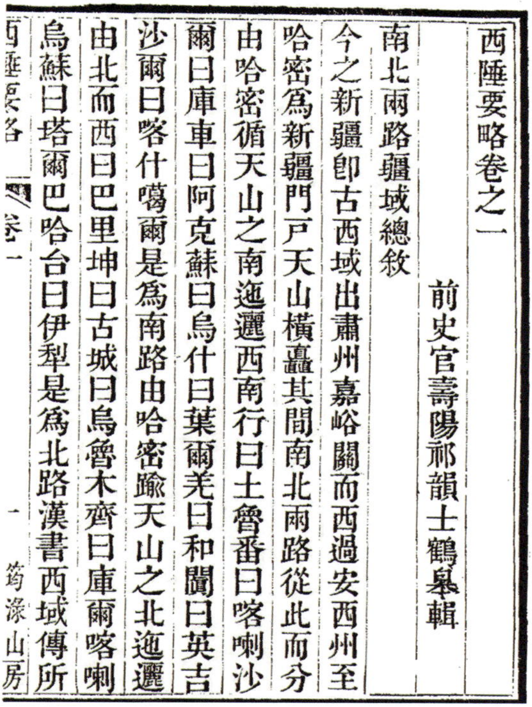
西陲要略卷之一
前史官壽陽祁韻士鶴皋輯
南北兩路疆域總敘
今之新疆卽古西域出肅州嘉峪關而西過安西州至
哈密爲新疆門戶天山橫亙其間南北兩路從此而分
由哈密循天山之南迤邐西南行曰土魯番曰喀喇沙
爾曰庫車曰阿克蘇曰烏什曰葉爾羌曰和闐曰英吉
沙爾曰喀什噶爾是爲南路由哈密踰天山之北迤邐
由北而西曰巴里坤曰古城曰烏魯木齊曰庫爾喀喇
烏蘇曰塔爾巴哈台曰伊犁是爲北路漢書西域傳所
西陲要略　卷一　一　筠淥山房

《西陲要略》书影

祁韵士“时经一百七十余日，路经一万七百余里”到伊犁，在当苦差的时候，他将汪廷楷尚未编就的新疆志书“重加排纂，一手编辑”成《伊犁总统事略》十二卷，后来以《西陲总统事略》为书名刊行；同时负责编辑《西域同文志》，撰写《西域释地》《西陲要略》，开辟了近代西北史地研究的先河，成为西北史地学的先驱者与奠基者。

第五章

僧　道

SENG DAO

鲁迅先生在《且介亭杂文·中国人失掉自信力了吗》一文中说：“我们从古以来，就有埋头苦干的人，有拼命硬干的人，有为民请命的人，有舍身求法的人……虽是等于为帝王将相作家谱的所谓‘正史’，也往往掩不住他们的光耀，这就是中国的脊梁。”

如果从曹魏甘露五年（公元260年）朱士行率众由雍州启程算起，到宋代乾德四年（公元966年）行勤、继业等三百余人的庞大僧团赴印度求法为止，西行求法的活动进行了七百多年，舍身求法的人出现了一批又一批，朱士行、法显、宋云、惠生、玄奘、慧超、悟空、行勤、继业……他们沿着丝绸之路西行，迎着肆虐的流沙，忍着口腹干焦的酷热，冒着“几将陨绝”的生命危险，勇敢地前进，坚定地向西！艰苦卓绝的历程，《西游记》小说敷演为九九八十一难。若真只有八十一难，何其幸哉！西行路上所遭受的磨难，亲临身受的人们都难以诉说得明白，道宣著《大慈恩寺三藏法师传》，历叙玄奘过玉门关第四烽火台的情景：“是时四顾茫然，人鸟俱绝，夜则妖魑举火，烂若繁星；昼则惊风拥沙，散如时雨。虽遇如是心无所惧，但苦水尽，渴不能进。是时四夜五日无一滴沾喉，口腹干焦，几将殒绝，不复能进。”不禁慨叹：“此等危难，百千不能备叙！”西行求法，何尝只是一种“出国”交流的活动！西行求法者的名字，与中国西部开发史上大无畏的坚毅精神紧密相连，他们就是“中国的脊梁”。

丝绸之路是求法之路，“法”从“丝路”来，丝绸之路也是传法的路，在中外文化交流史上，我们不能不镌刻上这些东来传经人的名字：安息人安世高、月氏人支娄迦谶、月氏人支谦，世居敦煌的月氏人竺法护以及昙摩谶、鸠摩罗什……他们“游历诸国”，沿途传译，驻留授经，对佛教文化传播的兴衰起着决定性作用。

飞天　敦煌莫高窟第 285 窟

宗教传播不只是单纯的宗教教旨的弘扬，而是一种综合文化体系的传播。身披袈裟、口诵佛经的僧人们，踏上求法、传法的路，就是走进了一个“丝路世界”，走进了丝绸之路文化圈。“丝路”文化及佛学研究者将丝绸之路文化圈内的佛教文化分为三个大区：中亚佛教文化、西域佛教文化和敦煌到长安的汉地佛教文化。绿洲丝路河陇段正好是“丝路”文化圈内汉地佛教文化传播的中心。佛教在该地区进一步“中国化”，其与中国固有的宗教的冲撞、融合，在该地区表现得尤为激烈。佛教文化与其他文化在河陇的交融一样，也表现出“混合”向融合的过渡状态。莫高窟那婀娜的“飞天”，即为典型。今天的甘肃号称“石窟艺术之乡”，沿着境内古道，西起河西走廊，东止陇东高原，星罗棋布排列着的大小石窟寺，都以其不朽的身姿，昭示着这一切。

汤用彤先生《汉魏两晋南北朝佛教史》总结说：“西行求法者，或在搜寻经典，或旨在从天竺高僧亲炙受学，或欲睹圣迹，作亡身之誓，或远诣异国，寻求名师来华。”他们是虔诚的宗教家，又是文化交流的使者，甚或是“很有能力的政治活动家”。许多人既通佛经，又通医学、算学，他们在译经、求经的同时，也将印度的许多科学技术介绍到中土。比如南朝梁代高僧慧皎撰《高僧传》中所记的安世高，志业聪敏，尅（kè）意好学，外国典籍及七曜五行，医方医术无不综达，在东汉末，即以“学术有名”。而唐高僧玄奘的《大唐西域记》，涉及沿途地域的地理形势、都城大小、农业状况、商业贸易、民情风俗、语言文字，乃至国王王后的饮食等等，方方面面，早已成为研究印度历史、哲学史、宗教史、文学史的瑰宝。季羡林先生的《大唐西域记校注》中说“我们几乎找不到一本讲印度古代问题而不引用玄奘《大唐西域记》的书”。

古代宗教传播的最主要方式之一是对经典的翻译宣传。六朝时期，中国即有大规模的译场建立。元魏洛阳永宁寺、姚秦长安的逍遥园、西凉凉州的闲豫宫等，都是一时译业的中心。译场人数众多，动辄数百人，多达两三千人。其中有较严密的分工，有译主、诵出、笔受、润色、正义、考证、对校等项。主译人多是精通华梵的义学大师。译场的职能不仅在于翻译佛典，同时又是教学机构和研究机构。译主是导师，参与的几百上千人就是学徒。这何尝不是一次大规模的文化交流活动！

我国确切可靠的第一部汉译佛典，是安世高译的《明度五十校计经》，出于东汉桓帝元嘉元年（公元151年）。至北宋仁宗庆历元年（公元1041年）惟净、孔道辅奏请朝廷解散翻经院，大规模的译经进行了近九百年。据我国封建社会最后的一个经录《至元法宝勘同总录》统计，在这近九百年间，留有姓名的译经师一百九十四人，译出经典一千六百四十四部，共五千五百八十六卷。佛典传译的目的虽是介绍佛教教义，但输入的内容包含丰富的印度与南亚、中亚文化。就雕刻、绘画艺术而言，俞剑华《中国绘画史》指出：南北朝时期“石刻造像，弥山岗谷；佛寺画壁，层出不穷，几乎人持佛号，家燃净灯。佛教之盛，达于极点，而雕刻绘画，亦俱为宗教所笼罩。多数画家俱从事于佛像之描写。于吾国绘画界添一异彩焉。”如明珠般镶嵌在“丝路”黄土高坡、沙海绿洲中的大小石窟，其在建筑、壁画、雕塑以及佛像的体型、表情、衣着等等方面所表现出的“犍陀罗”风格，都反映了宗教传播与中西文化交流的依托互渗。宗教传播即是中西文化交流的重要内容，而僧人的传经实际上是在传播和交流文化成果。

“丝路”“凿空”以后，东进阳关、玉门关而来的还有祆教、景教、摩尼教、伊斯兰教等，其中佛教在河陇道上的印迹最深，与土生土长的道教的冲突融合最烈，自然影响最广泛，也最深远。

虔诚的佛门弟子，不辞辛劳，不畏艰险，一批一批地跋涉在丝绸之路上。

让我们寻着僧徒们深深的足迹，去领略丝绸之路上一座座佛龛所展示的“彼岸”世界，神会弥勒菩萨、迦叶尊者的启悟，伴随“飞天”的香音，遨游理想的境界，感受文化自信的魅力。

一、“白马”东来

公元前 6 世纪时，印度人乔达摩·悉达多创立了一种宗教——佛教。乔达摩·悉达多被佛教徒尊称为释迦牟尼——觉悟了真理的智者。这一智者的学说于公元前一世纪左右，传入西域的龟兹、于阗等国，至公元二、三世纪，这些城邦已成为著名的佛教圣地。

佛教何时度玉门关，东传中原？

张骞往西域大夏国问佛名号

敦煌莫高窟第 323 窟有《张骞出使西域图》，第二场面榜题：

张骞出使西域壁画　敦煌莫高窟第 323 窟

前汉中宗既获金人，莫知名号，乃使博望侯张骞往西域大夏国问佛名号时。

前汉中宗即汉宣帝，公元前 74 年至公元前 49 年在位。当时张骞已去世四十多年了，壁画所图显然附会。获金人事，在汉武帝元狩二年（公元前 121 年）。《史记·匈奴列传》记："元狩二年春，以冠军侯（霍）去病为骠骑将军，将万骑出陇西，有功……收休屠祭天金人。"《魏书·释老志》说，"获其金人，帝以为大神，列于甘泉宫。金人率长丈余，不祭祀，但烧香礼拜而已。此则佛道流通之渐也。"甘泉宫是汉武帝的避暑胜地，在今陕西淳化县北。

张骞？金人？佛道？一问再问，仍然大惑。大约成书于三国时代的《牟子理惑论》又提供了一种"版本"：

问曰：汉地始闻佛道，其所从出耶？牟子曰：昔孝明皇帝梦见神人，身有日光，飞在殿前，欣然悦之。明日，博问群臣，"此为何神"？有通人傅毅曰："臣闻天竺有得道者，号之曰佛，飞行虚空，身有日光，殆将其神也。"于是上悟，遣使者张骞、羽林郎中秦景、博士弟子王遵等十二人，于大月氏写佛经四十二章，藏在兰台石室第十四间。时于洛阳城西雍门外起佛寺，于其壁画千乘万骑，绕塔三匝。又于南宫清凉台及开阳城门上作佛像。明帝存时，预修造寿陵，陵曰"显节"，亦于其上作佛图像。时国丰民宁，远夷慕义，学者由此而滋。

如果这里所说的张骞与“凿空”的张骞不是同名同姓的两个人的话，孝明帝与张骞当然不搭界。《魏书》的撰者已看出破绽，作了修改：

> 及开西域，遣张骞使大夏还，传其旁有身毒国，一名天竺，始闻有浮屠之教。哀帝元寿元年，博士弟子秦景宪受大月氏王使伊存口授浮屠经。中土闻之，未之信了也。后孝明帝夜梦金人，项有日光，飞行殿庭，乃访群臣，傅毅始以佛对。帝遣郎中蔡愔、博士弟子秦景等使于天竺，写浮屠遗范。愔仍与沙门摄摩腾、竺法兰东还洛阳。中国有法门及跪拜之法，自此始也。

博士弟子受大月氏王使伊存口授《浮屠经》之说，《三国志·魏志·东夷传》裴松之注引曹魏鱼豢（huàn）撰《魏略·西戎传》另有说法：“昔汉哀帝元寿元年（公元前2年），博士弟子景庐受大月氏王使伊存口授《浮屠经》。”

汉地何时始闻佛道，其所从出耶？排列细绎上述资料后，我们还是不得不发出疑问，但从中我们理出了一条线索：佛道东传的具体时间，不论在张骞出使西域，还是汉哀帝元寿元年；求佛的缘起，不论是霍去病缴获的祭天金人，还是孝明帝梦到的神异金人，“佛”都与丝绸之路有着不解之缘。张骞问佛号，纯属子虚乌有，但佛教东来的路线，却是张骞“凿空”的丝绸之路，南道：莎车——于阗——昆仑山北麓——玉门关、阳关——敦煌……；北道：疏勒——龟兹——天山南麓——伊吾——敦煌……。蔡愔、秦景的西出应该是真实的。摄摩腾、竺法兰也该是最早东来传法的代表人物。

从地域上说,“西戎”是古代对西北游牧民族的统称,其地应该包括敦煌,《左传·昭公九年》:“允姓之戎,居于瓜州。”《通典》一七四卷记载:“沙州,昔舜流三苗于三危,即其地也。其后子孙为羌戎,代有其地。”从种族上说,此“西戎”也应该包括大月氏,以及乌孙、匈奴、羌等。

白马驮经的故事

据专家考证,所谓白马驮经的事纯属虚构。佛教僧徒和老百姓大概也都知道是假的,但他们还是一代接一代津津有味地讲着这个“从前”的故事。这个“从前”的故事,真够古老的。最早记在郦道元的《水经注》卷十六里:

白马塔 甘肃敦煌

昔汉明帝梦见大人，金色，项佩白光，以问群臣。或对曰："西方有神名曰佛，形如陛下所梦，得无是乎？"于是发使天竺，写致经、像。始以榆梲盛经，白马负图，表之中夏，故以白马为寺名。

大迦叶乘五百白马飞行壁画　敦煌莫高窟第257窟

郦道元在叙述洛阳白马寺名称的来历，杨衒之《洛阳伽蓝记》卷四的意见和郦道元差不多，也说白马寺名称的由来是因为从西域取经、像，是白马驮来的。《魏书·释老志》当然采用两位大学问家的说法，但将故事叙述得越见完整：

> 蔡愔又得佛经《四十二章》及释伽立像，明帝令画工图佛像，置清凉台及显节陵上，经缄于兰台石室。愔之还也，以白马负经而至，汉因立白马寺于洛城雍门西。摩腾、法兰咸卒于此寺。

《魏书》的作者是北齐时的魏收。梁代的僧人慧皎则代表释门弟子发表了对白马的看法，他在《高僧传·摄摩腾传》中写道：蔡愔在中天竺遇见摩腾，相邀来汉地，到了洛阳，汉明帝举行隆重的接待仪式，并专门在洛阳城西门外修建“精舍”，让摩腾居住。慧皎说：“腾所住处，今洛阳城西雍门外白马寺是也。”但他认为以白马命名的原因不在白马驮经，而是因为：“相传云：外国国王尝毁破诸寺，唯招提寺未及毁坏。夜有一白马绕塔悲鸣，即以启王，王即停坏诸寺，因改招提以为白马。故诸寺名多取则焉。”慧皎的故事听起来更加生动了，但“招提”这样的外国名，对一般僧徒和老百姓来说似乎显得难记了些，并且，外国的故事离中国的老百姓也太遥远了。大家就喜欢相信佛教是因为皇上感梦才传到中国来的，也认定白马寺就是为驮经的白马而命名的。并且，白马逐渐从寺的实际具体意义上脱离开来。佛经要传，必要白马驮；蔡愔求经，白马驮经；鸠摩罗什骑着白马东来；玄奘西行求经，也必须得有匹白马，《西游记》的作者不是就让那龙王太子化作白马坐骑了吗？文人骚客游览凭吊，因“白马”而遐思悠悠。中唐诗人张继，安史之乱后《宿白马寺》，见殿堂毁圮，碑碣断裂，不禁难以安眠，吟唱的还是那白马驮经的故事：

白马驮经事已空，断碑残刹见遗踪。
萧萧茅屋秋风起，一夜雨声羁思浓。

而且，各地的老百姓为自己的家乡求福，各自讲着与自己的生活有关的故事。“善国神乡”的敦煌人当然不去为洛阳的白马寺操更多的心，他们讲着自己“白马塔”的故事，传诵着白马为鸠摩罗什托梦的动人“事迹”。

前秦大将氐族吕光西征，凯旋东归时，带着令他无比自豪的“战利品”——鸠摩罗什。声名遍西域的鸠摩罗什骑着翩翩白马，款款向东。途经敦煌时，白马病死，为罗什留下了一个抹不去的遗憾。

一天夜里，罗什梦见白马与他对话，白马说：“我本是上界天骝龙驹，受佛主命，驮你东传佛教。敦煌是我超脱生死之地。现我已伴你进关，前面是阳关大道，望你前途郑重。”罗什苦苦哀求，可白马化作一片彩霞冉冉升空。罗什恍然惊起。这时，随侍报告：白马仙逝。罗什十分痛心，将白马葬于沙州城内，花重金修建了“白马塔”。在敦煌百姓的观念里，白马便成了佛教的象征，

白马壁画　莫高窟第 275 窟

在今天敦煌城西沙州故城内东南角，那座别具风格的佛塔，便是那充满神奇色彩的白马塔。其高九级，底层八角形，每角面宽三米，二至四层为折角重叠形，第五层有空出的乳钉，上饰铆连瓣，第六层为覆体形塔身，第七层为相轮形，最上为六角刹盘，每角挂着一个风铃。塔院幽静，铎铃自语，仿佛吟诵着那一切为众僧、为一切众僧的最高教旨。

二、“西凉佛界有两要人”

梁启超《佛教教理在中国之发展》指出：

> 于兹有一重要之地点宜特叙者，曰凉域。读吾书者，当已熟知佛教与西域之关系。夫西凉则西域之交通之孔道也。西凉佛界有两要人，其一法护，其二昙无谶。两人功绩皆在翻译，而护为西行求法之先登者，纯大乘之教理之输入，且先于罗什，但系统未立耳。其在西陲之感化力亦至伟，有“敦煌菩萨”之号。谶之大业，在译《涅槃》，与罗什之《般若》，譬犹双峰对峙，二水中分也。

法护画像

“敦煌菩萨”

“敦煌菩萨”是魏晋之世两京三河的佛教徒对法护的尊称。

法护的名字叫法很多，梁《高僧传》中称“竺昙摩罗刹”，意译作法护。通常因为他俗姓支，故称之为“支法护”。“支”，是葱岭以西大月氏人移居中国后所取的姓氏。又因为魏晋时期有一种“徒冠师姓”的习惯，所以又随师傅叫竺法护。还有一种称号“昙法护”，这是将晋语梵语并举，一语双关了。不过，较为普遍的名号，还是“敦煌菩萨”。

“敦煌菩萨”的身世，《高僧传》云：“其先月氏人，本姓支氏，世居敦煌郡。八岁出家，事外国沙门竺高座为师，诵经日万言，过目则能。天性纯懿，操行精苦，笃志好学，万里寻师，是以博览六经，游心七籍，虽世务毁誉，未尝介抱。”传中所说的“万里寻师”，明复先生在《“竺昙摩罗察”事迹之研究》中辩证：“这可说明他‘万里寻师’，不是到河洛三辅来的。那么就很可能是西逾葱岭，到大月氏去了。此时的大月氏，已经灭了大夏，征服了北印度成为中亚细亚唯一的强国，而且又是大乘佛法的重镇。护公由敦煌出发西行，经过小月氏，翻越葱岭，即达大月支。这在他说来，应该十分方便，胜似东至洛阳，南下汉中。”明复先生分析得很有道理，就地域路途来说，敦煌向西比东来要方便得多，更重要的是，佛源在西域，正如《高僧传》所说：“是时晋武之世，寺庙图像，虽崇京邑，而方等深经，蕴在葱外。”因此，法护“慨然发愤，志弘大道”的第二次“取经”，仍然是“至西域”。他在西域游历诸国，掌握了西域三十六国的语言，“贯综诂训，音义字体，无不备识。”回国以后，先在酒泉，译出《圣法印经》，后在敦煌译出《道地经》及《不转退法轮经》，“沿路传译，写为晋文”，至长安译出《持心经》《正法华经》《光赞般若经》。后来由长安迁洛阳，译《文殊净律经》。在洛阳重校并讲解《正法华经》，举行过盛大的法会。晋惠帝时，天下大乱，京畿几成屠场，两河三辅化为鬼蜮，长安、洛阳，难民麇（qún）集，秩序荡然。但法护照旧译经不辍，行道如恒，弘化长安、酒泉间，译出《文殊师利佛土严净经》二卷，《勇伏定》《度世品》《大哀》《如来兴显》《圣法印》等二十二部经典。

法护乱世中的归宿，《高僧传》记载说："晋惠西奔，关中扰乱，百姓流移，护与门徒避地东下，至渑池遘疾而卒。"对此说法，后代佛教研究专家都不能苟同，汤用彤先生《汉魏两晋南北朝佛教史》辩曰：

> 《祐录》《僧传》云，护公于晋惠西奔……至渑池遘疾卒。查晋惠西奔在永（太）安元年（公元 304 年），其后四年，乃怀帝永嘉二年，护尚在天水寺译经，自非死于惠帝之时……且长安大乱，人民多避乱凉州。法护世据敦煌，似亦应西遁而不当东迈。按道安《合放光》《光赞随略解序》谓：光赞"寝逸凉土"，则凉州或护晚年所在地。

法护译经，据僧佑《出三藏记集》统计，共有一百五十九部之多，包括大乘佛学的主要部分，如《般若经》《华严经》《宝积经》《大集经》《涅槃经》《华法经》《大乘经》《大乘律》等，所以，僧佑《出三臧记集·法护传》给了他高度评价："经法所以广流中华者，护之力也。"经法广流中华，不仅大力译经传，更重要的是，法护在河西进行过多次大的译经活动。围绕译经，发展了大批僧徒，培养出不少高僧。

太康五年（公元 284 年）罽（jì）宾文士竺侯征若携梵本《修

行道地经》到敦煌，“既通竺语又畅晋言”的法护与竺侯征若合作释译。翻译过程中，笔受者有弟子法乘、月氏法宝；劝助者有李应荣、承索乌子、剡（shàn）迟时、通武、支晋、支晋宝等三十余人；书写者有荣携业、侯无英。同年十月，一个叫美子侯的龟兹国副使，随身携带《阿维越致遮经》梵本到敦煌，也由法护译成汉文，并“口敷晋言，授沙门法乘使流布”。

西晋惠帝司马衷元康四年（公元 294 年）在酒泉译《圣法印经》。

每次译经，大师、弟子、劝助的信士，皆组成规模不小的译经团队。团队成员从姓名看，大约一半是西域胡人，如美子侯、竺侯征若、法宝、承索乌子、支晋、支晋宝等等，反映出敦煌人口中外杂居的情形，以及外来移民由于信奉佛教，在本地佛教发展中所起的作用；另一方面也说明，两晋时期佛教在敦煌的普及程度。在此情势下，莫高窟的出现不过是早晚的事，而莫高窟千佛洞壁画带有域外色彩和东西方文化交融的痕迹也是理所当然。

由于竺法护的影响，佛教在河西的传播深入发展，他的弟子如竺法乘等也“主寺延学，使豺狼革心，戎狄知礼”。另外受到竺法护称誉的高僧如敦煌人于道邃等，都在佛教传播活动中功勋卓著，当时的名流如孙绰把法护、法乘、于道邃三人分别比作山涛、王戎、阮咸，可见其名望之大，影响之巨！

“大咒师”

昙无谶（chèn），其名因取梵语不同，或作昙摩忏（chàn）、昙无懺。僧佑《出三臧记集》与慧皎《高僧传》皆有传。

昙无谶（公元 385 年—公元 433 年），中天竺人，幼随母做佣工织毾㲪（tà dēng）为业，毾㲪就是有花纹的细毛毯。十岁学小乘，后专攻大乘。至年二十，诵大小乘经二百余万言。明解咒术，非常灵验，西域号为“大咒师”。自中天竺历罽宾、龟兹而到姑臧，携带《大涅槃经》《菩萨戒经》《菩萨戒本》游学。

昙无谶的“大咒师”之号，魅力无穷。由此引发的故事也充满神秘色彩，在西域时，他曾密念咒语让枯石生泉；到姑臧时，住在“传舍”——旅店里，担心丢失经本，睡觉时枕在头下，可是每次睡着，经本都会掉在地上，昙无谶大为惊恐，连续三晚上，忽听空中有音，说：“这是如来佛的解脱经，怎么可以当枕头。”昙无谶渐渐明白了，将经本放在高处。夜里果然有人来偷，但沉重得无法提起。第二天天亮，昙无谶拿着经本行走，如平常人拿着书本一般。偷盗者看在眼里，服在心里，认为他是圣人。西域大咒师又以圣人闻名武威。当时的河西王沮渠蒙逊听到他的事迹，“呼与相见，招待甚厚”。

“大咒师”竭诚为河西王服务，为他驱除“鬼魅”，使河西境内安宁。沮渠蒙逊越加敬重。北魏拓跋焘获知昙无谶道述高妙，遣使迎请，软硬兼施，威胁沮渠蒙逊，“若不遣谶，便即加兵”。又拜沮渠蒙逊为使持节侍中，都督凉州、西域诸军事，太傅骠骑大将军，凉州牧，加九锡之礼，诏曰：“闻彼有昙摩谶法师，博通多识，罗什之流，秘咒神验，证公之匹，朕思欲遘道，可驰驿送之。”沮渠蒙逊既舍不得昙无谶，又惹不起拓跋焘，进退维谷，左右为难。也许是昙无谶想解除沮渠蒙逊的困境，“大咒师”当然也不愿夹在两王之间，他请求西行，去寻《涅槃后分经》。任何人的劝阻都不能使他动摇、改变。临行前，对弟子友人们说：“谶业对将至，众圣不能救矣。”沮渠蒙逊太需要这位能借道术保境安民的“大咒师”了，听到他要走，便怒不可遏，终于在昙无谶西行途中，让刺客秘密将他杀害了。梁代慧皎撰《高僧传》，专门在正传中为“晋河西昙无谶”立传，说：“既而逊左右，常白日见鬼神，以剑击逊，至四月，逊寝疾而亡。”噢，真是“大咒师”，灵验透了。

当然，昙无谶能被列入《高僧传》，受后世的称赞，绝不是因为“大咒师”这一些雕虫末技，他在译经事业上的贡献及“在西陲的感化力亦至伟”。

《高僧传》记其到武威译经情况：

> 蒙逊素奉大法，志在弘通，欲请出经本，谶以未参土言，又无传译，恐言舛于理，不许即翻，于是学语三年，方译写《(大涅槃经) 初分》十卷。时沙门慧嵩、道朗，独步河西，值其宣出经藏，深相推重，转易梵文，嵩公笔受。道俗数百人，疑难纵横，谶临机释滞，请辩若流。兼富于文藻，辞制华密。嵩、朗等更请广出诸经，次译《大集》《大云》《悲华》《地持》《优婆塞戒》《金光明》《海龙王》《菩萨戒本》等，六十余万言。谶以《涅槃经》本，品数未足，还外国究寻，值其母亡，遂留岁余。后于于

> 阗，更得经本《中分》，复还姑臧译之。后又遣使于阗，寻得《后分》，于是续译为三十三卷，以伪玄始三年（公元 414 年）初就翻译，至玄始十年（公元 421 年）十月二十三日三袠（zhì）方竟，即宋武永初二年也。①

昙无谶对译经事业的忠诚及其译经的严谨态度，令人不胜感佩。

河西佛教的传播，通过竺法护“沿途传译”，竺法乘“主寺延学”等等众僧的多方努力，到前凉时期，佛教经义已深入人心。《魏书·释老志》记载：“凉州自张轨后，世信佛教。敦煌地接西域，道俗交得。其旧式村坞相属，多有塔寺”。译经活动得到官方支持，组织严密，规模宏大。唐代智昇著《开元释教录》卷四《总括群经录》记当时译经的情况说：

> 优婆塞支施仑，月支人也。博综众经特善方等，意存开化传于未闻，奉经来游达凉土，张公见而重之，请令翻译。以咸安三年癸酉（从晋年号）于凉州州内正厅堂后湛露轩下，出《须赖》等经四部。龟兹王世子帛延传语，常侍西海赵潇、会水令马亦、内侍来恭政三人笔受，沙门释慧常、释进行同在会证。
>
> 北凉，沮渠氏，初都张掖，后徙姑臧。自蒙逊（谥武

① ［梁］释慧皎撰《高僧传》，汤用彤校注，中华书局，1992 年版。

宣王）永安元年辛丑至牧犍（魏封河西王）承和七年己卯，凡经二主三十九年。缁素九人，所出经、律、论等并新旧集失译诸经，总八十二部合三百一十一卷。[①]

前凉亡后，在北凉沮渠氏统一河西之前，河西先后由前秦、后秦管辖过一段时间，继而出现后凉、南凉、北凉、西凉割土分治的局面，佛教传播一度沉寂。沮渠蒙逊统一河西后，使凉土佛事又臻于极致。沮渠蒙逊笃信佛法，热心传译，将姑臧内苑闲豫宫专门辟为译场，昙无谶即成为译经巨子。他译的《菩萨戒本》受到凉土僧人的高度重视，《法苑珠林》记述说，当时有道进、道朗等三千余人纷纷受戒，而他的《大般涅槃经》，传以南朝，由高僧慧严、慧观和谢灵运等人修订整理，在中国佛教中又树一帜。

① 《大正新修大藏经》第五十五册。

三、第一个西行求法的人

随“白马”驮经而来的迦叶摩腾、竺法兰驻“白马寺”精舍后，佛典翻译工作即开展起来。这两位大月氏佛徒译出了传入中国最早的一部小乘佛教经籍《四十二章经》，迄止东汉末年，中原地区便开始流行一些译成中文的佛教经籍。

早期的佛典翻译是在少数东来的外族僧侣和中国信徒之间进行的。没有梵本，即没有印度语的原版书籍，全靠口传，口传者又多为当时位处丝绸之路中介地区的大月氏人、安息人、康居人、于阗人等，他们自然操着自己本地的语言。因此，在翻译过程中，口诵的“西域人”与笔受的“中国人”，互相揣摩，译出的佛典往往生涩难懂。即使东汉末年享誉中外的译经大师安世高、支娄迦谶所译佛经，在有的信徒看来或“辞

白马寺　河南洛阳

质多胡音”，或“时有不达”。意思是说，他们的译本或者内涵要义不精确，或者润饰造句不精练。水平较低者所译的佛典，则更有内容歧误的缺陷。鉴于佛典翻译存在的诸多问题，正本溯源即成为佛教传播的首要问题。这也激发了中原僧徒西行求法的壮志，他们需要亲自寻找佛典原本，直接接受梵文的严格训练。往外国求学，朱士行开创了佛教文化传播史上的中国“第一”。

誓志捐身，远迎《大品》

梁释僧祐撰《出三藏记集》卷十三《朱士行传》：

> 朱士行，颍川人也。志业清粹，气韵明烈，坚正方直，劝沮不能移焉。少怀远悟，脱落尘俗，出家以后，便以大法为己任。常谓入道资慧，故专务经典。初，天竺朔佛，以汉灵帝时出《道行经》，译人口传，或不领，辄抄撮而过，故意义首尾颇有格碍。士行尝于洛阳讲《小品》，往往不通。每叹此经大乘之要，而译理不尽，誓志捐身，远迎《大品》。遂以魏甘露五年（公元 260 年）发迹雍州，西涉流沙。既至于阗，果写得正品梵书，胡本九十章，六十万余言。遣弟子不如檀，晋言法绕，凡十人，送经胡本还洛阳。①

---

①［梁］释僧祐撰《出三藏记集》，苏晋仁，萧炼子点校，中华书局，1995 年版。

朱士行在洛阳讲的《小品》，即所谓的《小品般若》，一般指东汉末年支娄迦谶译的《道行般若经》（十卷）。这一经卷，三国吴地的支谦所译，名为《大明度天极经》，十六国时期鸠摩罗什所译名《小品般若经》，唐玄奘译名《大般若经》第四会。

《小品》篇幅较短，《大品》篇幅较多，全称《大品般若》，也叫《大品经》。

《小品》《大品》是佛教大乘教义的基本理论经典。

朱士行“入道资慧，专务经典”，教授《小品般若》经时，发现译本“文章隐质，诸未尽善”，经籍的精义没有完全翻译出来，而且，经文内容的首尾有许多相互牴牾之处，“意义首尾，颇有格碍”，为“大乘之要，而译理不尽”，感到深深的遗憾，便决心西行，求取更完整的《大品般若》经籍。他立下誓言，即使粉身碎骨，牺牲生命，也要求得《大品》。

启程雍州，抵达于阗

魏甘露五年（公元 260 年），朱士行率众徒从雍州（今陕西长安西北）启程，经过河西走廊，从敦煌西南行，沿汉代“凿空”的“丝路”南道，西渡流沙，穿越渺无人烟的大戈壁，到达昆仑山北麓的于阗（今新疆和田）。

佛教传入西域的时间，一般认为大约在公元前后一百年间。到曹魏甘露（公元 256 年—公元 260 年）时，已有近两百年的历史，在西域也形成了一个以于阗、龟兹为中心的佛教文化圈。

于阗地当“丝路”南道要冲，与佛教中心之一的罽宾（今克什米尔一带）相连，是天竺（今印度）及罽宾等地僧侣、商贾东行的必经之地。独特的地理位置为它成为一个佛教传播发展的中心，提供了不可替代的条件。朱士行到于阗后，如愿所偿，获得了梵文正本九十章六十余万字的佛典。由他的弟子不如檀（弗如檀）送回中原。西晋时，由于阗僧人无叉罗、印度僧人竺叔蓝和中原的祝太玄、周玄明等共同译出，这就是《大品般若》，即著名的《放光般若经》（三十卷）。

"朱士行可说是创始的人"

中国著名的佛学研究家吕澂（chéng）先生在其《中国佛学源流略讲》一书中说：

> 从汉僧西行求法的历史上看，朱士行可说是创始的人。那时去西域的道路十分难走，又没人引导，士行只凭一片真诚，竟达到了目的；他的这种为法热忱是可以和后来的法显、玄奘媲美的。他求得的经典虽只限于《放光般若》一种，译出仍不完全，但对于当时的义学影响却很大，所以翻译之后即风行京华，凡有心讲习的都奉为圭臬。

四、“创辟荒途”

法显像

法显（公元335年—公元422年）俗姓龚，平阳郡武阳（今山西襄垣县）人。三岁做小沙弥。二十岁受比丘大戒。“志行明洁，仪轨整肃”。诵读经书，常常感叹律藏残缺，发誓要求全经。于是，与志同道合的慧景、道整、慧应、慧嵬等相约，离开长安，沿丝绸之路西上，出关寻求戒律。这一年，是后秦姚兴弘始元年，即公元399年，法显六十四岁。

法显一行由长安出发。当时的长安，是后秦姚兴的都城。姚兴太元十八年（公元393年）称帝，崇信佛教。曾多处搜罗高僧，组织翻译佛经，宣讲教义，长安渐成佛经译场，僧徒芸芸，法显即为“众僧数百人中，莫不叹服”者。

《晋书·秃发乌孤载记》：法显西上度陇之时，河陇地方正值“云雷屯，群凶作”“胡兵肆祸，封域无纪，干戈是务”。曾称大都督、大将军、大单于、西平王的秃发乌孤图谋吞并河西，他分析河陇大势说：“陇右区区数郡地耳！因其兵乱，分裂遂至十余。乾归擅命河南，段业阻兵张掖，虐氏假息，偷据姑臧。”对如此动荡的局面，法显一行耳闻目睹。他归国后写成的《佛国记》，也叫《法显传》或《历游天竺记传》，为我们记述了“五胡”十六国时期丝绸之路的历史风貌。

夏坐乾归国

法显一行抵达乾归国时，正好到佛教规仪夏坐的日子。佛教出家僧尼每年有三个月安居期，即不得外出，须在寺内、庵内静修，接受供养。

乾归国即历史上所谓的西秦。

晋孝武帝太元十年（公元385年），陇西鲜卑人乞伏国仁借前秦苻坚淝水败绩，姚苌大动杀机，关陇一片混乱的时机，自称大都督、大将军、大单于，领秦、河二州牧。设左右相、左右辅、上将军等官职。置武成、武阳、安国、武始、汉阳、天水、略阳、漒州、甘松、匡明、白马、苑川十二郡，兴建勇士城（今甘肃榆中）为国都，建立西秦，年号建义。

太元十三年（公元388年）乞伏国仁卒。弟乾归继立，称大单于、河南王，迁都金城（今甘肃兰州），改元太初。乞伏乾归对内仿照魏武晋文故事，设置官僚制度。对外，连破劲敌，声振边服，国力由是日强。法显到达时为公元 399 年，西秦国内太平，夏坐供养，经济上有保障。而陇右河西，自前秦苻坚、前凉张轨之后，佛风大盛，是法显西行求法的交通基础。佛教初入华土，为争取民心，扎稳脚跟，迎合本土文化，吸收道教旨趣，讲报应，论方术的格义，对身受兵燹，居无宁日的人们，更具吸引力。鲜卑乞伏氏，对佛教更是迷信尊崇。至今坐落在河西走廊东大门的炳灵寺石窟，最早即建于西秦。北魏郦道元《水经注》引《秦州记》，注云："河峡崖傍有二窟。一曰唐述窟，高四十丈。西二里有时亮窟，高百丈，宽二十丈，深三十丈，藏古书五简。"据考辨，唐述窟（今编号 169 窟）就是乞伏乾归的儿子乞伏炽磐主持开凿的。造像高鼻大眼，很有西域民族特征。窟壁有西域大禅师昙摩毗供养像、维摩诘居士图，西秦建弘元年（公元 420 年）墨书题记。这是至今我国发现最早的石刻题记，至为珍贵。

法显一行，在乾归国夏坐结束，前行至耨檀（傉檀）国。

耨檀（傉檀）国是河西鲜卑人建立的政权，都城设在乐都（今属青海），史称南凉。从秃发乌孤自称大单于、西平王至秃发耨檀（傉檀）降西秦，共历三世，存十八年。《佛国记》云："夏坐讫，前行至耨檀（傉檀）国。度养楼山，至张掖镇。"养楼山，即祁连山。公元 399 年，南凉开国主秃发乌孤死，其弟利鹿孤继立，迁都至西平（今青海西宁）。法显一行从榆中至西宁，经丝绸之路要隘大斗拔谷，越祁连山，到达张掖镇（今甘肃张掖）。

炳灵寺石窟　甘肃临夏永靖县

"张掖大乱，道路不通"

《佛国记》载：

> 张掖大乱，道路不通。张掖王段业，遂留为作檀越。于是与智严、慧简、僧绍、宝云、僧景等相遇，欣于同志，便共夏坐。

檀越，梵语音译，即施主。依据时间推断，这里的"张掖大乱"，概指晋隆安四年（公元400年）四月，敦煌太守李暠自立。

张掖一带，本属吕光建立的后凉政权。公元397年，后凉征西秦失利，败于枹（fú）罕城（今甘肃临夏）下。吕光诿罪于卢水胡人沮渠罗仇和麴粥，杀了二人。卢水胡，属匈奴族，世居临松卢水

马蹄北寺石窟简介
马蹄北寺石窟是马蹄寺石窟群中重要的组成部分。
有编号洞窟9个，大小窟龛30个，洞窟均开凿于元代。据现存
于各窟内的造像、壁画特点分析，大多是元代作品。窟前原有规模
宏大的藏传佛教寺院建筑，由于自然和人为的破坏已不复存在。北寺
3、7窟建造规模宏大，构造独特，在石窟开凿史上具有极高的科学价值
马蹄寺石窟群　甘肃张掖

(今张掖黑河流域)。罗仇、麴粥被杀，激起他们的侄儿沮渠蒙逊的反抗。蒙逊聚合部下二万余人，在罗仇、麴粥埋葬时发动起义，占据金山（今甘肃民乐境内）。他的从兄男成也聚兵二千，攻打酒泉。他们共推后凉建康太守段业为凉州牧、建康公，建元神玺，立都张掖，史称北凉。公元307年至公元401年，段业坐着北凉政权的第一把交椅。法显一行到时，他有权作檀越（施主），为他们夏坐提供了生活保障。

十六国时期，佛教在河西走廊的传播，已蔚为大观。但论者多提敦煌、武威，位于河西走廊中部祁连山北麓的张掖显得默默无闻。法显一行在张掖夏坐，又遇智严、慧简、僧绍、宝云、僧景等“同志”的事实，说明在十六国群凶蜂起之时，张掖也是一块传播佛教的宝地。南距张掖市六十二公里祁连山内的马蹄寺石窟群，东距马蹄北寺七公里，位于肃南县境内临松山西面、大都麻河西岸红石崖壁上的金塔寺石窟以及文殊山石窟群，据考证，最早都创建于北凉，而金塔寺石窟的开凿即为沮渠蒙逊活动于张掖的时期（公元397年—公元412年）。

法显在张掖遇到的智严，即张掖人。他弱冠出家，以精勤著名，曾广求经诰，周流西国，到罽宾，入摩天陀罗精舍，从佛驮先比丘学习禅法，得到高度赞扬，为华土争光。《高僧传》记：“佛驮先见其禅思有绪，特深器异，彼王者道俗闻而叹曰：‘秦地乃有求道沙门矣。’始不轻秦类，敬接远人。”宝云，传说是凉州人，在张掖的佛事活动大概也很频繁。

到敦煌

《佛国记》云：

> 夏坐讫，复进到敦煌，有塞东西可八十里，南北四十里。共停一月余日。法显等五人随使先发，复与宝云等别。敦煌太守李浩供给。

李浩即李暠。原为段业属下敦煌太守。晋安帝隆安四年（公元400年）十一月，李暠自立为凉公，领敦煌太守，建元庚子，史称西凉。

敦煌雄踞河西走廊西端，得天独厚的地理位置，使其成了华戎所交的大都会，也使其成为西部的要塞、军事活动中心。前凉张轨一到凉州，即派“股肱谋主”之一阴澹任敦煌太守，又遣将军杨宣以敦煌为基地征伐西域。李暠更加充分认识到了敦煌在战略上的重要性，把敦煌定为国都，以此为中心展开西凉建国活动，军屯农垦，把敦煌变成了河西政治、经济、文化的中心。敦煌自张轨后，教化广布，造窟立寺活动相当盛行，“世信佛教”遂成传统。塔寺林立，名僧荟萃，三危山佛光闪耀，鸣沙中法铃传响。尤其东来西往的僧人络绎不绝，驻锡停留，宣讲教义，传播活动非常活跃。法显一行到敦煌，肯定深受欢迎。身任敦煌太守的李暠，“务劳养士”，重视文教事业，常常亲自主持图赞、勒铭、诗宴等活动，对名士西去求法的壮举，自然积极支持。

法显一行，到敦煌时，队伍已扩大到十人。到于阗国时，又出现了慧达，共十一人。西行取经后的去向：

法显由海路归国；

智严由夷国（焉耆）返回高昌；

慧简由夷国返回高昌；

慧嵬由夷国返回高昌；

慧景死于小雪山；

僧绍由于阗国向罽宾；

慧达、宝云，僧景由弗楼沙国（今巴基斯坦喀布尔河南岸白沙瓦市西北）回秦地；

慧应逝于弗楼沙国佛钵寺；

道整留于巴连弗城（华氏城，即今印度的巴特那西北至订那浦尔的中途）。

法显西行求法，赴印度巡礼的壮举，诸葛祺《法显玄奘西行之比较》一文作了准确评价，他说：

> 法显以前西行诸贤，大都未至印度，至法显始以艰难困顿，冒万险漂海而归。著为载籍，发扬印土圣迹，以昭示来学。凡边地沙门，莫不向往；故自南北朝迄隋唐，西出求经者独多，法显启之也。据梁启超《千五百年前之留学生》所考，则自朱士行（公元260年）迄法显（公元416年）百五十年间，西行求法者仅九人，而自法显逮玄奘之适前一次宝暹等（公元574年）亦约百五十年，则得三十人。夫影响所及，自未能断代而观；且玄奘之行，自

言在追风法显。兹姑暂稽成数，略资比较，已逾三倍有奇，得谓非法显之功乎？

法显的《佛国记》，全文九千五百字，语言极其简练，但它在中外文化交流史上的意义却难以用简短的语言概括，尤其书中所贯穿的“诚之所感，无穷否而不通；志之所将，无功业而不成”的思想，及其“轻生殉法”“创辟荒途”的中国脊梁精神，给了生活在艰苦环境中的西部人莫大的鼓舞和鞭策，这种精神已融贯于丝绸之路，必将代代传扬。

五、“武州造像，必源出凉州”

著名佛学家汤用彤先生《汉魏两晋南北朝佛教史》揭示云冈石窟佛像雕刻艺术的渊源说：“武州造像，必源出凉州。”而携此“源”至云冈的便是“太延中，凉州平，徙其国人于京邑”的凉州国人中的高僧艺匠。

胁侍菩萨　甘肃张掖肃南金塔寺石窟东窟

北魏太武帝拓跋焘早先奉佛。据《魏书·释老志》记载，拓跋焘即位之初，“亦遵太祖、太宗之业每引高德沙门，与共谈论。于四月八日，舆诸佛像，行于广衢，帝亲御门楼，临欢散花，以致礼敬。”攻克北凉的国都姑臧后，“徙其国人于京邑”的数字，《魏书·沮渠蒙逊传》说有“三万余家”。这三万余家中，当然不乏凉州佛教界的领袖人物，也应该有不少凿石造像的匠人。事实上，北凉灭亡后，凉土著名的僧人多被掳平城（今山西大同），对平城禅学的发展，佛教艺术的推广都发挥了很大的作用。

唐释道宣撰《续高僧传·僧朗传》说：

> 释僧朗，凉州人。魏虏攻凉，城民素少，乃逼斥道人，用充军旅，队别兼之。及轒冲所拟，举城同陷，收登城僧三千人至军。将见魏主所，谓曰：“道人当坐禅行道，乃复作贼，深当显戮，明日斩之。”至期，食时，赤气数丈贯日直度。天师寇谦之为帝所信，奏曰：“上天降异，正为道人，实非本心，愿不须杀。”帝弟赤坚王亦同谦请。乃下敕止之。犹虏掠散配役徒。唯朗等数僧别付帐下。

三千僧人不是个小数字，而且绝大多数被“虏掠散配役徒”。“役徒”当然有种种不同的工作，但若平城云冈石窟的开凿恰在此时，僧人去参加造像之役是再也合适不过了。如果真的这样，那么平城佛教艺术风格形成的直接渊源当然是凉州。

“凉州模式”

宿白先生著文《凉州石窟遗址和“凉州模式”》登载于《考古学报》1986 年第 4 期，他于文中引用文献并与新疆石窟和塔寺的各种考古类型对比，指出凉州石窟已形成独具个性的“凉州模式”。这一模式的出现与古代西域龟兹和于阗两地的佛教遗迹有直接关系，龟兹和于阗这两个系统的佛教及其艺术于新疆以东首先融合于凉州地区，他说：

天梯山石窟　甘肃武威

沮渠蒙逊设置丈六大型佛像于石窟之中，炳灵贴塑大像于崖壁和天梯、肃南金塔寺、酒泉文殊山前山千佛洞等处的方形或长方形塔庙窟，应都与龟兹有关，北凉石塔和凉州系统各窟龛所雕塑的释迦、交脚弥勒、思维菩萨等，也都见于龟兹石窟；文殊山前千佛洞内壁画上下分栏的布局和中部以下壁画绘供养人行列的作法，也是龟兹石窟所习见；值得注意的是凉州模式中保存较为完整的一处壁面——肃南金塔寺东窟中心柱西面的布局：下层为坐佛龛，上为交脚弥勒这一组形象与拜城克孜尔石窟第80窟中心塔柱正面的设计极为相似。文殊山前山千佛洞中心塔柱龛外与窟顶绘画或影塑大型飞天，前者多见于龟兹大像窟，后者在塑像大都被毁的龟兹石窟中，虽然没有可以对比的材料，但在龟兹西南境外今巴楚东北的脱库孜萨来依发现的佛寺遗址中，出土了内容丰富的影塑，其中即有姿态类似的大型飞天形象。炳灵寺和文殊山塑绘的立佛形象，既见于龟兹石窟，又发现于时间略晚的和田北拉瓦克塔院遗址中。金塔寺、文殊山壁画满绘千佛。千佛在龟兹石窟流行较晚，但为于阗寺院流行的形象。此外，文殊山所绘的阿弥陀和炳灵寺的无量寿、释迦多宝、维摩诘等形象，目前虽不闻于阗有相同的遗迹，但都出自大乘佛典，且都可以在于阗找到有关情况……看来，凉州系统的石窟中的大乘形象，应与于阗及其以东关系密切。

昙曜五窟

拓跋魏灭北凉，“凉州模式”随僧人、工匠的迁移而至平城，昙曜五窟出现，“凉州佛教影响于北魏者，此又一大事也。”《魏书·释老传》云：

昙曜白帝，于京城西武周塞，凿山石壁开窟五所，镌建佛像各一。高者七十尺，次六十尺，雕饰奇伟，冠于一时。

昙曜所镌五所石窟，号称“昙曜五窟”，即今云冈第16、17、18、19、20号窟。其中20号窟大佛是云冈石窟最宏伟的雕像，也是中国佛教造像最早的作品之一。雕像全身高13.7米，取结跏趺坐式，上身微向前倾，似在俯察阎浮世界一切众生，袒右肩，斜披袈裟，胸背宽厚，面相方正，颐部丰满，高鼻而宽额，大耳垂于肩

云冈石窟第20号窟　山西大同

头，唇薄而闭，嘴角微翘，略带微笑，眼睛大，眼缝长，眼神坚定，注视前方，整个神态庄严静穆，令人肃然起敬。

《高僧传·玄高传》附传：“凉沮渠牧犍时有沙门昙曜，亦以禅业见称，伪太傅张潭优膺师礼。”道宣做传时，说昙曜不知何许人。汤用彤先生《汉魏两晋南北朝佛教史》断定，“此昙曜当即魏世复兴大法之沙门，道宣作传，谓未知为何许人，实则来自凉州也。”魏太武灭佛时，昙曜誓要死守。太子晃再三劝谕，才未以身殉佛，但秘密持法服器物。文成帝复兴佛法，在重振佛法神威的过程中，昙曜当有力焉。

魏文成帝和平初，昙曜做沙门统，建议文成帝在平城西面的武州塞开凿五所石窟，各窟镌刻一尊佛像。从考古类型学、艺术风格学、图像学等多方面将此大佛与凉州佛教艺术进行比较，再辅之以文献推断，仅从凉州人昙曜主持开窟这一点来看，应该说凉州佛教艺术是云冈石窟艺术的渊薮之一。

六、“唐僧”取经

唐僧西天取经的故事，自明代人吴承恩演义为小说，便使中国乃至世界人民有所了解。而随传播媒介的现代化，《西游记》被搬上荧屏，光怪陆离、千变万幻的画面使人陶醉。但遗憾的是，与那身怀七十二变绝技、上天入地来往自由的孙悟空，甚至紧要关头还能倒打一耙的猪八戒相比，主人公“唐僧”在人们心目中的形象太模糊了。“无能”的“唐僧”显得微不足道，它的原型自然不被人们注意。许多人都不知道这个“唐僧”还有个叫玄奘的“原型”，更不会相信“唐僧”还能成为鲁迅先生称赞的“中国的脊梁”。至于他“西天”取经，走什么路，恐怕连今天生活在印遍“唐僧”足迹的地方的人，也没有几个知晓。“唐僧”是沿丝绸之路西出玉门关到印度取经的。告诉人们这一点，不免滑稽，但也十分必要。梁启超先生《近代学风之地理分布》一文中所寄寓的爱国爱家深情，读之令人难以释怀，他说：

人类之所秀于万物，能以心力改造环境，而非俯然悉听环境所宰制。“一夫善射，百夫决舍”。心力伟大者一二人先登焉，而共诗兴遂不可御也。吾为此文，欲举国青年读之而知所兴焉，各自按其籍贯以寻其乡先辈之遗风。其在文物郁郁之乡，则思如何而后可以无惭于先达，续其绪勿使坠也；又深察乎一时之盛而不可以悖，各乡邦固有昔盛而今衰者矣，引以为鉴而日兢兢也。其在昔盛今衰之乡，则夙夜图所以振之，使先辈心力重铸于吾之潜意识者迅奋复活也。其在夙未展拓之乡，则知耻知惧，愈加努力，毋使长为国中文化落伍之区域；而又思夫他乡之所以先进，亦不过一二仁人君子心力之为，诵“彼丈夫我亦丈夫”之言而自壮自力也。

河陇人民生活在丝绸之路上，曾以自己粗壮的臂膀，刚健的身躯托举着中国的“文化命脉”。唐僧玄奘虽然不是河陇籍贯，但他克服九九八十一难，上“西天”取经的“中国的脊梁”精神，却随他深深的脚印坚实地筑进了河陇文化里。我们应该“续其绪勿使坠”，夙夜图振，自壮自力，毋使家乡长为落伍之区域！

大丈夫会当继之

玄奘（公元602年—公元664年），俗姓陈，名祎（yī），唐代洛州缑（gòu）氏（今河南偃师）人。出身于一个儒学世家。玄奘也是“备通经典，而爱古尚贤。非雅正之籍不观；非圣哲之风不习”。①

这样一个大雅君子为什么出家做和尚？主要影响当归究于他出家的二哥。玄奘的二哥见他的四弟佛颜可造，挈居净土寺。玄奘十一岁，诵《维摩》《法华》经。在隋炀帝的一次剃度诏敕中，因为

① 冥祥《大唐故三藏玄奘法师行状》，见《大正新修大藏经·史传部二》。

面貌出众而被破格纳入国家僧籍。隋唐之际，天下板荡，其兄又偕四弟就学西蜀。二十岁在成都受具，坐夏学律，后历游各地，遍访名师问学，广学蕃语。对“佛性”产生诸多疑问，他便决心要求取“真经”“以问所惑”。

玄奘誓走西域求《瑜伽师地论》时，佛教传入中国已有六七百年。中国已经有了比较固定的翻译组织，根据冯承钧《历代求法翻经录》统计：在汉朝至唐朝大约六百年间，从西方到中国从事翻译的僧人约有八十多人，其中来自印度的约五十人，安息的五人，月支的七人，康居的五人，其他西域各邦国的十七人。东晋时已来二十五人，鸠摩罗什即为著名的译经家。另一方面，中国到印度的僧人也不断增多，至唐时已有数百人。东晋刘宋（公元 420 年—公元 479 年）两朝即有百人之多，著名的求法高僧有法显、智严、惠生等。“中国化”的佛教禅宗已形成。玄奘西行的意义何在？先贤们苦心孤诣翻经，但方法多属重译。即汉译底本不是梵文，而是已经转译成了“胡语”（西域语）的各种版本，并且各版本互有出入，对照阅读佛经，其中许多关键的、根本的经义模糊难明。玄奘敏锐地意识到，即使自己懂各种“胡语”，如果不直接接触梵文佛经，仍然无法参透佛法真谛。到“西天”寻求佛经原典，这当然是最具体的意义，但参读他西域记中的陈述及慧立《大慈恩寺三藏法师传》的评说，我们完全可以从另一个侧面切入理解，他力图要身体力行以此证明“中国的脊梁”精神。《大慈恩寺三藏法师传》卷一记玄奘“誓游西方”的壮语：

昔法显、智严亦一时之士，皆能求法，导利群生，岂使高迹无追，清风绝后？大丈夫会当继之。

蹒跚度陇

玄奘誓游西方的决心下定，便邀约“同志”，向朝廷递交申请，请求出国。申请未获准许。当时唐朝国基草创，西行路上，兵甲尚兴，所以严禁国人出境。邀约的“同志”个个丧气灰心，纷纷打了退堂鼓，只有玄奘丝毫没有动摇，他四处奔波，寻找出行机会。

唐太宗贞观初年，京都一带遭遇灾荒。登基不久的李世民还无力解决京畿人民的温饱，于是，让僧俗离开京都到外地谋生。

玄奘混迹于难民，告别了京都。灵岩寺院里的“摩顶松”将枝叶向西伸展，为他送行。

和玄奘同出长安的还有秦州僧孝达。孝达在京学“涅槃经”，学成还乡。

玄奘有孝达引路，没太费周折，到了秦州（今甘肃天水）。从长安到秦州，四百多里，沿渭水河岸向西，翻越崎岖的陇山，过大震关，共十三驿。唐朝的一驿约三十里。每驿设驿站，为旅客提供食宿。一般乘驿马一天可以行六驿站程，即大约行一百八十里。玄奘他们共花了两天一夜的时间，肯定不是骑驿马了。驿马当然不能提供给逃荒的难民。

到秦州休息了一宿。正好碰上要去兰州的人，便又做伴到了兰州。当时秦州治所设在上邽（今甘肃天水），离开上邽，过铁堂峡、洛门川镇戍军到陇西县（今甘肃通渭），达渭州治所襄武县

（今甘肃陇西）。襄武再向西北行至临州，临州治所狄道县（今甘肃临洮），设有临洮军。由狄道北上，即到兰州，州治设在金城县（今甘肃皋兰）。

唐僧取经壁画　敦煌榆林窟第3窟

玄奘在兰州也是歇了一宿，又碰巧遇上凉州送官马到兰州来的人要回去，他顾不得劳顿，立即随队出发。他们出金城关，沿庄浪河西北上，越洪池岭（今乌鞘岭）达凉州治所姑臧（今甘肃武威）。玄奘目睹的凉州："为河西都会，襟带西蕃、葱右诸国，商侣往来，无有停绝。"凉州是河西的政治、军事、文化中心，总管府、都督治所都设在这里。凉州历来也是佛教传播中心。玄奘应道俗请求，宣讲《涅槃摄论》和《般若经》。他的讲解，简明易懂，深入浅出，又有独特见解，很快就赢得了好评。各"国"听讲的人点头赞叹，回去后又各向自己的"君长"称扬，于是，赶来听玄奘讲经的人越来越多，布施的珍宝金银堆积如山，送来的马匹多不胜收。玄奘法师只接受一半燃灯，其他的都赠送给各个寺里。

精彩的讲经，使玄奘声名远播。西域各国听说他要西去"婆罗门国"求法，可能经过自己的国家，便翘首企盼，洒扫以待。

冒险越关

河西都会的繁华和登坛讲法的威名，都不是玄奘所追求、所留恋的。他矢志不渝，欲西求法。有人向凉州都督李大亮作了报告。

李大亮是唐初著名武将，执法严厉。听说玄奘要“偷渡”国境，心中担忧。请来玄奘追问，玄奘如实回答。李大亮严令禁止，请他回京。可宗教界却都希望玄奘法师能完成夙愿，取得“真经”。当时凉州有惠威法师，“河西之领袖”，他神悟聪哲，非常崇仰玄奘法师之举，便秘密地派出两个弟子，一个叫惠琳，一个叫道整。让他们暗中帮忙，送玄奘向西。他们当然不敢公然西去，只好昼伏夜行，终于到了瓜州（唐高祖武德五年，即公元622年置，今安西东南）。

瓜州刺史独孤达听说大名鼎鼎的玄奘法师驾到，热烈欢迎，殷切接待。玄奘心中有数，暗自着急，便急急打探西去的路途。有人告诉他：“从此北行五十余里，有瓠芦河，下广上狭。洄波甚急，深不可渡。上置玉门关，路必由之，即西境之襟喉也。关外西北又有五烽，候望者居之，各相去百里，中无水草。五烽之外即莫贺延碛，伊吾国境。”路途多艰，又必“偷越”国境，从玉门关通过，真让人发愁。祸不单行，玄奘的坐骑疲累致死。他正无计可施，“通缉令”又送到了瓜州：“有僧字玄奘，欲入西蕃，所在州县宜严候捉。”告示贴得满城都是，情况火急。玄奘不知所措，幸亏有“贵人”相助。

州吏李昌崇信佛教。缉拿的文书被送到他的手中时，他怀疑“通缉”的人就是玄奘法师，即悄悄地到玄奘住处，拿出告示，问："师傅您是不是这个人啦？"玄奘迟疑着不敢回答。李昌的语气极为严肃："师傅您一定要说实话，肯定是，弟子我就要想法帮助您啊！"玄奘将情况一五一十地给他说了。玄奘的精神使李昌深受感动，他觉得，像玄奘这样能舍身求法的人真是"希有"，感叹说："师确实能这样做才不愧为师！"当着玄奘的面撕毁文书，让玄奘及早动身出瓜州。

玄奘迅速地为自己出关做准备。

这时，惠威法师派给玄奘的两位小僧，道整已先去了敦煌，惠琳还在瓜州。玄奘知道惠琳不可能与他同行"西天"，就请他回凉州。安排好惠琳，买马一匹，可无向导，也难出关。他向弥勒佛求救，果然灵验。

第二天道场礼请课诵，就有一位姓石名槃陀的胡人追着玄奘法师要受戒拜师。这个胡人石槃陀，聪明机智，身体健康，待人恭敬严肃，很合玄奘心意。玄奘告诉他"西天"取经大事，并请他同行带路，石槃陀满口答应，发誓要送玄奘过"五烽"。

"五烽"是辅卫玉门关的五座烽火台，担负着守备边关和通信报警的重任。当然，也是"偷渡"最困难的地方。

玄奘变卖掉衣物替石槃陀买了马，等待他的到来。第二天黄昏，石槃陀乘一匹赤色马，领着一个骑瘦马的老翁一起来了。石槃陀领来的老翁，也是一位胡人，他曾从敦煌到伊吾，来往了二十多趟，非常熟悉道路。这位胡翁告诫玄奘：西路险恶，沙河阻远，鬼魅热风，一般人很难通过。有许多僧侣曾经西去，都迷失了道路。何况法师独身孤游，怎么过得去呢？希望法师再三思量，不要轻视自己的生命，去白白送死。玄奘毅然决然回答：“贫道为求大法，发趣西方，若不至婆罗门国，终不东归。纵死中途，非所悔也。”胡翁见玄奘态度如此坚决，就将自己的那匹“健而知道”的老赤瘦马换给了玄奘。

玄奘与石槃陀乘夜出发，三更时分到沙河，遥遥可见玉门关。他们准备在离关大约十里的地方“偷渡”。这里两岸宽一丈左右，岸上有胡桐树丛。石槃陀砍胡桐树，搭成桥；割草填沙，驱马急驰而过。渡过沙河，两人非常高兴，便稍事休息。玄奘铺个褥子，躺在沙床上，想闭会儿眼。不一会儿，石槃陀拔刀向玄奘慢慢逼近，走了十来步又退了回去。玄奘眯缝着眼，观察石槃陀的动静，不知他想干什么，为什么要起歹心？他默诵经课，请求观世音菩萨帮助。石槃陀如此三番折腾了一阵就睡下了。天将破晓，玄奘赶快叫醒了石槃陀，取水洗漱、解斋，准备出发。石槃陀终于说出了他的心事：“弟子将前途险远，又无水草，唯五烽下有水，必须夜到偷水而过，但一处被觉，即是死人，不如归还，用为安稳。”玄奘决然不走回头路，石槃陀拔刀张弓逼迫玄奘后退，玄奘不挪一步。石槃陀独自返回，走了数里又停住，回来给玄奘说：“弟子不能随师父去了，家有老小，而王法不敢违犯啊！”玄奘说：“我理解你，你还是回去吧。阿弥陀佛，善哉善哉！”石槃陀说：“师父您肯定到不了‘西天’，如果被关吏俘虏了可怎么办？”玄奘斩钉截铁地回答：“纵使切割此身如微尘者，终不相引。”

石槃陀返回以后，玄奘孑然一身，独自在沙漠中依靠骸骨和马粪辨认路线摸索前进。

五烽奇遇

满山遍野的旌旗，成千上万的军士，皮裘、毛毼（hé）、骆驼、骏马，他们冲过来了，冲过来了！玄奘睁大眼睛，又闭上眼睛。可怖可惧的场面随距离的缩短，变得模糊了，消失了。玄奘目睹了这样一场“妖鬼”变幻的“海市蜃楼”之后，真切地看到了边关第一烽火台。他立即隐伏沙沟，一动也不敢动，等待着毒日西下。

一轮硕大、浑圆的橘红色太阳，终于拖着长长的余晖，依依不舍地隐入了地平线。四周一片寂静。如大海般湛蓝湛蓝的天空，不带一丝云彩，纯净得令人心醉。玄奘仰望天宇，做着自己美丽的梦：极乐世界，那里开满莲花，充满妙音，“飞天”在自由翱翔，菩萨在拈花微笑……湛蓝的天幕染上了一层绛色，苍茫的暮色自远而至，渐渐缩小了视界，玄奘又真切地看到了那座烽火台，守卫的军士在烽火台上游动。

游动的军士终于从他的视线中消失了，只留下庞大的烽火台轮廓。玄奘该行动了。他摸到了烽火台的西面，找到了水泉。急急盥手，正要取皮囊盛水，只听“嗖”的一声，一支利箭飞来，准准地射在他膝前沙中，险些射中膝盖。不待他从惊吓中醒过神来，接着又是一箭。玄奘明白了，自己已经被发现了，怎么办？逃跑的结果肯定是被射死。他站起身来，向烽火台大喊：“我是个僧人，从首都来的，请不要放箭！”边喊边牵上马向烽火台走去。烽火台上的人打开门，查明身份，确认他是僧人，就带他去见校尉王祥。

王祥让点亮灯，端详了一会儿，说："咱们河西的名僧人我基本都认识，这位师父确实好像是从京都来的。"王祥详细询问玄奘出关的用意，玄奘如实做了回答。王祥很不明白："早就听说玄奘法师已经东还，什么原因又到了这里?"玄奘法师又一一叙说了前后经过，王祥才弄清原委，便劝玄奘："弟子我是敦煌人，想送您到敦煌。那里的张皎法师，钦贤尚德，见了您肯定欢喜。请您答应我的建议，去敦煌吧!"玄奘力陈西去缘由，动之以情，晓之以理："我玄奘，家乡洛阳，从小向慕佛道。两京知法之匠，吴蜀一艺之僧，我都没有不负笈跟随学习的，与他们互相切磋，也算得上是一时的宗匠。想再进一步修养提高。敦煌也是好地方，我难道是瞧不起敦煌的施主吗?绝对不是。只是因为经书版本杂乱，经义的揭示往往有不完备处，所以，才不顾性命，不怕艰苦，立誓要去西方，寻求真经正法。施主您不勉励，还专门劝我后退返回，这能叫同厌尘劳，共树涅槃之因吗?你一定要拘留，那就任你加刑处罚，玄奘我绝对不会东移一步而辜负我的信念。"王祥听了，心生敬佩，也十分玄奘的这份壮心："弟子能遇到师父您，实在是有幸，我哪里敢不随您的心愿。师父您已经很疲倦了，先去休息。明天，我亲自送您过烽火台，并指示前行的道路。"

第二天，王祥派人给玄奘法师皮囊盛满水，准备了几天的干粮，亲自送出十余里，给他指了一条绕开二、三烽火台，直达第四烽的近路，并说："第四烽的校尉王伯陇也是个有善心的人，又是弟子的本族兄弟。到他那里，只要说是弟子我送您来的，通行、食宿肯定都不成问题。"

果然如王祥所说，玄奘顺利通过第四烽。王伯陇还为玄奘配备上大皮囊，预备了马、麦等途中的必需品。并让他绕开疏率的第五烽校尉，抄近道，直奔莫贺延碛。

过五烽如此顺利，真出乎玄奘意料之外。这也是一段奇缘奇遇。

莫贺延碛，古人称大沙河、流沙河。读过《西游记》的人，肯定还记得威镇流沙的“妖魔”与观音菩萨的“保镖”惠岸的一场恶杀，吴承恩写观世音菩萨停云步看时，只见：

> 东连沙碛，西抵诸蕃；南达乌戈，北通鞑靼。径过有八百里遥，上下有千万里远。水流一似地翻身，浪滚却如山耸背。洋洋浩浩，漠漠茫茫，十里遥闻万丈洪。仙槎难到此，莲叶莫能浮。衰草斜阳流曲浦，黄云影日暗长堤。那里得客商来往？何曾有渔叟依栖？平沙无雁落，远岸有猿啼。只是红蓼花蘩如景色，白苹香细任依依。

“唐僧”玄奘的九九八十一难远征在观世音菩萨的俯瞰下开始了！

声震五天

玄奘舍命要达的“西天”，分东西南北中五部，即东天竺、西天竺、南天竺、北天竺、中天竺，通常简称“五天”。

玄奘历尽千辛万苦，终于进入“西天”，拜谒名师，巡访佛迹，遍览“真经”，很快在天竺的最高学府那烂陀寺开讲《摄大乘论》

和《唯识抉择论》。玄奘用梵语讲经释义，论述精微，说理晓畅，使听者“踊跃”。他在中天竺国曲女城主讲的“无遮大会”，到会的有十八国国王和佛教大小僧侣三千多人，婆罗门和其他宗教教徒两千多人，以及那烂陀寺僧众千余人。他以精彩的论辩，受到僧众拥戴，从而名扬“五天”。在开课传经的同时，玄奘不忘宣传大唐的政治、经济、文化，像《秦王破阵乐》、唐太宗等话题尤其引起了中天竺戒日王的兴趣，后来戒日王遣使和唐太宗通好。老子的《道德经》被译成梵文，传入了印度。

玄奘巡礼讲学，为中印通好搭起了友谊的桥梁。他的名字成了中印文化交流的象征。

印度古代史诗《罗摩衍那》

启发国人

唐太宗《大唐三藏圣教序》称赞:“玄奘法师者，法门之领袖也……翘心净土，往游西域，乘危远近，杖策孤征，积雪晨飞，途间失地；惊沙夕起，空外迷天。万里山川，拨烟霞而进影；百重寒暑，蹑霜雨而前踪。诚重劳轻，求深愿达，周游西宇，十有七年，穷历道邦，询求正教……方冀兹经流施，将明而无穷；斯福遐敷与乾坤而永大!”玄奘凭绝人的毅力，博得西域各国之隆礼，而他的风仪，也足欣动人君。当玄奘载誉归来，到达于阗上表唐太宗时，他这个当年“偷渡”出境的戴“罪”之人，如今受到了唐太宗的隆重欢迎，降使迎劳曰:

> 闻师访道殊域，今得归还，欢喜无量。可即速来，与朕相见。其国僧解梵语及经义者，亦任将来。朕已敕于阗等道使诸国送师，人力鞍乘应不少乏，令敦煌官司于流沙迎接，鄯善于沮沫迎接。

玄奘法师奉敕，立即出发。入阳关，过瓜州、凉州、秦州，风雨兼程，于贞观十九年（公元645年）正月二十四日至京城。

唐太宗为他举行了盛大的欢迎仪式，京城民众夹道观礼。玄奘展览了他的数百件“宝物”：如来肉舍利一百五十粒，金檀佛像七躯，用二十四马驮来的五百二十夹六百五十七部经论。长安朱雀街至弘福寺数十里间，香气缭绕，妙音回荡，崇仰者摩肩接踵，万头攒动，人物填咽。

回顾西行求法的历史，自宝暹（xiān）（公元 574 年）至玄奘（公元 628 年）五十年间，不见一人西行，因此梁启超先生认为第 6 世纪，留学运动中衰。如今玄奘孤身走险，不啻拓辟新道，而且一路上蹊径险峻，民居嵯谔，千难万险，难以笔述，但他凭超人的毅力，克服重重阻隔，终于到达了目的地，成为中土第一位漫游五天竺的人。这种大丈夫志气，更加激励感发中土“英烈之士，复起求经”。从玄奘归国（公元 654 年）到悟空受戒（公元 751 年）的短短百年中，求经的人就达五十之多。与法显以后的一百五十年相比，都超出了几倍。并且出现了像义净、悟空、慧超等等祖述玄奘之志的当世大师。

文化交流从来都是双向的。西天取经的壮举，同样感化着“西天”的虔诚信士，唐高宗永徽以后，“西天”僧人如阿地瞿罗、佛陀波利、宝叉难陀等，也自西天竺出发，艰难跋涉于流沙热风之中，到达中土的有数十人。

《大唐西域记》又称《西域记》，由玄奘口述、辩机编撰，成书于唐贞观二十年（公元646年）

七、"青牛""白马"的际会

明帝感梦，白马驮经，印度佛教沿丝绸之路一步步深入，步履维艰。

由半封闭的温带大陆大河环境，农业型的自然经济，家国一体的宗法社会孕育成长起来的中华文化，面对任何外来事物，都能敞开胸怀吸纳，但绝不丢失"自我"。对待宗教的态度，则是直接信其理，间接地崇其教，随之加以融通、调和，最终让其"中国化"而具有中国面貌。佛学文化研究者及"丝路"文化研究者将"丝路"文化圈内的佛教文化传播划分为三个大区：中亚佛教文化、西域佛教文化、汉地佛教文化。汉地佛教文化的区域指从长安到敦煌的"丝路"东端关陇地区。这三大区的划分，反映出佛教东传的轨迹。佛教的"中国化"是在汉地佛教文化区的河陇域内完成的。在中国西北门户的敦煌，驮经东来的"白马"，遇到强硬对手"青牛"道教的顶撞。当代著名学者姜伯勤先生在其《敦煌艺术宗教与礼乐文明》一书中，对道教重要经典《本际经》进行了详备的考释分析，指出：

> 在敦煌道教文书中，我们经常可以看到白马东来（佛教东来）与青牛西去（道教西去）这一主题。敦煌本P.3562号背面《献岁元辰》有云："无名而名，经传浩劫，不有而有，形遍尘沙。驾青牛而诣西方，感真容见于东

土，则我大道之教也。其有金人入梦，白马流风，法自汉朝，教传中夏，则如来之教也。”敦煌本P.2231号《太玄真一本际经》卷第六《净土品》有云：“于是太上道君告青童大君及五老上帝、元极飞天大圣高真、繁阳众等。……吾昔于元始天尊西那玉国，闻此经时，西方有国名多恼，其土障难……有一大臣名曰特达……往诣东方，西那玉国，启请妙法……于是天尊，即告〔徐〕来勒、〔张〕道陵及诸大众……仍敕飞天侍经，仙童玉女，依旧科法，黄金为简，白玉为字，镌刻《太玄本际微妙经》文，付与特达。”这当然也是一个“青牛西去”的神话。这些神话象征着道教一直在致力于西传。以敦煌为例，玄光《辨惑论》云“汉时仪（蚁）君行此道。魑魅乱俗，被斥敦煌”。莫高窟249窟窟顶的道教题材，反映出西魏时道教的西传。此类图像在北周和隋代的壁画中也有出现。隋开皇时，敦煌有道士皇甫德琮等祭醮。可知佛教东传的过程，也是道教西传的过程。河西走廊及敦煌等地尤为青牛与白马际会之地。因此，唐初《本际经》在唐王朝推动下大宗流入敦煌，也可视为“青牛西去”对“白马东来”的一种有力的回应。

诚如姜伯勤先生所言，“青牛”“白马”在河陇际会，互相借鉴，共同改造，结出了奇花异葩。

莫高窟飞天

佛教中有位小神灵，梵名乾闼（tà）婆，《妙法莲花经文句》卷二说“乾闼婆，此云嗅香……此是天帝俗乐之神”，因而称天歌神。他的妻子叫天乐神，《慧琳音义》十一记：“紧那罗，音乐天也，有微妙音响，能做歌舞，多与乾闼婆天为妻室。”这对夫妇是天龙八部之一，形象常做飞行虚空的样子，于是，中国人就给他们起名叫“飞天”。

“飞天”东来的轨迹十分清晰。由印度经中亚，至克孜尔到敦煌，经与道教文化融合创新，培育出了莫高窟的飞天形象。

印度阿旃（zhān）陀壁画中的飞天不长翅膀，没有装饰长长的飘带，姿态做飞行状，但只是一个姿势而已，并飞不起来。中亚巴米扬石窟的飞天长上了翅膀，如同小天使，好像是印度与中亚飞天形象的结合体。克孜尔石窟壁画中的飞天有了新的发展和新的创造，艺术家们在印度飞天的基本动态形象上，淘汰中亚飞天长翅膀不符合经典中关于乾闼婆身相描绘的做法，采用飘带并加大长度，造成一种飘动的感觉，从而获得自然飞动的效果。这是莫高窟佛教艺术中飞天的雏形。

“飞天”飞入莫高窟，不能不接受汉文化的改造。土生土长的中土道教文化中“羽人”的形象给了飞天塑造极大的启发。

出土文物告诉我们，洛阳西汉卜千秋墓中有羽人，东汉画像石墓中常见背生双翅，袖口、衣裙装饰着羽毛的“飞仙”。西晋以后的羽人飞仙，削去双翅，而增强人的动势。莫高窟的艺术家们正是吸收飞仙的创意，根据克孜尔同行们的经验，进一步将飞天身上的

人面鸟　敦煌莫高窟第285窟

飘带加长、扬起，让身体做成一种御风而行的姿态，并在人物的下面托以云纹，使飞动的感觉更加强烈。

到隋唐时期，“飞天”终于名副其实。既不凭翅膀，亦不借羽毛，而是完全依靠人物的动作和衣带的飘举，表现为一种轻松舒展、自由飘逸的新形象。佛教与道教在莫高窟的窟顶、四披终于完成了圆满的结合，从而在世界艺术中享有了“专利发明权”。

论莫高窟者，皆大谈佛教艺术，强调佛教在敦煌的影响，而将其称之为佛教圣地。其实，从汉武帝设郡起，敦煌便深受汉文化的熏陶，有着十分浓厚的汉文化基础，道教同样在这片净土上茁壮成长。据姜伯勤先生考证，道教黄老道、方仙道、天师道等重要教义均曾流行敦煌凉州一线。敦煌知名人士如西晋的郭瑀，《晋

西王母出行壁画 敦煌莫高窟第249窟

书·郭禹传》说他“隐于临松薤谷，凿石窟而居，服柏实以轻身”“口咏黄老”“遂还酒泉南山赤崖阁，饮气而卒”。身居石窟、口咏黄老、饮气服食，显然都是道教的实践。十六国时的单道开，慧皎的《高僧传》将其列为高僧，但传中所记单道开修行：“少怀栖隐”“绝谷饵柏实，柏实难得，复服松脂。后服细石子，一吞数枚，数日一服。或时多少啖姜椒，如此七年，后不畏寒暑，或死或退，唯开全志。”从这些修行方式看，单道开俨然是一个道教丹鼎派的信徒。史传中的记载，在敦煌经卷中得到了印证。敦煌藏经洞出土的经卷中，有大量的道教经典。如传自南朝晚期的《瑞应图卷》(P. 2683 号）内中画有二十余种道教图像，如玄武、青龙等等，莫高窟 249 窟南北两披图画表现的是中国神话传说中东王公与西王母相会的故事主题。敦煌老君堂发现的一个经幢，上刻六尊菩萨像，每尊上均刻有道家的八卦符号。酒泉丁家闸十六国墓更是道教题材的集大成者。

立足于河陇地域文化，华戎一体，佛道融会的现象反映出河陇地区在文化传播中的特殊地位及贡献，也揭示出了河陇文化中西汇合而形成的多元特质。这一点，“飞天”只是个典型，实际上，莫高窟千佛洞从窟形建构、壁画技法乃至菩萨的衣饰等等各方面，都说明佛教东来的变化，而这个变化说明的也正是外来文化与中原文化在敦煌大汇合、大碰撞的过程。

北凉高善穆石造像塔 甘肃酒泉出土

酒泉高善穆石塔上的“八卦”与“北斗”

二十世纪三四十年代，在酒泉、敦煌、吐鲁番等地陆续出土了一批北凉石塔。其中纪年最早的是承玄元年，即公元 428 年建造的酒泉高善穆石塔。

高善穆石塔堪称释道合璧的“宁馨儿”：它的八角形基座的每面上，各刻供养天人一身，右手持莲花，左上角刻一“八卦”符

伏羲女娲壁画　敦煌莫高窟第285窟

号。塔身下部圆柱上，刻发愿文和《增一阿含经·结禁品》，共36行。塔身上部为半球形复钵。上缘刻出尖角莲瓣八个，下设八个小佛龛，以短柱相隔。八龛中刻七坐佛、一身菩萨装弥勒交脚坐像。表示佛法的过去、现在和未来。坐佛皆着通肩式袈裟，结跏趺坐，禅定印，有头光和身光，坐于低方座上。菩萨头戴宝冠，有宝缯，袒上身，有颈饰、臂钏，下着裙，后有项光及靠背。塔身以上的相轮，七重相接，呈圆锥形。相轮之上的宝盖，盖顶上刻“北斗”七星。“八卦”与“北斗”七星显然是道教的标志，而塔上所刻则是佛教小乘经义。这个释道混合品，也反映出中国石窟“凉州模式”的特点之一：道教石窟与佛教禅窟的混融。

张掖南约六十公里的祁连山麓有马蹄寺千佛洞，今属肃南县。马蹄寺石窟的前身是薤谷石窟，为郭瑀服食柏实修炼飞升之地。事实上，东汉末年以来，道教兴起，太平道也主张在茆室或石室中修炼，类似佛教的禅观，称为“念一”。郭瑀“凿石窟而居”，是“鸿衣羽裳之士、练精饵食之夫”的一种时代风尚。郦道元《水经注》中就记载了若干处“念一”的石室。西域的佛教禅窟进入玉门关以东，就与道教的“念一”石室，结下了不解之缘。

佛典道藏相互激发

莫高窟中的“飞天”，酒泉高善穆刻着“八卦”“北斗”的石塔，均直观地展示出佛道相激相融的情形。亦僧亦仙，“两栖”修行的敦煌单道开，用自己的经历向人们证明着“华戎所交一都会”的敦煌本土文化与外来文化的混同。细考佛典道藏，高僧仙人们都曾各自为自己的事业向对方吸收借鉴过。据传原埋于三危山王母宫的佛教小石塔，是敦煌早期佛经借鉴道教的例证。该塔上刻了十七行佛经经文，线刻像上有坤、乾、巽、坎、艮、震六卦符号。汉代，《易经》中的八卦为方士所利用。道教产生以后，八卦又与炼丹及符箓紧密相连。

道教“八卦”，在《广弘明集》卷八道安的《二教论》《服法非老第九》中声言，“八相感应”“或画卦以御时”，认为“八卦”其实是由佛教八相感成。《二教论》还说“宝应声菩萨名曰伏牺，宝吉祥菩萨名曰女娲”，道教的神祇伏羲、女娲原来是佛教的菩萨！由此，我们看敦煌莫高窟第 285 窟的人首蛇身、手持规矩、胸悬日月的伏羲、女娲图像，便不会感到惊异了。

“外来的佛教思想要在中国土壤里生根开花”，“就必然要受到中国传统思想的影响，不断地把外来佛教思想加以变通和改造”的同时，道教为壮大自身的“抵抗”能力，也学习佛教，建立理论体系，涤除道教方术中粗陋的“鬼把戏”，向清净修身的“高雅”教义转化。敦煌遗书 P.3562 号文书背面的《巷人年初献岁斋文》即为释道相融的“混合品”。

敦煌莫高窟第285窟内景

驾青牛而诣西方，感真容见于东土，则我大道之教也。其有金人入梦，白马流风。法自汉朝，教传中夏，则如来之教也。即此会者，期有巷人清信女男等。……设无遮会，崇建宝斋。是时也，年初献岁，十直之辰。张皇道场，遥延法侣……以此设斋功德，修造胜因，总用兹薰事斋清信女男等，唯愿天尊拥护，百疾去身；诸佛扶持，千灾远体。

凉州禅法

[梁] 释慧皎撰《高僧传》卷第十一《习禅》:

论曰：禅也者，妙万物而为言。故能无法不缘，无境不察。然缘法察境，唯寂乃明。其犹渊池息浪，则彻见鱼石；心水既澄，则凝照无隐。《老子》云：重为轻根，静为躁君。故轻必以重为本，躁必以静为基。《大智论》云：譬如服药将身，权息家务。气力平健，则还修家业。如是以禅定力，服智慧药。得其力已，还化众生。

尽管“学通内外、博训经律”“春夏弘法”的高僧慧皎反复强调“自遗教东移，禅道亦授”，但当我们看他论禅，首举《老子》，则“禅”的“中国化”倾向已甚分明。著名历史学家范文澜先生指出，禅宗是佛教的“中国化”。佛教自丝绸之路进入玉门关、阳关以后，它“中国化”的第一步首先在河陇佛教文化圈内完成，而地处门户的敦煌及“大译场”凉州，为它的这个第一步提供了“温床”，活跃于河陇的道教是它的“劲敌”，又成为它的“新鲜血液”。凉州禅法的形成及陇西著名禅师的出现，又一次证明着“白马”“青牛”际会河陇的相激相融事实。

慧皎《高僧传》正传附见，共计习禅高僧三十二人，其中籍贯河陇及涉足河陇习禅的九人，占总数的四分之一，并且出现了像玄高等著名禅师，摘录数则如下：

“大咒师”昙无谶受学于白头禅师，善道术。

沮渠蒙逊之从弟京声，西行得佛大先之禅法。

凉州僧智严亦西去得见佛大先，并邀请觉贤东归，于长安共二僧坐禅，有人至，良久不觉。

宝云也是觉贤的弟子。

西行求法的智猛，曾住凉州，后入蜀授禅。

昙摩蜜多特深禅法，号连眉禅师，曾住锡凉州。

惠览酒泉人，曾游西土习禅，于定中见弥勒。

陇西著名禅师玄高，“受戒已后，专精禅律”。“杖策西秦，隐居麦积山。山学百余人，崇其义训，禀其禅道”。玄高东学关中名僧浮驮跋陀禅师，西受外国禅师昙无毗训诲。从而“禅慧弥新，忠诚冥感，多有灵异。磬不击而鸣，香亦自然有气。应真仙士，往往来游。猛兽驯伏，蝗毒除害”。玄高的学徒中，“游刃六门者，百有余人”。

秦州陇西人玄绍，学究诸禅，神力自在。手指出水，供（玄）高洗漱，其水香净，倍异于常。每得非世华香，以献三宝。灵异如玄绍者，十一人。

玄高到凉州，沮渠蒙逊深相敬事，集会英宾，发高胜解。凉州破，徙平城，凉州禅法随玄高流播平城。

把禅师“坐定”之举与道士“仙化”之术比较，其“神异”很难分辨清楚。“凉州禅法”即佛道掺和而成，仍然体现出早期佛道际会的混融特点。

再如：

竺僧显，北地人，“负苦善戒节，蔬食诵经，业禅为务。常独处山林，头陀人外。或时数日入禅，亦无饥色。”

“竺昙猷，或云法猷，敦煌人。少苦行，习禅定。”

“释法成，凉州人。十六出家，学通经律。不饵五谷，唯食松脂，隐居岩穴，习禅为务。”

“释慧览，姓成，酒泉人。少与玄高俱从寂观兄称。”

“释道法，姓曹，敦煌人。弃家入道，专精禅业，亦时引神咒。”

八、“唐代最后之西游知名者”

自从玄奘西征，王路大开，僧人慕高名而西去求法的越来越多。与法显、玄奘合称三大求法僧的义净，在他的《大唐求法高僧传》中，仅就一己之见，时限太宗、高宗、武后三朝，所记已有六十人，湮没未彰的还不知有多少。但到唐玄宗天宝年间，吐蕃强大，西线战事频仍，交通时不时被阻断，于是，西行求法，渐成绝响。半路出家的和尚悟空，成了文献有可验证的唐代最后一位驮经东来的人。

随使罽宾

悟空，俗姓车，名朝奉。北魏拓跋氏的后裔，家住京兆云阳（今陕西西安）。天性聪颖，喜好经籍典章。举止素雅，敬老爱幼，深受乡人赞扬。成年后，为左卫泾州四门府别将。

犍陀罗艺术造像

天宝九年（公元750年），罽宾国“愿附”大唐，遣大首领萨婆达干与三藏舍利越摩来朝，并请求唐朝派遣使臣巡视。唐玄宗接受请求，下诏派遣使臣。罽宾国地处卡菲里斯坦至喀布尔河中下游的河谷平原，玄奘《大唐西域记》音译为“迦毕试国”，并记载：“迦毕试国周四千余里，北背雪山，三陲黑岭，国大都城周十余里。宜谷麦，多果木。出善马、郁金香。异方奇货，多聚于此。”天宝十年（公元751年），由中使张韬光率领的四十多人的使团，告别京都。他们西出安远门，沿丝绸之路前进。夜宿大震关，晨行陇右道，穿越河西走廊，度过莫贺延碛（qì），由“丝路”中道——安西、疏勒等地翻越帕米尔高原，南行抵天竺，经过近三年的跋涉，终于抵达犍陀罗。犍陀罗，《大唐西域记》译作“健驮逻国”，是古代亚洲大国，其文化艺术曾受希腊影响，逐渐形成了举世闻名的犍陀罗佛教艺术。

犍陀罗朝野上下一片欢腾，唐使受到最热烈的欢迎和最高规格的款待。天有不测风云，乐极总要生悲。就在唐朝使团圆满完成巡视任务，即将踏上归程时，车朝奉病倒了。他不能随使团东归，被迫留在了犍陀罗。

半路出家

罽宾是佛教圣地。罽宾高僧在中国的传教活动，为佛教传入中国并在中国流行起到促进作用，而中国高僧西至天竺取经，几乎没有例外地要到罽宾访学习经。车朝奉因病淹留的犍陀罗，其中心为今巴基斯坦白河瓦包括与之毗连的周围地区，西北到阿富汗东南部的哈达，东南到今印度河东岸。自从贵霜王朝的迦腻色君王大兴佛教始，犍陀罗就成为西北印度的佛教中心，著名的佛教“犍陀罗艺术”就产生在这里，它曾深刻地影响到我国新疆及河陇地区的石窟造像和绘画。

身患重病的车朝奉发愿，假使自己的病能痊愈，必将出家。不久，车朝奉的病奇迹般地痊愈了，他便落发为僧，号达摩驮都，汉语的意思是法界。公元 757 年，即唐肃宗至德二年，受戒，时年二十九岁。

悟空法师

皈依佛祖后，他前往天竺游学求道，苦学梵文，翻译佛典。历经数载后，异国漂泊不定的生涯，使其思乡之情悠悠难抑，再次踏上东归之旅。他携带着搜寻到的佛典《十地》《回向轮》《十力》三经悟空法师及佛牙舍利，踏上了归程。当他历经艰险到唐北庭都护府（今新疆乌鲁木齐东）时，吐蕃已经控制了河陇及伊州地区，使北庭节度使、安西节度使与中原的联系中断。

悟空到北庭后，滞留多年，一边从事译经工作，一边等待回京机会。直至唐德宗贞元五年（公元 789 年）二月，才随北庭、安西使臣一行到了长安。回长安后，唐德宗赐法号“悟空”。其西行历程被载入《悟空入竺记》。

《悟空入竺记》

《悟空入竺记》是长安西明寺硕学圆照编辑佛经时，从悟空讲说中听到《大唐贞元续开元释教录》等经卷的由来，而将悟空游历西域的情况附记于这些经典的卷首，并在卷尾写："悟空大德，具述行由，托余记之。以附图录，聊以验其事也。"

《悟空入竺记》，今天已经见不到原貌，只能参读圆照《大唐贞元新译十地等经记》中的《佛说十力经序》，略知大概。它的可贵处在于为我们提供了河西陷吐蕃后，丝绸之路改道易辙的情形。河西走廊的阻断，为漠北回纥路——草原丝路的发展创造了契机，正如《资治通鉴》卷二二七建中二年六月壬子条记载：

> 北庭、安西自吐蕃陷河陇，隔绝不通，伊西、北庭节度使李元忠、四镇留后郭昕帅将士闭境拒守，数遣使奉表，皆不达，声问绝者十余年。至是，遣使间道历诸胡自回纥中来，上嘉之。

从此，丝路河陇道黯然失去了它黄金段的闪亮光泽。

九、三百人僧团的西行壮游

在唐代最后西行巡礼的悟空归籍故乡一百七十年以后，西行求法活动再一次闪烁出耀眼的光芒。一时间，天下众僧充满重铸盛唐求法辉煌的期望，随宋太祖赵匡胤的一声令下，即刻便组成了一个三百人的庞大僧团，浩浩荡荡开赴“西天”。

300 与 157

公元 960 年，后周殿前都点检赵匡胤在陈桥驿发动兵变，代周自立，建立了北宋王朝。但当赵匡胤黄袍加身时，中国并未结束五代十国的分裂局面，他为巩固政权，平息反抗情绪，对佛教的传播，给予了热情关注和积极支持。范成大《吴船录》记载，宋太祖赵匡胤乾德二年（公元 964 年）诏令，派沙门三百人到天竺国求舍利和贝多叶经。

《佛祖统纪》卷四三《法运通塞志》的记载与范成大所记有出入。《佛祖统纪》指出，乾德四年（公元 966 年）因秦、凉已通，下诏派求法僧到西天竺，行勤等一百五十七人应诏，由焉耆、龟兹，到迦湿弥罗等国，“并赐诏书，谕令遣人前导。仍各赐装钱三万”。《宋史》卷四九〇《天竺国传》亦云：

> （乾德）四年，僧行勤等一百五十七人诣阙上言，愿至西域求佛书，许之。以其所历甘、沙、伊、肃等州，焉

者、龟兹、于阗、割禄等国，又历布路沙、加湿弥罗等国，并诏谕其国令人引导之。

《佛祖统纪》和《宋史》均记僧团人数一百五十七人，唯范成大记三百人，后代学者多从一百五十七人之说。

《吴船录》的记述取自僧团成员之一继业的西行记录。继业西行记录的发现，纯属偶然，对范成大来说，是个意外的惊喜。范成大（公元 1126 年—公元 1193 年），著名文学家，字致能，号石湖居士，苏州吴县（今属江苏）人。绍兴二十四年（公元 1154 年）进士。曾任四川制置使。他在翻阅继业遗物中的《涅槃经》时，于经卷后面发现了继业附注的西行记录，便将这些散记的行纪抄录出来，汇入自己所著的《吴船录》一书。

《佛祖统纪》比范成大的《吴船录》晚成八十多年。南宋天台宗沙门志磐于咸淳五年（公元 1269 年）以南宋景迁《宗源录》、宗鉴《释门正统》二书为基础，依照史书纪传体和编年体增编而成。采择史料面广，编选较精审，堪称释家史书经典。因此，一百五十七人的记载，不会没有依据。

三百与一百五十七，也许诏令出发时有一百五十七人，途中时有僧众加入，到天竺国的人数已增至三百。

继业行纪

继业，俗姓王，耀州（今属陕西）人。聪慧刻苦，钻研佛经，废寝忘食。乾德年间奉诏西行天竺，一路上手不释卷，诵经不怠，一部《涅槃经》烂熟于心。课诵之余，在佛典卷末，记途中所见所闻，无意之间，在佛经角上写成一部西域行纪。

据继业行纪，由行勤组织起来的僧团，从阶州（今甘肃武都）出塞，经灵武、西凉、甘、肃、瓜、沙等州，入伊吴（今伊吾，隶属新疆哈密市）、高昌、焉耆、于阗、疏勒、大石诸国，渡雪山到迦湿弥罗国、犍陀罗国，经大曲女城（卡脑季）、鹿野苑到摩竭提国，宋代范成大著《吴船录》记："馆于汉寺，寺多租入，八林录焉。僧徒往来如归。"那烂陀寺附近百里以内有汉寺三所。继业归国，道经泥波罗（今尼泊尔），经拉达克雪岭，由故道回到阶州，所得梵僧舍利进献宋太宗赵光义，晚年隐居峨眉山中心寺，以八十四岁高龄圆寂。

那烂陀寺遗址　印度比哈尔邦

足音远逸

行勤僧团由河陇道的顺利通行，揭示出宋初丝绸之路畅通的历史。《佛祖统纪》叙述行勤僧团的出行，是因为秦凉已通。宋代的秦，专指陇右地区，不包括关中。

宋太祖赵匡胤开国，对西北边防，进行了周密部署，对西部边疆实行了开明的民族政策。秦州（今甘肃天水）为北宋西部军事重镇。宋朝沿袭唐朝军事建置，设雄武军节度，并于建隆三年（公元962年）特命枢密使吴廷祚为节度使，招抚渭水以北的吐蕃部族，使居住在伏羌（今甘肃甘谷）的尚波于部献地内附。宋太祖恩威并施，在恩礼接纳的同时，于西北边防屯驻重兵以为后盾，比如派得力将帅董遵海守环州（今甘肃环县）、姚内斌镇庆州（今甘肃庆阳），王彦升镇原州（今甘肃镇原），并充分信任，全力依靠，给他们放手整军治政的自由，南宋李焘《续资治通鉴长编》卷三建隆三年十二月是这样记载的，“回图贸易，免所过征税，听其召募骁勇，以为爪牙。凡军事悉听其便宜处置。”受开明政策感化和妥善部署的吸引，河西地区的蕃汉联合政权、甘州回鹘、瓜沙归义军曹氏政权，都积极向宋朝靠拢，连岁入贡，凉州蕃部首领还诣阙请帅，成为中原过境贡使的护送者。丝绸之路河陇道于是畅通无阻。遗憾的是，当继业归国到阶州时，宋太祖死在“烛影斧声”中，众僧们重振盛唐求法雄风的愿望随之破灭，丝绸之路上，从此再未见到有一百五十七人乃至三百人庞大僧团队伍的行迹。

就求法活动本身看，隋唐时期，佛教在中国已走上独立发展的道路，形成众多宗派，在社会、政治、文化等诸方面特别是哲学思想领域产生了深刻影响。这时的佛教已经“中国化”而完全具备了中国特色，并且，随印度佛教的衰落，中国上升为世界佛教中心。西行求法随之已经失去了意义，尤其宋代理学兴起后，佛教被视为异端，西行求法的“圣迹”即告结束，丝绸之路因之也增添了无端寂寞。

参考书目

司马迁：《史记》，中华书局，1975年版。

班固：《汉书》，中华书局，1962年版。

范晔：《后汉书》，中华书局，1959年版。

陈寿撰、裴松之注：《三国志·魏书》，中华书局，1959年版。

房玄龄等：《晋书》，中华书局，1974年版。

魏收：《魏书》，中华书局，1974年版。

魏徵等：《隋书》，中华书局，1973年版。

刘昫等：《旧唐书》，中华书局，1975年版。

欧阳修、宋祁：《新唐书》，中华书局，1975年版。

薛居正等：《旧五代史》，中华书局，1976年版。

欧阳修：《新五代史》，中华书局，1974年版。

脱脱等：《宋史》，中华书局，1977年版。

宋濂等：《元史》，中华书局，1976年版。

张廷玉等：《明史》，中华书局，1974年版。

司马光：《资治通鉴》，中华书局，1956年版。

李焘：《资治通鉴长编》，中华书局，1979年版。

毕沅：《续资治通鉴》，中华书局，1957 年版。

王钦若等：《册府元龟》，中华书局影印本，1960 年版。

法显：《佛国记》（《高僧法显传》），《大正新修大藏经·史传部三》。

慧皎：《高僧传》，汤用彤校注，中华书局，1992 年版。

玄奘：《大唐西域记》，季羡林等校注，中华书局，1985 年版。

慧立：《大慈恩寺三藏法师传》，中华书局，1983 年版。

陈诚：《西域行程记》，《丛书集成》本。

洪亮吉：《更生斋集》，四部备要本。

祁韵士：《万里行程记》，山右丛书初编本。

祁韵士：《濛池行稿》，山右丛书初编本。

裴景福：《河海昆仑录》，近代中国史料丛刊，台北文海出版社，1966 年版。

张星烺主编：《中西交通史料汇编》全六册，中华书局，1977—1979 年版。

方豪：《中西交通史》，岳麓书社，1987 年版。

沈福伟：《中西文化交流史》，上海人民出版社，1985 年版。

曾问吾：《中国经营西域史》，上海书店，《民国丛书》影印本。

中国公路交通史编审委员会：《中国古代道路交通史》，人民交通出版社，1994 年版。

台湾三军大学编著：《中国历代战争史》，军事谊文出版社，1983 年版。

黄烈：《中国古代民族史研究》，人民出版社，1987 年版。

陈正祥：《中国文化地理》，三联书店，1980 年版。

向达：《唐代长安与西域文明》，三联书店，1979 年版。

汤用彤：《汉魏两晋南北朝佛教史》，中华书局，1983 年版。

余太山：《两汉魏晋南北朝与西域关系史研究》，中国社会科学出版社，1995 年版。

严耕望：《唐代交通图考》，上海古籍出版社，2007 年版。

李明伟：《隋唐丝绸之路》，甘肃人民出版社，1994 年版。

段文杰：《段文杰敦煌艺术论文集》，甘肃人民出版社，1994 年版。

常任侠：《丝绸之路与西域文化艺术》，上海文艺出版社，1981 年版。

郭厚安等：《甘肃古代史》，兰州大学出版社，1989 年版。

胡大浚主编：《甘肃古迹名胜辞典》，甘肃教育出版社，1992 年版。

左焕奎：《左宗棠略传》，华东师范大学出版社，1983 年版。

郑汝中：《敦煌壁画乐舞研究》，甘肃教育出版社，2002 年版。

刘迎胜：《丝绸之路》，江苏人民出版社，2014 年版。

荣新江：《丝绸之路与东西文化交流》，北京大学出版社，2015 年版。

张国刚：《文明的边疆：从远古到近世》，中信出版集团，2020 年版。

［伊朗］志费尼：《世界征服者史》，何高济译，内蒙古人民出版社，1980 年版。

［意］马可波罗口述，鲁思梯谦笔录：《马可波罗游记》，陈开

俊等译，福建科学技术出版社，1981 年版。

［法］吕斯·布尔努瓦：《丝绸之路》，耿昇译，新疆人民出版社，1982 年版。

［波斯］拉施特主编：《史集》全三卷，余大钧译，商务印书馆，1983—1986 年版。

［法］阿里·玛扎海里：《丝绸之路—中国、波斯文化交流史》，耿昇译，中华书局，1993 年版。

［美］谢弗：《唐代的外来文明》，吴玉贵译，中国社会科学出版社，1995 年版。

［德］克林凯特：《丝绸古道上的文化》，赵崇民译，新疆美术摄影出版社，1994 年版。

［法］莫尼克·玛雅尔：《古代高昌王国特质文明史》，耿昇译，中华书局，1995 年版。

［日］池田温：《敦煌文书的世界》，中华书局，2007 年版。

［美］比尔·波特：《丝绸之路：追溯中华文明史上的辉煌篇章》，马宏伟、吕长青译，四川文艺出版社，2013 年版。

［美］芮乐伟·韩森：《丝绸之路新史》，张湛译，北京联合出版公司，2015 年版。

［英］彼得·弗兰科潘：《丝绸之路：一部全新的世界史》，邵旭东、孙芳译，徐文堪审校，浙江大学出版社，2016 年版。

［加］王贞平：《多极亚洲中的唐朝》，贾永会译，上海文艺出版社，2020 年版。

后 记

鲁迅先生说："其实地上本没有路，走的人多了，也便成了路。"走路的是"人"，走出来的是"路"。在"人"与"路"，"路"与"人"的双向互动中，"丝绸之路"成了一条游牧民族与农耕人家碰撞相汇的大道，成了一条商旅往来的大道，成了一条使节通好的大道，成了一条将士精忠报国的大道，成了一条志士建功立业的大道，成了一条僧徒舍身求法的大道，成了一条诗人播撒诗情画意的大道，成了一条多民族文化融会和合的大道，当然更是科学家、探险家、艺术家成就梦想的大道。马蹄沓沓，驼铃叮当，边声回旋，足音悠远……这里之所以采用"悠远"来形容"足音"，正是有感于它所包含的"空间距离辽远""时间久远长远""襟怀广阔""思想深刻"的多重含义。

丝绸之路的空间距离实在太遥远了！不要说从长安出发一直向西到达安西的"万二千里"，即使以如今的甘肃为例，就是人们所说是太太太太太长的甘肃。连用五个"太"字夸张吗？夸张，但却不失真。这五个"太"字包括的距离多么长呢？有人作了测量，说如果从庆阳正宁的东南角开始，到酒泉敦煌雅丹地质公园的西北角结束，在百度地图上拉一条直线，它显示出的距离是 1480 公里。这 1480 公里，有多长呢？有朋友做了比较，如果展开世界地图，我们会看到：从法国巴黎出发，向东的话，可以穿越比利时、德国、波兰，抵近白俄罗斯国境；向东偏南，是经德国、瑞士、奥地利、克罗地亚、波黑、塞尔维亚，到达巴尔干半岛的贝尔格莱德附近；向东南呢，是完全横穿意大利，尽揽亚平宁半岛风光。说得这么细，可能听起来麻烦，一句话，甘肃的长横跨中国的四分之三。

时间有多么久远长远呢？从司马迁记录的张骞“凿空”算起，已经有两千一百多年了，不要说那考古资料证明了的公元前2000年以及战国末年的乌氏倮。人的襟怀广阔和思想深刻，当然与人的见识有关。走得远了，见得多了，活得长了，看得久了，眼界就大了，心胸就广了。一条路锻造了筋骨，也铸就了灵魂。

驼铃传响，踏破了荒凉；雁叫长空，拂拭着寂寞。这是“诗”和“远方”！信息时代，人工智能、大数据、移动互联网，“妙变”的时间，“网格”的空间，但无论怎样巨变，人类的探索精神不变，丝绸之路的“生命”本真不变。悠远足音中，传响的性灵不变！

回头望时，生出许多的留恋，生出无边的遐思，心潮因此澎湃，精神为之振奋。回头看时，距离《瀚海驼铃——丝绸之路的人物往来与文化交流》写作，已经过去了二十余年。这次重写、修订，吸收了新的研究成果，并遵循面向大众、广为传播的出版原则，对较为难认的字词，特意注音注义；将引文与解说相结合，随文注释，以方便读者。

岁月只解催人老！伴随时空，人老了，心不老；情还在，神不散。让我们再一次在走过绿洲时回望，让我们再一次在丝绸之路上盘桓，聆听远去的驼铃声，追随逝去的年华青春。

路漫漫，在伸展……

杨晓霭

2022年3月8日